Maurice Nicoll
Vom Neuen Menschen

Die Deutung einiger Gleichnisse und Wunder Christi

Edition Plejaden

Aus dem Englischen von
Edith und Ernst Friedrich Schuhmacher

Titel der englischen Originalausgabe
"The New Man"

Erstveröffentlichung Watkins,
London & Dulverton 1950
Alle Rechte vorbehalten

© für die deutsche Ausgabe
Edition Plejaden 1981

Titel der deutschen Erstausgabe:
„Ich bin der Weg . . ."

Umschlagentwurf:
Arcena International Painting Workshop

Druck: MovimentoDruck, Berlin
Bindung: Villwock, Berlin
Printed in Berlin West 1982

ISBN 3-88419-011-3

INHALT

DIE SPRACHE DER GLEICHNISSE	7
DER BEGRIFF DER VERSUCHUNG	29
DIE HOCHZEIT ZU KANA	45
DER GEDANKE DES DER WAHRHEIT ÜBERGEORDNETEN GUTEN	59
DAS WUNDER AM TEICH BETHESDA	67
DER GUTE SAMARITER	77
DIE ARBEITER IM WEINBERG	79
DER BEGRIFF DER RECHTSCHAFFENHEIT	87
DER BEGRIFF DER KLUGHEIT	101
SIMON PETRUS	111
DAS GEBET	125
EINFÜHRUNG	125
DIE NOTWENDIGKEIT DER BEHARRLICHKEIT IM GEBET	126
DIE NOTWENDIGKEIT DER AUFRICHTIGKEIT IM GEBET	130
ERHÖRUNG DES GEBETS	132
BITTEN IM GEBET	134
DIE BERGPREDIGT	139
GLAUBE	155
DAS HIMMELREICH	183
JUDAS ISCHARIOT	215
ANHANG	221

I

DIE SPRACHE DER GLEICHNISSE

Erster Teil

Alle heiligen Schriften haben eine äußere und eine innere Bedeutung. Hinter den Worten liegt ein anderer Bedeutungsbereich, eine andere Art der Erkenntnis. Einer uralten Überlieferung zufolge hatte der Mensch einst Berührung mit diesen Bereichen. Das Alte Testament ist voll von Geschichten, die eine andere Art Erkenntnis darbieten und eine vom buchstäblichen Sinn der Worte völlig verschiedene Bedeutung haben. Die Geschichten von der Arche Noah, von Pharaos Kämmerern, vom Turmbau zu Babel, von Jakob und Esau und dem Linsengericht und viele andere haben eine innere *psychologische* Bedeutung, die von dem buchstäblichen Sinn weit entfernt ist. Und in den Evangelien wird das *Gleichnis* in ähnlicher Weise verwendet.

Die Evangelien sind voll von Gleichnissen. In wörtlicher Bedeutung handeln sie von Weingärten, Hausvätern, Haushaltern, verschwenderischen Söhnen, von Öl, Wasser und Wein, von Samen, Sämann, Boden und vielem andern. Das ist die wörtliche Bedeutung. Die Sprache der Gleichnisse, wie im ganzen die aller heiligen Schriften, ist schwer verständlich. Wörtlich genommen ist das Alte wie das Neue Testament nicht nur voll von Widersprüchen, sondern auch von grausamen und abstoßenden Dingen.

Die Frage ist: warum sind diese sogenannten *heiligen* Schriften in eine irreführende Form gekleidet? Warum ist das, was sie sagen wollen, nicht klar ausgedrückt? Wenn die Geschichten von der Verdrängung Esaus durch Jakob oder vom Turmbau zu Babel oder von der dreistöckigen Arche, die die Sintflut übersteht, nicht wörtlich zu nehmen sind, sondern eine ganz andersartige innere Bedeutung besitzen,

warum wird das alles nicht offenbar gemacht? Warum werden überhaupt *Gleichnisse* in den Evangelien verwendet? Warum wird nicht unmittelbar das gesagt, was gemeint ist? Und wenn jemand, der so denkt, fragen sollte, warum die Schöpfungsgeschichte, die offensichtlich nicht wörtlich genommen werden kann, etwas anderes, vom wörtlichen Sinn Abweichendes bedeutet, dann mag er sehr wohl zu der Überzeugung kommen, daß die sogenannten heiligen Schriften nichts anderes sind als eine Art mutwilligen Betruges an der Menschheit. Wenn alle Erzählungen, allegorischen Geschichten, Mythen, Vergleiche und Gleichnisse in der Bibel etwas anderes bedeuten, warum wird nicht von vornherein gesagt, was sie bedeuten, so daß jeder sie verstehen kann? Wozu diese Verschleierung? Warum so dunkel und geheimnisvoll?

Der verborgene Sinn aller heiligen Schriften ist es, eine höhere Bedeutung als die buchstäbliche zu vermitteln, deren Wahrheit der Mensch *innerlich* erkennen muß. Diese höhere, verborgene, innere – oder „esoterische" – Bedeutung, die in Worte und Bilder des täglichen Lebens gegossen ist, kann nur durch echtes Verstehen aufgefaßt werden, und genau hier liegt die erste Schwierigkeit in der Übermittlung höherer Bedeutung. Das normale Auffassungsvermögen des Menschen bedingt nicht notwendigerweise die Erkenntnis einer psychologischen Bedeutung. Wörtliches Verstehen ist etwas ganz anderes als psychologisches Verstehen. Nehmen wir einige Beispiele. Das Gebot sagt: „Du sollst nicht töten"[1]. Die wörtliche Bedeutung ist klar. Aber die psychologische Bedeutung ist: „Du sollst in deinem Herzen keinen Mord begehen." Die erste Bedeutung ist wörtlich, die zweite ist psychologisch und ist so im 3. Buch Mose zu finden. Oder das Gebot: „Du sollst nicht ehebrechen"[2]: wieder geht die psychologische Bedeutung viel weiter als die wörtliche, und zwar bezieht sie sich auf das Vermischen verschiedener Meinungen und Lehren. Darum finden wir auch oft Ausdrücke wie den, daß die Menschen mit andern Göttern „*Hurerei*" getrieben haben. Die wörtliche Be-

---
[1] 2. Mos. 20, 13.
[2] 2. Mos. 20, 14.

deutung des Gebotes: „Du sollst nicht stehlen" ist klar, aber die psychologische Bedeutung geht tiefer. Psychologisch gesprochen bedeutet „stehlen", daß man alles *aus sich selbst heraus* tut, aus eigenen Kräften, ohne einzusehen, daß man gar nicht einmal weiß, wer man ist, wie man denkt oder fühlt, oder gar, wie man sich bewegt. Es ist ein „Alles-als-selbstverständlich-Hinnehmen" und „Sich-selbst-Zuschreiben". Es ist eine Sache der inneren Einstellung. Wenn man aber so etwas jemandem direkt sagen würde, bliebe es unverstanden. Darum muß die Bedeutung verschleiert werden: In wörtlich zu nehmenden Ausdrücken dargestellt, wird eine solche Idee von niemandem geglaubt und von jedem für baren Unsinn gehalten. Sie wird mißverstanden und, was noch schlimmer ist, als lächerlich angesehen. Höheres Wissen, tiefere Bedeutung, wenn sie auf die gewöhnliche Ebene des Verstehens fallen, werden entweder für Unsinn gehalten oder mißverstanden. Dadurch werden sie nutzlos oder gar verderblich. Höheres Wissen kann nur denen vermittelt werden, die richtigem Verständnis bereits nahe sind. Das ist ein Grund dafür, daß heilige Schriften – das heißt Schriften, die mehr vermitteln wollen als einen Alltagssinn – sich sozusagen hinter einer äußeren Hülle verbergen müssen. Es handelt sich nicht darum, Menschen in die Irre zu führen; es handelt sich darum, zu vermeiden, daß höheres Wissen auf den falschen Platz fällt, nämlich auf niederes Wissen, und dadurch seine tiefere Bedeutsamkeit verliert. Es wird manchmal angenommen, man könne alles verstehen, was einem erklärt wird. Aber das ist verkehrt. Die Entwicklung des Verstehens, das Erkennen von Unterschieden, ist ein langer Wachstumsprozeß. Jeder weiß, daß man kleinen Kindern nicht auf direktem Wege Lehren über das Leben geben kann, da ihr Verstehen gering ist. Man weiß auch, daß es im täglichen Leben Wissensgebiete gibt, wie zum Beispiel gewisse naturwissenschaftliche Fächer, in denen man ein wirkliches Verstehen nur durch lange Vorbereitung erlangen kann. Es ist nicht genug, sich einfach anzuhören, worum es sich handelt.

Das Anliegen aller *heiligen* Schriften ist die Vermittlung höheren Wissens und tieferer Bedeutung in der Sprache alltäglichen Wissens,

das als Ausgangspunkt genommen wird. Die Gleichnisse besitzen eine alltägliche Bedeutung, aber der Sinn des *Gleichnisses* ist es, dem Menschen die tiefere Bedeutung mittels der alltäglichen Bedeutung derart mitzuteilen, daß er fähig ist, selbst darüber nachzudenken, wenn er will. Das Gleichnis ist ein zu diesem Zweck geschaffenes Instrument. Es kann wörtlich genommen werden, oder es kann zum eigenen tieferen Nachdenken führen. Es ist eine Einladung zu selbständigem Nachdenken. Das Verstehen des Menschen beginnt zunächst auf der alltäglichen, an Tatsachen gebundenen, natürlichen Ebene. Jede Lehre muß in gewissem Umfang erst einmal auf dieser Ebene gegeben werden. Von diesem Ausgangspunkt her kann sie vertieft werden. Der Mensch muß erst einmal erfassen können, was ihn gelehrt wird, und zwar anfänglich auf natürliche Weise. Aber das Gleichnis führt über das wörtliche oder natürliche Verstehen hinaus. Es ist absichtlich so gestaltet, daß es erst auf die natürliche Ebene fällt, dann aber *im Geiste arbeitet* – von der Ebene des natürlichen Verstehens zur Ebene tieferer Bedeutung hin. So betrachtet, ist das Gleichnis ein Mittel zur *Umwandlung* von Bedeutung. Wie wir später sehen werden, ist es auch ein Bindeglied zwischen einer niederen und einer höheren Ebene in der Entwicklung des Verstehens.

Zweiter Teil

Die Evangelien sprechen vor allem anderen von der Möglichkeit einer inneren Entwicklung, „Wiedergeburt" genannt. Dies ist der *zentrale* Gedanke. Die innere Entwicklung läßt sich zunächst als eine Entwicklung des Verstehens auffassen. Die Evangelien lehren, daß der Mensch fähig ist, auf dieser Erde eine ganz bestimmte Weiterentwicklung durchzumachen, wenn er von bestimmten dahin zielenden Lehren berührt wird. So sagt Christus: „Ich bin der Weg und die Wahrheit und das Leben" [3]. Diese innere Weiterentwicklung ist psychologischer Art. Ein mehr *verstehender* Mensch zu werden,

---
[3] Joh. 14, 6.

das ist psychologische Entwicklung. Sie liegt im Reich des Denkens, Fühlens, Handelns, kurz gesagt, des *Verstehens*. *Ein Mensch ist, was er versteht.* Will man sehen, was ein Mensch wirklich *ist*, nicht lediglich, *wie* er ist, so schaue man auf das Niveau seines Verstehens. Die Evangelien sprechen demnach von einer *echten* Psychologie, die auf der Lehre aufgebaut ist, daß ein Mensch auf dieser Erde einer ganz bestimmten inneren Entwicklung seines Verstehens fähig ist.

Von Anfang bis zu Ende handeln die Evangelien von dieser Möglichkeit der Selbstentwicklung. Sie sind psychologische Urkunden. Sie handeln von der Psychologie dieser möglichen inneren Entwicklung – das heißt von dem, was ein Mensch denken, fühlen und tun muß, um eine neue Ebene des Verstehens zu erreichen. Die Evangelien handeln nicht vom täglichen Leben, es sei denn mittelbar, sondern von diesem zentralen Gedanken, daß der innere Mensch ein *Saatkorn* mit ganz bestimmten Wachstumsfähigkeiten ist. Der Mensch wird deshalb mit dem der Entwicklung fähigen Saatkorn verglichen. Wie er ist, ist der Mensch unvollständig, unvollendet. Aber er kann sich selbst entwickeln, seine Vollendung als *Individuum* erreichen. Dazu ist er fähig, wenn er es will, aber er muß es nicht. Dann wird er *Gras* genannt, etwas, das als nutzlos verbrannt wird. So lehren die Evangelien. Aber diese Lehre läßt sich weder auf direktem Wege noch durch äußeren Zwang übermitteln. Ein Mensch muß *aus sich selbst heraus* zu verstehen beginnen, ehe er sie empfangen kann. Mit Gewalt oder durch Gesetze kann man niemand zum Verstehen bringen. Aber warum nicht auf direktem Wege? Wir kommen wieder zu der Frage: Warum kann die tiefere Bedeutung nicht in einfachen, klaren Worten gegeben werden? Wozu diese Undurchsichtigkeit? Warum Märchen, Gleichnisse und so weiter? Jedermann hat eine äußere Seite, die er durch Berührung mit dem Leben entwickelt hat, und eine innere Seite, die verschwommen, ungewiß, unentwickelt bleibt. Lehren über Wiedergeburt und *innere Entwicklung* dürfen nicht ausschließlich auf die äußere Seite des Menschen treffen – auf die vom Leben entwickelte Seite. Einige Menschen gelangen zu dem Punkt, wo ihnen klar wird, daß das Leben sie nicht

befriedigt, wo sie anfangen, in andere Richtungen zu schauen und nach anderen Zielen zu suchen; erst dann sind sie fähig, Lehren der Art, wie sie die Evangelien enthalten, überhaupt zu *hören*. Die äußere Seite des Menschen ist vom Leben und seinen Anforderungen gestaltet und entspricht der Stellung und den Fähigkeiten des Menschen. In gewissem Sinne ist sie künstlich, sie ist erworben. Die innere, *ungestaltete* Seite des Menschen hingegen ist allein fähig, sich zu entwickeln wie ein Samenkorn im eigenen Wachstum, aus *sich selbst heraus*. Dies ist der Grund, warum eine Lehre über die innere Entwicklung des Menschen so geformt werden muß, daß sie nicht allein auf die äußere Seite des Menschen trifft. Gewiß muß sie dort zunächst angreifen: aber sie muß fähig sein, tiefer einzudringen und den Menschen selbst aufzuwecken, den inneren, ungestalteten Menschen. Im Innern wächst ein Mensch nur durch tieferes Nachdenken und nicht durch seine äußere, vom Leben gestaltete Seite. Er wächst durch den Geist seines eigenen Verstehens und durch innere Zustimmung zu dem, was er als Wahrheit erkannt hat. Die psychologische Bedeutung der fragmentarischen Lehren der Evangelien bezieht sich auf diese tiefere, innere Seite eines jeden Menschen. Sobald man begriffen hat, daß ein Mensch sich nur durch Wachsen seines eigenen, individuellen und darum inneren Verstehens entwickeln kann, kann man auch einsehen, daß eine echte Lehre über innere Entwicklung, die lediglich die äußere Seite eines Menschen bewegt, nutzlos bleiben und sogar völlig unsinnig erscheinen muß. Sie kann in der Tat völlig vernichtet werden, wenn sie auf die falsche Stelle trifft, auf des Menschen geschäftstüchtige, weltliche Seite. Er wird sie dann mit seinen Füßen zertreten. Dies ist die Bedeutung des Christus-Wortes: „Und eure Perlen sollt ihr nicht unter die Säue werfen, auf daß sie dieselben nicht zertreten mit ihren Füßen..."[4]. „Unter" bedeutet die äußere, dem Leben zugewandte Seite des Menschen, die niedrigste Ebene menschlichen Verstehens, die Seite, die nur das glaubt, was die Sinne anzeigen – die Seite seines Wesens, die die „Erde" berührt, wie die Füße. Diese Seite kann die Lehre von der inneren

---
[4] Matth. 7, 6.

Entwicklung des Menschen nicht empfangen, denn sie ist nach außen gerichtet, nicht nach innen. Diese Seite kann deshalb auch nichts von Wiedergeburt verstehen.

Der Mensch wird einmal auf natürliche Weise geboren. Alle esoterischen Lehren sagen, er sei einer zweiten Geburt fähig. Aber diese zweite Geburt, diese Wiedergeburt, gehört dem *Menschen in sich selbst,* dem eigenen, geheimen Menschen, dem inneren Menschen an – nicht dem, wie er im Leben erscheint und sich selbst vorkommt, dem Erfolgsmenschen, dem vorgegebenen Menschen. Dies alles gehört dem äußeren Menschen an, dem, was er zu sein scheint, aber nicht dem, was er innerlich ist. Der innere Mensch: das ist der Ort, wo sich die Wiedergeburt abspielt.

In den psychologischen Lehren der Evangelien wird der Mensch nicht als das genommen, was er scheint, sondern als das, was er in seiner innersten Tiefe *ist*. Das ist einer der Gründe für Christi Angriffe auf die Pharisäer. Sie waren *unecht*. Sie waren dem Anschein nach gut, gerecht, gottesfürchtig und so weiter. Mit seinem Angriff auf die Pharisäer greift er die Seite des Menschen an, die unecht ist, die einen Anschein aufrechterhält zum Zwecke äußerer Verdienstlichkeit, aus Furcht oder um des Lobes willen – den Menschen, der innerlich vielleicht völlig verdorben ist. Der Pharisäer, psychologisch verstanden, ist die äußere Seite eines Menschen, der Güte, Frömmigkeit und so weiter nur vorgibt. Es ist diese Seite in jedem einzelnen. Alles in den Evangelien Verkündete, ob in Gleichnissen, Wundern oder Reden dargestellt, hat *psychologische* Bedeutung neben dem buchstäblichen Sinn der Worte. Somit bezieht sich die psychologische Bedeutung des Wortes „Pharisäer" nicht auf bestimmte Leute, die lange tot sind, sondern auf jeden von uns, heute – auf den *Pharisäer in uns selbst:* auf die nicht rechtschaffene Person in uns, welche selbstverständlich wahre und echte psychologische Lehren nicht empfangen kann, ohne daraus einen Anlaß für Verdienst, Lob und Vorteil zu machen. Später werden wir uns die Bedeutung des *Pharisäers in uns selbst* genauer ansehen.

Dritter Teil

Da alle heiligen Schriften sowohl eine wörtliche wie eine psychologische Bedeutung besitzen, können sie den Geist in zweifacher Hinsicht bewegen. Wäre der Mensch keiner weiteren Entwicklung fähig, so hätte das keinen Sinn. Gleichnisse gibt es, gerade weil eine solche individuelle Weiterentwicklung möglich ist. Die „heilige" Idee über den Menschen, das heißt die esoterische oder innere Idee, liegt darin, daß er eine unbenutzte höhere Ebene des Verstehens besitzt und daß seine wahre Entwicklung in der Erreichung dieser höheren Ebene besteht. Darum haben alle heiligen Schriften, zum Beispiel in der Form der Gleichnisse, eine doppelte Bedeutung, eine wörtliche für die Ebene des Menschen, auf der er normalerweise verweilt, und gleichzeitig eine tiefere, die ihn mit jener höheren Ebene verbindet, die als Möglichkeit in ihm liegt und auf ihn wartet.

Die Form der Gleichnisse hat *uralte Bedeutung*. Die Gleichnisse der Evangelien sind in die Form einer uralten, heute vergessenen Sprache gegossen. Früher war die Sprache der Gleichnisse, Allegorien und Wunder verständlich. Der heutigen Menschheit ist sie verlorengegangen. Aber es gibt noch Quellen, die es uns ermöglichen, etwas von der Bedeutung dieser Sprache zu verstehen. Da die Verbindung einer niederen mit einer höheren Ebene des Verstehens der Zweck der Gleichnisse ist, können wir sie als eine *Brücke* zwischen zwei Ebenen, als ein *Band* zwischen wörtlichem und psychologischem Verstehen auffassen. Wie wir sehen werden, gab es früher eine ganz bestimmte Sprache, in welcher diese *doppelte Darbietung* verständlich war und gewisse Worte absichtlich in einem feststehenden, doppelten Sinn benutzt wurden. Durch diese uralte Sprachweise wurde die Verbindung hergestellt zwischen höherer und niederer Bedeutung – oder, was auf dasselbe herauskommt, zwischen den höheren und niederen Seiten des Menschen.

Unsere erste Geburt führt aus der Welt der Zellen, durch Entwicklung, in die Welt des Menschen. Wiedergeburt bedeutet weitere Entwicklung zu einer höheren Psychologie, zu einer höheren Ebene

des Verstehens. Dies ist des Menschen höchstes Ziel – nach allen alten Lehren, in denen der Mensch psychologisch als ein der Entwicklung fähiges Samenkorn aufgefaßt wird. Und gerade das ist esoterische Lehre. Diese Ebene kann nur durch neues Wissen und das Erfühlen und Ausüben solchen Wissens gewonnen werden. Das Wissen aber, das dem Menschen diese Möglichkeit gibt, wird manchmal, so in den Evangelien, „Wahrheit" genannt und manchmal das „*Wort*". Aber es ist weder alltägliche Wahrheit noch alltägliches Wissen. Es ist das Wissen um diesen weiteren Schritt in der Selbstentwicklung.

Versuchen wir einige einführende Anschauungen über diese uralte Doppelsprache zu gewinnen. Wie ist der Begriff „Wahrheit" dargestellt? In der uralten Sprache werden psychologische Tatsachen durch sichtbare Dinge veranschaulicht. Das durch die Sinne erfaßte äußere Leben wird auf eine höhere Bedeutungsebene gehoben.

Wahrheit ist nicht sichtbar, wird aber in dieser Sprache mit Hilfe sichtbarer Dinge dargestellt. Ein Gleichnis ist gefüllt mit sichtbaren Bildern aus der Sinnenwelt. Aber jedes sichtbare Bild stellt etwas dar, was der psychologischen Ebene des Verstehens angehört und sich somit von dem benutzten Bild unterscheidet. In den Evangelien finden wir oft das Wort *Wasser*. Was ist die Bedeutung dieses Wortes in der alten Sprache? Wörtlich genommen bedeutet es die physikalische Substanz Wasser. Aber im psychologischen Sinn, auf einer höheren Ebene des Verstehens, bezeichnet es etwas ganz anderes. Wasser ist nicht einfach Wasser. In seinem Gespräch über Wiedergeburt sagt Christus zu Nikodemus, daß ein Mensch aus *Wasser* und Geist geboren werden muß: „Es sei denn, daß jemand geboren werde aus *Wasser* und Geist, so kann er nicht in das Reich Gottes kommen"[5]. Was bedeutet dann Wasser? Das Wort muß eine andere Bedeutung haben, eine psychologische, tiefere Bedeutung. Es läßt sich vielleicht erraten, daß mit Geist der „Wille" oder der innerste, echteste Teil des Menschen gemeint sein mag. Auch können wir verstehen, daß „Wiedergeburt" nicht wörtlich zu nehmen ist, als ein Wiedereintreten in den Mutterleib, wie Nikodemus gedacht hatte,

---
[5] Joh. 3, 5.

dieser Repräsentant des Menschen, der nur des wortwörtlichen Verstehens fähig ist. Aber was wir uns auch bei dem Wort „Geist" denken mögen, wir können uns mit unserer gewöhnlichen Auffassungskraft durchaus nicht vorstellen, was das Wort „Wasser" in dieser alten, doppelzüngigen Sprache bedeuten soll – einer Sprache, in der Dinge der Sinnenwelt eine andere und besondere Bedeutung vermitteln sollen. Dafür haben wir keinen Schlüssel. Zu sagen, daß ein Mensch aus physikalischem Wasser geboren werden muß, ist einfach Unsinn. Also, was ist die „psychologische" Bedeutung von „Wasser"? Mit Hilfe anderer Bibelstellen können wir herausfinden, was dieses Bild aus der Sinnenwelt auf der psychologischen Bedeutungsebene darstellt. Hundert Beispiele könnten angeführt werden. Nehmen wir eins aus den Evangelien. Christus spricht zu der Samariterin am Brunnen und sagt, er könne ihr „lebendiges Wasser" geben. Da sie zum Brunnen tritt, um Wasser zu schöpfen, sagt Christus:

„Wer von diesem Wasser trinkt, den wird wieder dürsten; wer aber von dem Wasser trinken wird, das ich ihm gebe, den wird ewiglich nicht dürsten; sondern das Wasser, das ich ihm geben werde, das wird in ihm ein Brunnen des Wassers werden, das in das ewige Leben quillt"[6].

Es ist klar, daß „Wasser" hier in einem besonderen Sinn benutzt wird, welcher der uralten, vergessenen Sprache angehört. Im alten Testament, im Buche Jeremias, heißt es:

„Denn mein Volk tut eine zwiefache Sünde: mich, die Quelle des lebendigen Wassers, verlassen sie und machen sich hie und da ausgehauene Brunnen, die doch löcherig sind und kein Wasser geben"[7].

Was also ist dieses Wasser, dieses *lebendige Wasser?*

In der uralten Sprache hat *Wasser* die Bedeutung von Wahrheit. Aber es ist eine besondere Art Wahrheit, eine besondere Art Wissen – „lebendige Wahrheit". Es ist lebendige Wahrheit, weil es den Men-

---

[6] Joh. 4, 13—14.
[7] Jerem. 2, 13.

schen *in sich selbst lebendig macht* und dem Tode entreißt, sobald er nur diesem wahren Wissen innerlich zustimmt und es praktisch anwendet. In den esoterischen Lehren – das heißt Lehren über innere Fortentwicklung – wird ein Mensch, der nichts von dieser Wahrheit weiß, als *tot* bezeichnet. Es handelt sich um ein Wissen, das nur in bezug auf die Erlangung jener höheren, jedermann zugänglichen Ebene innerer Fortentwicklung wahr ist. Es ist Wissen um diese höhere Daseinsebene und führt zu ihr. Es handelt von dem, was ein Mensch wissen, denken, fühlen, verstehen und tun muß, um die nächste Stufe der Entwicklung zu erreichen. Es ist nicht äußere Wahrheit über äußere Dinge, äußere Objekte, sondern innere Wahrheit über den Menschen selbst, über die Art Mensch, die er ist, und über die Möglichkeit, sich zu ändern. Darum ist es *esoterische* Wahrheit (esoterisch bedeutet „inner") oder Wahrheit, die sich auf jene innere Entfaltung und neue Ordnung bezieht, die zu dem nächsten Schritt in der wahren Fortentwicklung führt. Denn niemand kann sich ändern, niemand kann ein anderer werden, niemand kann sich fortentwickeln und diese mögliche höhere Ebene erreichen und somit wiedergeboren werden, der nicht eine dahingehende Lehre findet, aufnimmt und befolgt. Wer annimmt, daß er Wahrheit dieser Art aus sich selbst heraus kennt, der gleicht den oben erwähnten Menschen, die „die Quelle des lebendigen Wassers verlassen und sich selbst ausgehauene Brunnen machen, die doch löcherig sind und kein Wasser geben". Der Gedanke ist ganz einfach. Eine Lehre gibt es – und hat es immer gegeben –, die zu einer höheren Entwicklung führt. Diese Lehre ist die wahrhaft psychologische Lehre über den Menschen und die Möglichkeit der Entwicklung des Neuen Menschen in ihm. Man kann sie nicht aus sich selbst heraus erfinden. Man kann aus sich selbst heraus Brunnen bauen, aber sie geben kein Wasser – das heißt keine Wahrheit.

Wenn Wahrheit dieser Art fehlt, wird der Zustand des Menschen oft mit Durst bezeichnet. „Die Elenden und Armen suchen Wasser und ist nichts da, ihre Zunge verdorrt vor Durst"[8]).

---
[8]) Jes. 41, 17.

Wenn die Menschen einer falschen Wahrheit folgen, so wird dies manchmal mit dem Trinken bitteren Wassers oder mit untrinkbarem oder verdorbenem Wasser verglichen.

Den Gedanken, daß Wasser in dieser uralten Sprache die Bedeutung von Wahrheit hat, wollen wir jetzt auf eines der Worte Christi anwenden, um uns daran klar zu machen, was psychologische Bedeutung im Gegensatz zu wörtlicher Bedeutung ist. Christus sagt:

„Und wer dieser Geringsten einen nur mit einem Becher kalten Wassers tränkt in eines Jüngers Namen, wahrlich ich sage euch, es wird nicht unbelohnt bleiben" [9]).

Wer sich an den buchstäblichen Sinn hält, wird annehmen, daß nichts anderes notwendig sei, als einem Kinde einen Becher kalten Wassers zu geben. Wenn aber Wasser Wahrheit bedeutet, dann bezieht sich dieser Ausspruch auf das Weitergeben von Wahrheit, sei es auch auf die armseligste Weise. Und die Geringsten hier sind nicht Kinder (auch im Griechischen nicht), sondern Menschen, die schwach im Verstehen sind. Wir sehen auch, daß die Seele, um Wahrheit zu empfangen, wie ein Becher sein muß, der aufnehmen kann, was in ihn hineingegossen wird. Das heißt, der Mensch muß bereit und willig sein, belehrt zu werden – seine Seele muß gleich einem Becher sein, der Wasser empfangen kann. Der Ausdruck „mit einem Becher Wasser tränken" bedeutet also sowohl das Empfangen von Wahrheit wie das Weitergeben an andere.

All dies kann nicht logisch ausgedrückt, wohl aber psychologisch verstanden werden. Und genau das ist die Absicht jener uralten Sprache, deren Studium wir begonnen haben.

Vierter Teil

Die esoterischen Schriften im Alten und Neuen Testament benutzen noch andere Worte für Wahrheit. *Wasser* ist nicht das einzige Bild, durch welches die Art Wahrheit dargestellt wird, die uns inter-

---
[9]) Matth. 10, 42.

essiert. In der uralten Sprache werden sowohl *Stein* wie *Wein* als Bilder dafür verwendet, aber auf verschiedenen Bedeutungsstufen.

Stein stellt die äußerlichste und wörtlichste Form esoterischer Wahrheit dar. Die Gebote waren geschrieben auf Tafeln von *Stein*. Man muß verstehen, daß Wahrheit über höhere Entwicklung auf einem festen Untergrund ruhen muß – für diejenigen, die nicht fähig sind, tiefere Bedeutung zu erkennen.

Betrachten wir kurz die merkwürdige Geschichte vom Turmbau zu Babel im ersten Buch Mose. Der tragende Gedanke dieser Geschichte handelt vom Menschen, der mit gewöhnlichem Wissen eine höhere Entwicklungsebene zu erreichen sucht. Das ist die Bedeutung des Turms, der vom Menschen erbaut wird. Aber nach dem bereits Gesagten ist es verständlich, daß der Einzelne oder die Menschheit zur Erreichung der höheren Ebene der Lehre bedürfen, die das für diesen weiteren Schritt notwendige Wissen enthält und die befolgt werden muß. Der Mensch kann durch „Nachdenken" seiner Länge nicht eine Elle zusetzen – das heißt, seine eigenen Gedanken können ihn nicht auf die neue Entwicklungsebene heben. Er muß sich einer Lehre unterordnen. Seine Bemühungen müssen auf der Wahrheit fußen, die wir hier studieren. Und dieses besondere Wissen, diese esoterische Wahrheit wird, auf der niedrigsten Ebene des Verstehens, *Stein* genannt. Wir werden sehen, woraus der Turm zu Babel gebaut wurde – hinsichtlich dieses notwendigen Wissens, das wir Wahrheit nennen. Nicht aus *Stein;* ausdrücklich wird das gesagt. Das heißt, das Material stammte nicht von Menschen einer höheren Ebene – nicht von solchen, die Neue Menschen geworden waren.

Die Geschichte vom Turmbau zu Babel ist sehr merkwürdig und kaum zu verstehen, wenn wir sie wörtlich nehmen. Sie beginnt damit, daß einst, nach den Tagen Noahs und der Arche, alle Menschen eine gemeinsame Sprache hatten. „Es hatte aber alle Welt einerlei Zunge und Sprache"[10]). Dann heißt es, daß sie vom Osten (das heißt von der Wahrheit) fortzogen und in flaches Land kamen und den Plan faßten, einen Turm zu bauen, der bis an den Himmel reichen

---
[10]) 1. Mos. 11, 1.

sollte. Man beachte, wie die Erzählung fortfährt: „Und nahmen Ziegel zu Stein (das heißt an Stelle von Stein) und Erdschlamm zu Kalk und sprachen: ‚Wohlauf, laßt uns eine Stadt und einen Turm bauen, des Spitze bis an den Himmel reiche, daß wir uns einen Namen machen'"[11]). Wichtig ist, daß sie vom Osten kamen und daß sie Ziegel nahmen – ein menschliches Erzeugnis – und nicht Stein. In der uralten Gleichnissprache stellt der Osten die Quelle esoterischer Wahrheit dar. Sie kamen in ein flaches Land, das heißt, sie stiegen von einer höheren Stufe herab und glaubten dann, daß sie aus sich selbst heraus etwas *tun* könnten – unabhängig von dem Wissen um Wahrheit, das sie im „Osten" empfangen hatten. Und so machten sie sich daran, einen Turm zu bauen – das heißt, sie glaubten, aus ihren eigenen Vorstellungen und Gedanken heraus die höchste Ebene erreichen zu können – die höchste Ebene, die hier und auch in den Evangelien „Himmel" genannt wird. „Himmel" bedeutet: ein Mensch auf einer höheren Ebene, und „Erde" bedeutet: ein gewöhnlicher Mensch – ein natürlicher Mensch. Sie machten sich daran, aus sich selbst zu bauen; aber man beachte, daß ausdrücklich gesagt wird, sie hätten nicht nur Ziegel an Stelle von *Stein*, sondern auch *Schlamm* an Stelle von Kalk benutzt.

Eine höhere Entwicklungsstufe kann nicht von einer niederen Stufe aus verstanden werden. Ein Mensch auf höherer Ebene kann nicht von einem Menschen auf niederer Ebene verstanden werden. Der Mensch, so wie er ist, kann eine höhere Ebene nicht erreichen, wenn er nicht in den Besitz von Wissen kommt (genannt Wahrheit), welches ihn in die Höhe führen kann. So war der Turmbau ein Fehlschlag. Und die sonderbare Art, in der diese uralte Sprache sich ausdrückt, läßt es erscheinen, als ob „Gott" die Menschen aus Eifersucht zerstreut habe. Aber man muß tiefer hineinschauen, um diese Sprache zu verstehen. Es war der Menschen Fehler, nicht „Gottes". Sie versuchten sich mittels ihres eigenen Wissens – hier „Ziegel" und „Schlamm" genannt – zu erheben, und das brach zusammen.

„Es hatte aber alle Welt einerlei Zunge und Sprache. Da sie

---

[11] 1. Mos. 11, 3—4.

nun zogen vom Osten, fanden sie ein ebenes Land im Lande Sinear und wohnten daselbst. Und sie sprachen untereinander: Wohlauf, laßt uns Ziegel streichen und brennen! und nahmen Ziegel zu Stein und Erdschlamm zu Kalk und sprachen: Wohlauf, laßt uns eine Stadt und einen Turm bauen, des Spitze bis an den Himmel reiche, daß wir uns einen Namen machen; denn wir werden sonst zerstreut in alle Länder. Da fuhr der Herr hernieder, daß er sähe die Stadt und den Turm, die die Menschenkinder bauten. Und der Herr sprach: Siehe, es ist einerlei Volk und einerlei Sprache unter ihnen allen, und haben das angefangen zu tun; sie werden nicht ablassen von allem, was sie sich vorgenommen haben zu tun. Wohlauf, lasset uns herniederfahren und ihre Sprache daselbst verwirren, daß keiner des andern Sprache verstehe! Also zerstreute sie der Herr von dort in alle Länder, daß sie mußten aufhören, die Stadt zu bauen. Daher heißt ihr Name Babel, daß der Herr daselbst verwirrt hatte aller Länder Sprache und sie zerstreut von dort in alle Länder" [12]).

Es ist sehr schwer, diese uralte Sprache zu verstehen, wenn wir sie wörtlich nehmen. Es ist verständlich, daß eine Maschine nutzlos sein wird, wenn der Ingenieur einen Teil nach falschen Maßen oder aus falschem Material gemacht hat. Vielleicht sagt er dann: „Das ist Gottes Schuld." Aber es ist nicht Gott, der straft: es ist eine falsche „Frage" gestellt worden, und daher ist die Antwort anders als vom Menschen erhofft. Die Antwort richtet sich nach der Art der gestellten Frage. Und das ist „Gott" oder, wenn man will, das „Weltall", das von der Wissenschaft studiert wird. Eine falsche Frage führt zu einer falschen Antwort. Im eigentlichen Sinn ist es überhaupt keine falsche Antwort, sondern genau die richtige Antwort auf die gestellte Frage. Das Gleichnis vom Turmbau zu Babel veranschaulicht das. Der Mensch baut einen Turm aus Ziegel und Schlamm, an Stelle von *Stein* und Kalk. Und „Gott" – das heißt „Antwort-auf-Frage" – sagt: „Das geht nicht" – nicht mehr und nicht weniger.

---

[12]) 1. Mos. 11, 1—9.

Schauen wir uns andere Beispiele an, in denen *Stein* in der uralten Sprache die Bedeutung „Wahrheit über eine höhere Entwicklung" trägt. Um eine höhere Stufe eigener Entwicklung zu erreichen, muß der Mensch das Richtige fordern oder erbitten, und um dies zu können, muß er *wissen*, was er erbitten soll. Christus sagt: „Bittet, so wird euch gegeben." Aber wenn wir nichts wissen von dem *Stein* oder dem *Wasser* esoterischer Lehren, wie sollten wir wissen, was zu erbitten? Christus spricht nicht vom Bitten um Dinge dieses Lebens, sondern von der Bitte um Hilfe zu innerer Fortentwicklung und tieferem Verstehen. Gewisse Bitten sind im Vaterunser enthalten. Sie beziehen sich auf die Fähigkeit, *richtig zu bitten*. Aber davon später. Nehmen wir uns jetzt die merkwürdige Szene vor, in der Christus dem Simon einen neuen Namen gibt. *Simon* bedeutet so etwas wie „erhört werden". Aber Christus gab ihm den Namen *Petrus*, und das bedeutet im Griechischen *Stein*. Christus verkörpert natürlich die Wahrheit, von der wir sprechen. Er nannte sich selbst „die Wahrheit". Er sprach von einer hohen Entwicklungsstufe, die jeder erreichen sollte, und er lehrte die Mittel dazu. Er lehrte *Wiedergeburt*. Indem er Simon den neuen Namen Petrus gab, bezog sich Christus auf die wörtliche Bedeutung seiner Lehre. Er sagte zu Simon: „Du bist Petrus, und auf diesen Felsen will ich bauen meine Gemeinde, und die Pforten der Hölle sollen sie nicht überwältigen. Und ich will dir des Himmelreichs Schlüssel geben..."[13]). Himmel bedeutet, psychologisch gesprochen, jene höhere Ebene der Entwicklung, die im Grunde für jeden Menschen möglich ist. Aber Christus konnte die Schlüssel nur dem Petrus geben – nämlich dem *Stein*. Die Gebote, auf Stein geschrieben, sind auch Schlüssel. Lediglich wörtlich genommen sind sie nicht genug. Sie öffnen den Weg zu psychologischem Verstehen. Sie enthalten tiefe innere Bedeutung. Esoterische Wahrheit in der Form von *Stein* ist nicht biegsam genug, um zu wirklicher innerer Entwicklung zu führen. Sie will *verstanden*, nicht lediglich blind befolgt werden. Im ersten Buch Mose heißt es, daß Jakob den Stein vom Brunnenloch wälzte. Der Stein vor dem Brunnenloch, das

---
[13]) Matth. 16, 18—19.

bedeutet in der uralten Sprache, daß wörtlich genommene Wahrheit ihr psychologisches Verstehen versperrt. Der Stein wurde fortgewälzt und die Schafe wurden getränkt (eigentlich: *gewässert*); denn *Wasser* ist das psychologische Verstehen esoterischer Wahrheit, die, wörtlich verstanden, *Stein* genannt wird. Nun können wir das Folgende verstehen:

„Da hob Jakob seine Füße auf und ging in das Land der Kinder des Ostens und sah sich um, und siehe, da war ein Brunnen auf dem Felde, und siehe, drei Herden Schafe lagen dabei; denn von dem Brunnen pflegten sie die Herden zu tränken, und ein großer Stein lag vor dem Loch des Brunnens. Und sie pflegten die Herden daselbst zu versammeln und den Stein von dem Brunnenloch zu wälzen und die Schafe zu tränken"[14]).

Wenn ein Stein vor dem Brunnenloch liegt, so bedeutet das, daß die Menschen esoterische Wahrheit wörtlich genommen haben, das heißt nur dem Buchstaben der Worte gemäß. Sie halten sich an die vorgeschriebene Ordnung und ähnliches. Wörtlich befolgen sie das: „Du sollst nicht töten", sehen aber keinen Grund, warum sie nicht in ihrem Herzen Mord begehen sollten.

Christus selbst, als Vertreter esoterischer Wahrheit, als „der Weg" oder das „Wort", wurde genannt „der Stein, den die Bauleute verworfen haben". Der Psalmist sagt: „Der Stein, den die Bauleute verworfen haben, ist zum Eckstein geworden"[15]). Dies ist ein merkwürdiger Ausspruch. Wer sind die Bauleute? Was bauen sie? Bauen sie diese Welt? Gewiß kam die Lehre Christi in eine Welt, die auf Gewalt gegründet war, eine Welt, in der jeder glaubte, daß Gewalt zu etwas Besserem führen könne. Aber wenn Christus als der *Stein* bezeichnet wird, so bedeutet das, daß er im Grunde Stein war. Seine gesamte Lehre jedoch sollte Stein in Wasser und am Ende Wasser in Wein verwandeln. Die Juden nahmen alles wörtlich, als Stein. Christus verwandelte wörtliche Bedeutung in psychologische. Das zeigt sich in einem seiner „Wunder" – die wirklich psychologische Wunder

---

[14]) 1. Mos. 29, 1—3.
[15]) Psalm 118, 22.

sind, da sie wörtliche Bedeutung in psychologisches Verstehen verwandeln. Ein Mensch, der an die wörtliche Bedeutung höherer Wahrheit gebunden ist, kann sich damit zugrunde richten. Das erklärt vielleicht, warum manche religiöse Menschen durch ihre Berührung mit Religion verdorben und schlechter gemacht werden, als das Leben sie gemacht hätte. Es mag sein, daß so etwas auch im fünften Kapitel Markus gezeigt werden soll, wo ein Mensch mit einem unsauberen Geist aus den Gräbern hervortritt, von dem gesagt wird, daß er „schrie und schlug sich mit Steinen". „*Steine*" – das heißt wörtliches Auffassen höherer Wahrheit – zerschnitten ihn und machten ihn unsauber. Und da Jesus höheres Verstehen wörtlicher Wahrheit darstellte (so wollen wir es zunächst einmal ausdrücken), rief der Mann ihm zu: „Was habe ich mit dir zu tun, o Jesu?" Und Jesus sprach: „Fahre aus, du unsauberer Geist, aus dem *Menschen*"[16]). *Mensch* bedeutet hier das Vermögen zu verstehen, denn das ist der wirkliche Mensch. Aber das ist nur der erste Einblick in die Bedeutung dieses Wunder-Gleichnisses, das von dem Verhältnis des Menschen zu höheren Lehren handelt. Das Wichtige hier ist, daß der Mann sich an den *Steinen* verletzte, das heißt, er faßte höhere Wahrheit wörtlich auf und wurde dadurch *unsauber*. Und diese Unsauberkeit mußte in die Schweine fahren. Vielleicht werden wir später etwas besser verstehen, was das bedeutet.

Jesus verkörpert stets das nicht-wörtliche, nicht-formale Verstehen höherer Wahrheit. Die Juden in den Evangelien verkörpern nicht so sehr tatsächliche Menschen im wörtlichen Sinn, als die Ebene des Verstehens, auf der alles, was höherer Wahrheit angehört, wörtlich genommen wird. Ein Jude ist *Jude*, insofern er außerstande ist, vom buchstäblichen Sinn zur psychologischen Bedeutung vorzudringen. So wird von den Juden gesagt, daß sie Christus „steinigten". Auf die Worte Christi: „Ich und der Vater sind eins" heißt es: „Da hoben die Juden abermals Steine auf, daß sie ihn steinigten"[17]), denn in ihren an wörtlichen Sinn gebundenen Köpfen erschienen

---

[16]) Markus 5, 8.
[17]) Joh. 10, 30—31.

seine Worte als Gotteslästerung. Die innere Bedeutung ist die, daß Menschen auf der Ebene wörtlichen – und deshalb formalen, äußerlichen – Verstehens diese Bedeutung denen vorwerfen, die auf einer höheren Ebene stehen. Man kann sogar von dem *gesteinigt* werden, was man ehemals im wörtlichen Sinn aufgefaßt hat und jetzt in ganz anderer Weise versteht. Auch kann man zu jeder Zeit einen Menschen mit seinen wirklichen, buchstäblichen Worten *steinigen,* ohne das, was er tatsächlich gemeint hat, als wesentlich anzuerkennen. Der Buchstabe des Gesetzes im Gerichtshof muß auf *Stein* gegründet sein, das heißt auf dem, was tatsächlich in Worten gesagt wurde, und nicht, was gemeint war.

Fünfter Teil

Wir wollen kurz davon sprechen, wie *Wein* als Sinnbild für Wahrheit verwendet wird. Die Bedeutung esoterischer Wahrheit, wenn sie die Stufe von Wein im menschlichen Verstehen erreicht hat, werden wir später betrachten. Zunächst müssen wir verstehen, daß *Stein* die wörtliche Form esoterischer Wahrheit darstellt; daß *Wasser* sich auf eine andere Art der Auffassung dieser Wahrheit bezieht, und *Wein* auf die höchste Form des Verstehens derselben. In dem im zweiten Kapitel des Johannes-Evangeliums aufgezeichneten Wunder verwandelt Christus Wasser in Wein. Es heißt dort, daß er den Dienern auftrug, die *steinernen* Krüge mit *Wasser* zu füllen, und dann das Wasser in *Wein* verwandelte. Hier werden drei Stufen im Verhältnis des Menschen zur Wahrheit gezeigt, und das bedeutet natürlich drei Stufen im Verstehen esoterischer Wahrheit.

Sechster Teil

Die Vorstellung von Wein führt natürlicherweise zu der Vorstellung von Weinbergen. Bevor wir die uralte Gleichnissprache weiter studieren können, müssen wir uns die Bedeutung von *Weinbergen*

anschauen. Dazu ist es notwendig, eingehender von jener Wahrheit zu sprechen, die sich auf die innere Entwicklung des Menschen und das Wachstum seines Verstehens bezieht. Diese Wahrheit ist nicht alltägliche Wahrheit. Sie wird in die Welt gesät. Christus zum Beispiel lehrte diese besondere Art von Wahrheit. In der Bergpredigt spricht er ganz offen über einige ihrer Seiten. Aber andere tiefere Seiten verhüllte er in der Verkleidung von Gleichnissen.

Der Mensch kann diese Wahrheit nicht aus sich selbst finden. Wir haben bereits gesehen, daß dies in der Geschichte vom Turmbau zu Babel angedeutet ist, in der die Menschen annehmen, mit Hilfe von „Ziegeln" und „Schlamm" – an Stelle von Steinen und Kalk – den Himmel erreichen zu können. Höhere Wahrheit – und das ist eben Wahrheit, die zu einer höheren Ebene der Selbstentwicklung führt – entsteht nicht im Leben selbst, sondern stammt von denen, die diese höhere Ebene bereits erreicht haben. Viele haben sie erreicht. Einige wenige haben einen Platz in der Geschichtsschreibung gefunden. Beschränken wir uns hier auf Christus. Er lehrte diese hohe Wahrheit. Aber er sagte vieles über die Aufrichtung dieser besonderen Wahrheit auf Erden und bediente sich dabei des Bildes vom *Weinberg*. Eine Schule, deren Lehre auf Wahrheit dieser Ordnung aufgebaut ist, nannte er Weinberg, und der Zweck des Weinbergs ist es, Früchte hervorzubringen. Wenn die Früchte ausbleiben, werden die Weinstöcke abgeschlagen. Christus spricht auch von sich selbst als von einem Weinstock und sagt seinen Jüngern:

„Ich bin der Weinstock, ihr seid die Reben. Wer in mir bleibt und ich in ihm, der bringt viele Frucht, denn ohne mich könnt ihr nichts tun"[18].

Christus erzählt das folgende Gleichnis vom Weinberg:

„Es hatte einer einen Feigenbaum, der war gepflanzt in seinem Weinberg, und er kam und suchte Frucht darauf und fand sie nicht. Da sprach er zu dem Weingärtner: Siehe, ich bin nun drei Jahre lang alle Jahre gekommen und habe Frucht gesucht auf diesem Feigenbaum und finde sie nicht. Haue ihn ab, was hindert

---
[18] Joh. 15, 5.

er das Land. Er aber antwortete und sprach: Herr, laß ihn noch dies Jahr, bis daß ich um ihn grabe und bedünge ihn, ob er wollte Frucht bringen; wo nicht, so haue ich ihn dann ab"[19]).

Der Mensch wird eines besonderen Wachstums, einer besonderen inneren Entwicklung für fähig erachtet, und „Weinberge" wurden errichtet, um diese Entwicklung möglich zu machen. Natürlich waren das nicht wirkliche Weinberge. Es waren *Schulen*. Und was wurde in ihnen gelehrt? Zuerst einmal das Wissen, das, *sofern es angewandt wird*, zu der im Menschen liegenden höheren Entwicklungsebene führt. Diese Schulen lehrten, daß der Mensch ein Individuum sei – das heißt einzigartig – und diesen höheren Zustand seiner selbst erreichen könne. Mit dem Lehren dieser Wahrheit – oder des Wissens um diese besondere Wahrheit – fingen sie an, aber sie führten zu etwas anderem. Sie führten von der Wahrheit zu einem ganz bestimmten Zustand des Menschen, in welchem er nicht mehr aus der Wahrheit heraus handelt, sondern direkt aus der höheren Ebene, zu der ihn die Wahrheit geführt hat. Diese bezeichnete man zuweilen als das „Gute". *Alle Wahrheit muß zu einem guten Zustand führen – das ist ihr Ziel.* Hinter dem Begriff „Weinberg" liegt dieser Gedanke. Wein wurde produziert. Der Mensch fing an, aus dem Guten, nicht aus der Wahrheit heraus zu handeln, und wurde so zu einem Neuen Menschen.

---

[19]) Luk. 13, 6—9.

II

DER BEGRIFF DER VERSUCHUNG

Erster Teil

Im nächsten Kapitel werden wir das Wunder der Umwandlung von Wasser in Wein behandeln, bei dem es sich in seiner inneren oder psychologischen Bedeutung um eine ganz bestimmte Stufe handelt, die Jesus in seiner eigenen Entwicklung erreicht hatte, bevor er selbst zu lehren anfing. Hier müssen die Versuchungen Jesu und die allgemeine Bedeutung des Gedankens der Versuchung in den Evangelien genauer betrachtet werden. Dazu ist es notwendig, etwas ganz klar zu begreifen, das gewöhnlich nicht verstanden wird. Was begriffen werden muß, ist, *daß Jesus selbst inneres Wachstum und Entwicklung durchmachen mußte.* Er ist nicht als Vollendeter geboren worden. Wäre dies der Fall gewesen, so hätte er keine Versuchungen zu bestehen und keine solche Verzweiflung durchzumachen gehabt. Religiöse Menschen machen oft den Fehler zu glauben, daß Christus von Anfang an solche außerordentlichen Kräfte besessen habe, daß ihm alles möglich war. Aber Jesus selbst erwähnt, um nur ein Beispiel anzuführen, die Schwierigkeit, eine bestimmte Krankheit zu heilen, und sagt, daß viel Gebet und Fasten notwendig sei, bevor die Heilung unternommen werden könne. Später werden wir einige dieser Beispiele studieren, aber schon jetzt kann gesagt werden, daß die merkwürdigsten Auffassungen über die unbeschränkte Macht Jesu auf Erden bestehen – so daß sogar die Frage aufgetaucht ist: „Wenn er der Sohn Gottes ist, warum hat er nicht alle Krankheiten geheilt und die ganze Welt bekehrt?" Genau so argumentieren diejenigen, die sagen: „Wenn es einen Gott gibt, warum erlaubt er, daß es Schmerzen, Krankheit, Leid, Krieg und so weiter auf Erden gibt?" Der Standpunkt beider Einwendungen ist falsch. Der Gedanke der

Bedeutung des Lebens auf der Erde ist nicht richtig erfaßt. Ja, die zentrale Idee der Evangelien wird verkannt, nämlich die Idee individueller Entwicklung und Wiedergeburt.

*

Wiederholen wir die vorher benutzten Worte, um das Thema dieses Kapitels so klar wie möglich zu machen: *Jesus selbst muß inneres Wachstum und Entwicklung durchmachen.* Nehmen wir dies als unseren Ausgangspunkt. Jesus war nicht von Geburt an vollkommen, nicht ein voll entwickelter, voll entfalteter Mensch. Im Gegenteil, er kam unvollkommen auf die Erde, um eine bestimmte, seit langem vorausgesagte Aufgabe zu erfüllen. In einem kritischen Zeitraum der Menschheitsgeschichte hatte er eine Verbindung zwischen den beiden Ebenen wiederherzustellen, die in den Evangelien als „Erde" und „Himmel" bezeichnet werden. Dies hatte er in sich selbst *praktisch* zu vollziehen, um auf diese Weise den Weg wieder zu öffnen, auf welchem Einflüsse von einer höheren Ebene des alles Seiende umfassenden Weltalls (das sich durch verschiedene Grade göttlichen Wesens bis hinauf zum Absoluten erstreckt) die Menschheit erreichen können. Hierdurch sollte den Menschen der Zugang zu innerer Entwicklung wieder geöffnet und zugleich das Bestehen einer bestimmten geistigen Kultur für eine gewisse Zeitspanne, einen geschichtlichen Zyklus, ermöglicht werden. In bezug auf diese Zeitspanne fragt sich Jesus, ob auf ihrem Höhepunkt „Glauben auf Erden gefunden werde". „Doch wenn des Menschen Sohn kommen wird, meinst du, daß er auch werde Glauben finden auf Erden?" Dies sind die Worte Christi, und sie deuten an, daß er daran zweifelte, daß Glauben auf Erden am Ende dieses Zeitraums zu finden sein werde.

Jesus also hatte die Brücke zwischen dem Menschlichen und dem Göttlichen in sich selbst zu schlagen und auf diese Weise eine Verbindung zwischen Himmel und Erde wiederherzustellen. Er hatte alle Schwierigkeiten einer inneren Entwicklung des *Menschlichen in sich* auf sich zu nehmen, damit dieses sich unter den Einfluß der höheren, der göttlichen Ebene stelle. Er mußte alle Stadien dieser Entwick-

lung *in sich selbst* durchlaufen, mit Irrtümern und immer neuen Versuchungen, bis zur Vollendung, mit endlosen inneren Prüfungen, von denen uns in den Evangelien nur wenige Andeutungen gegeben sind. Und alles dies spielte sich während vieler Jahre ab, von denen wir nur Weniges wissen – nämlich einiges von seinen Lehren aus der letzten Zeit, die mit der endgültigen Demütigung und der sogenannten Katastrophe der Kreuzigung endeten, außerdem ein paar Einzelheiten aus den frühesten Jahren, aber gar nichts aus der verhältnismäßig langen, dazwischenliegenden Zeit. Da herrscht Schweigen. Wir wissen nicht, wo Jesus während dieser Zeit lernte, noch von wem er die Anweisungen zu dem ihm auferlegten Drama empfing – zu dem Drama, das Johannes der Täufer (der ihn nicht erkannte) bereits angekündigt hatte, und auf dessen vorausbestimmten Höhepunkt Jesus an vielen Stellen anspielt. In dem Wunder der Verwandlung von Wasser in Wein tut er das mit den an seine Mutter gerichteten Worten: „Meine Stunde ist noch nicht gekommen"[1]). (Er sagt nicht Mutter, sondern *Weib*.) Dennoch nehmen manche religiösen Menschen an, Jesus sei durch Pilatus – sozusagen aus Zufall – gekreuzigt worden. Diese Ansicht ist unsinnig. Jesus hatte den ihm auferlegten Weg zu gehen. Er war vorausbestimmt.

In den ersten Angaben über die Entwicklung Jesu heißt es, daß er *zunahm* an Weisheit und Gestalt. Jesus ging durch verschiedene Stadien. Im Lukas-Evangelium steht: „Und Jesus nahm zu an Weisheit, Alter und Gnade bei Gott und den Menschen"[2]). Lukas, der Jesus nie gesehen hatte, verzeichnet auch die Worte des zwölfjährigen Jesu im Tempel, als dieser von seinen Eltern nach dreitägiger Suche gefunden wurde. Er läßt die Mutter sagen: „Mein Sohn, warum hast du das getan? Siehe, dein Vater und ich haben dich mit Schmerzen gesucht." Und Jesus läßt er antworten: „Was ist's, daß ihr mich gesucht habt? Wißt ihr nicht, daß ich sein muß in dem, das meines Vaters ist?"[3]). Man beachte die Unterscheidung zwischen „Vater auf Erden" und „Vater im Himmel", das heißt zwischen der

---
[1]) Joh. 2, 4.
[2]) Luk. 2, 52.
[3]) Luk. 2, 48—49.

Vorstellung der ersten, irdischen Geburt und der zweiten, höheren Geburt, von der Christi Lehre handelt. Schon als er zwölf Jahre alt war, verwunderten sich alle, die ihm im Tempel zuhörten, „seines Verstehens und seiner Antworten". Die Vorstellung also, daß Jesus in seinem Verstehen *zunahm*, ist ganz eindeutig. Und es ist ganz klar, daß viele Jahre vergehen mußten, bevor er zu seiner vollen inneren Größe gewachsen war und seine höchste Entwicklungsstufe erreicht hatte, die in den Evangelien als *Verklärung* bezeichnet wird. Diese letzte Stufe seiner Entwicklung begann, als Judas in die Nacht hinausging, ihn zu „verraten". Aber selbst jetzt war die Vollendung noch nicht erreicht, denn er hatte offensichtlich noch zwei weitere, äußerst schwere Versuchungen zu bestehen – die Versuchung in Gethsemane, wo er betete: „Mein Vater, ist's möglich, so gehe dieser Kelch von mir, doch nicht wie ich will, sondern wie du willst"[4], und die Versuchung am Kreuz, wo er ausrief: „Mein Gott, mein Gott, warum hast du mich verlassen?"[5]. Hier ist auch zu erwähnen, daß Jesus erst drei Jahre vor seiner Verklärung zu lehren begann, das heißt drei Jahre vor der Vollendung seiner Entwicklung.

Fragen wir uns denn: Wie ist innere Entwicklung zu erreichen? Innere Entwicklung wird nur durch innere Versuchung ermöglicht. Drei Versuchungen Christi sind mit Einzelheiten in den ersten Kapiteln des Matthäus- und des Lukas-Evangeliums verzeichnet und auch ganz kurz unter dem Bild von „wilden Tieren" bei Markus erwähnt. Johannes sagt nichts von alledem, aber er macht das Wunder der Verwandlung von Wasser in Wein zum Ausgangspunkt für das Lehren und Wunderwirken Jesu. Zunächst einmal wollen wir den von Lukas gegebenen Bericht für die drei frühen Versuchungen betrachten, um daran zu erkennen, daß Jesus wachsen mußte, daß er durch Versuchungen zur Entwicklung gebracht werden mußte und durch innere Selbstüberwindung durch die verschiedenen *Stufen inneren Wachstums* hindurchschritt. Wir müssen uns daran erinnern, daß in den Evangelien die in unerwecktem Zustand befindliche

---
[4] Matth. 26, 39.
[5] Matth. 27, 46.

Menschheit als in der Macht des Bösen stehend betrachtet wird. Dies wird durch den Gedanken dargestellt, daß der Mensch von bösen Geistern besessen ist, das heißt, der Mensch ist in der Macht böser Stimmungen und Impulse und Gedanken, welche als böse Geister dargestellt werden, und deren Ziel die Vernichtung nicht nur eines Menschen, sondern der ganzen Menschheit ist. Die Auffassung der Evangelien ist die, daß der Mensch dauernd von bösen Mächten hinuntergezerrt wird, von Mächten, *die in ihm selbst,* nicht außerhalb, sitzen und denen er zustimmt. Durch des Menschen Zustimmung zu diesen Mächten *in sich selbst* wird der Fortschritt im menschlichen Leben vereitelt. Die bösen Mächte sitzen im Menschen, in seiner eigenen Natur, genauer in der Natur seiner Eigenliebe, seiner Selbstsucht, seiner Unwissenheit und Dummheit, seiner Bosheit, seiner Eitelkeit und auch in der Natur seines Denkens, das nur von den Sinnen ausgeht und die sichtbare Welt, die äußeren Erscheinungen des Lebens, als die einzige Wirklichkeit hinnimmt. Diese Fehler in ihrer Gesamtheit werden „der Teufel" genannt, das ist die Bezeichnung für die *schreckliche Fähigkeit, alles mißzuverstehen, alles falsch miteinander zu verbinden,* die dem unentwickelten Menschen innewohnt. Der Teufel ist die Summe aller dieser Mängel, aller dieser *Kräfte des Mißverstehens im Menschen* und aller Folgen derselben. Darum heißt der Teufel einerseits der *Verleumder* oder Gerüchtemacher und andererseits der *Ankläger.* Wenn wir die wirkliche Bedeutung der Versuchungen zu verstehen beginnen, werden wir auch klarer erkennen, was mit dem Teufel gemeint ist.

In dem Bericht über Christi Versuchung im Lukas-Evangelium heißt es, daß Jesus vierzig Tage lang in der Wüste weilte, „vom Teufel versucht". Diese Zahl *vierzig* erscheint auch in der Beschreibung der Sintflut, wo der Regen *vierzig* Tage und Nächte andauert; in der allegorischen Geschichte der Kinder Israel, die *vierzig* Jahre lang durch die Wüste zogen; sowie in der Geschichte von Moses, der *vierzig* Tage und Nächte fastete, bevor er die Gebote erhielt — auf *Stein*tafeln geschrieben. Hier im Lukas-Evangelium stehen die *vier-*

zig Tage in der Wüste in unmittelbarer Verbindung mit der *Idee der Versuchung:*

„Jesus aber ... ward vom Geist in die Wüste geführt und ward vierzig Tage lang von dem Teufel versucht. Und er aß nichts in diesen Tagen, und da sie ein Ende fanden, hungerte ihn"[6]).

Es folgt eine Beschreibung der ersten, sich in dieser Zeit der Prüfung ergebenden Versuchung, die folgendermaßen dargestellt wird:

„Der Teufel aber sprach zu ihm: ,Bist du Gottes Sohn, so sprich zu dem Stein, daß er Brot werde'"[7]).

Nehmen wir die oberflächliche, buchstäbliche Bedeutung. Christus hungerte es, und der Teufel schlägt ihm vor, er solle doch Stein in Brot verwandeln.

„Und Jesus antwortete und sprach zu ihm: Es steht geschrieben: ,Der Mensch lebt nicht allein vom Brot'"[8]).

Auf der Ebene wörtlichen Verstehens ist dies so, wie es scheint – eine körperliche Versuchung. Man beachte jedoch, was gerade vorher gesagt worden war, nämlich daß Jesus vierzig Tage lang in der Wüste verweilte, „vom Teufel versucht". Wenn wir annehmen, die Wüste sei buchstäblich eine wirkliche Wüste – warum erfahren wir nichts über die Art der Versuchung während dieser ganzen Zeit? Man könnte natürlich darauf hinweisen, daß er Hunger litt. Aber das ist es nicht. Wir müssen verstehen, daß im Zusammenhang mit innerer Entwicklung der Begriff *Wüste* einen Seelenzustand, einen allgemeinen inneren Zustand, der der wirklichen Wüste vergleichbar ist, bezeichnet – das heißt einen Zustand, in dem jede Führung fehlt, in dem man sich nicht mehr zwischen gewohnten Dingen bewegt und daher „in der Wüste" ist, einen Zustand des Jammers, der Verwirrung und Ratlosigkeit, wo man, als Erprobung, sich ganz selbst überlassen bleibt, nicht weiß, in welcher Richtung man gehen soll und in seiner eigenen Richtung nicht gehen darf. Das allein schon ist Versuchung, denn die ganze Zeit hungert der Mensch nach Sinn

---

[6]) Luk. 4, 1—2.
[7]) Luk. 4, 3.
[8]) Luk. 4, 4.

und Bedeutung. Warum sollte ein Mensch das Wohlbekannte zurücklassen und in die Wüste gehen? Ihn hungert nach Brot – nicht nach gewöhnlichem Brot, sondern nach dem Brot, um das wir im Vaterunser beten – so falsch übersetzt als „Täglich Brot" –, nämlich nach Führung, nach transzendentalem Brot und, genau genommen, Brot für *morgen,* für die Entwicklung unseres Lebens – nicht für unser Leben, wie es heute, jetzt, ist, sondern wie es werden kann; es hungert ihn nach dem Brot, das wir zum Wachsen brauchen, nach dem Brot für die notwendigen, einander folgenden Stufen des *Verstehens.* (Denn das Vaterunser ist ein von innerer Entwicklung handelndes Gebet, und das erbetene Brot ist das Brot des hierfür notwendigen Verstehens.) In einem solchen Zustand der Ratlosigkeit besteht die Versuchung, *sich das Brot selbst zu machen,* das heißt, seinen eigenen Ideen, seinem eigenen Willen zu folgen – genau wie die Erbauer des Turms zu Babel selbstgemachte Ziegel und Schlamm an Stelle von Steinen und Kalk benutzten. Sie glaubten, sie könnten aus ihren eigenen Ideen heraus eine neue Welt bauen. Und warum sollte man sich nicht auf sich selbst, und somit auf die Lebenserfahrung, verlassen, anstatt auf etwas zu warten, was doch zweifelhaft erscheinen muß? Christi Antwort im Matthäus-Evangelium lautet: „Der Mensch lebt nicht vom Brot allein, sondern von einem jeglichen Wort, das durch den Mund Gottes geht"[9]).

Man sieht, worum es geht: der Teufel fordert Christus auf, *sich selbst Brot zu machen* und so seinen Zustand zu erleichtern – das heißt, nicht auf das Wort Gottes zu warten. Der Teufel sagt: „Bist du Gottes Sohn, so sprich zu dem Stein, daß er Brot werde"[10]). Das bedeutet: nähre dich durch deine eigenen Kräfte und Gedanken. Aber der Sinn der Sendung Christi, die sofort nach den Versuchungen in der Wüste begann, war es nicht, aus sich selbst heraus Wahrheit und Sinn zu finden, sondern die Wahrheit und die Bedeutung des Wortes Gottes – das heißt aus einer höheren Einflußsphäre heraus – zu verstehen und zu lehren. Die Erprobung bezog sich auf seinen

---
[9]) Matth. 4, 4.
[10]) Luk. 4, 3.

eigenen Willen und den auf höherer Ebene liegenden Willen. Er hatte dem Willen „Gottes", nicht seinem eigenen Willen zu folgen. Die niedere menschliche Ebene in sich selbst hatte er dem Willen der höheren oder göttlichen Ebene zu unterwerfen. Es ist die menschliche Seite in ihm, die hier der Versuchung ausgesetzt ist, denn Jesus war Sohn einer menschlichen Mutter. Das Niedere für das Höhere zu halten, bedeutet die Vernichtung des Menschen, denn dann wird er sich selbst zuschreiben, was ihm nicht angehört. Der Mensch wird dann versucht sein, zu sagen: „Ich bin Gott", und nicht: „Gott ist ich". Wenn er sagt: „Ich bin Gott", dann identifiziert er sich *von der niederen Ebene* aus mit Gott. Und das löscht ihn aus. Wenn er sagt: „Gott ist ich", dann gibt er seinen eigenen Willen auf und macht den Willen Gottes zum „ich" in sich selbst, stellt sich unter Gott, das heißt unter eine höhere Einflußsphäre, und muß dieser gehorchen. Man beachte, daß die Erzählung den Teufel mit folgenden Worten an Jesus herantreten läßt: „Wenn du der Sohn Gottes bist ..."[11]). Der Teufel stellt es damit so hin, als ob Jesus tun könnte, was ihm beliebte, als ob er auf der Ebene Gottes stünde. Alles dieses geschah in Jesus. Die Versuchung fand in ihm selbst statt. Obwohl es möglich ist, sie ganz einfach als eine Versuchung aufzufassen, die sich auf die Überwindung körperlicher Bedürfnisse – in diesem Fall des Hungers – bezieht, ist es klar, daß eine andere und viel tiefere Bedeutung hinter der wörtlichen liegt und daß diese mit den Problemen der Eigenliebe und Macht – und der Gewalt – zu tun hat, in denen die menschliche Natur verwurzelt ist. Vom Weibe her, von seiner Mutter, besaß Jesus *menschliche Natur*. Die Aufgabe war, sie umzuwandeln. In der zweiten Versuchung wird das ganz offensichtlich: alle Macht über die sichtbare Welt wird ihm angeboten. Es heißt, daß der Teufel Christus auf einen „hohen Platz" führte und ihm alle Reiche der Welt *in einem Augenblick* zeigte:

„Und der Teufel führte ihn auf einen hohen Berg und zeigte ihm alle Reiche der Welt in einem Augenblick und sprach zu ihm: Alle diese Macht will ich dir geben und ihre Herrlichkeit, denn sie

---
[11]) Luk. 4, 3.

ist mir übergeben, und ich gebe sie, welchem ich will. So du mich willst anbeten, so soll es alles dein sein" [12]).

So werden der Drang nach irdischer Macht und die Eitelkeit versucht, die tief in jedem Menschen stecken. Die Versuchung ist wiederum auf die Eigenliebe gerichtet, die die Liebe zur Welt und zu ihren Besitztümern einschließt. Der Teufel will Christus die Welt geben. Machtliebe und Lust am Besitz sind zwei Formen der Eigenliebe. Hier also wird die menschliche Seite in Christus dargestellt, die der gewaltigsten Versuchung, der nach irdischem Gewinn und Macht des Reichtums, ausgesetzt ist. Und die Versuchung ist in einer Weise beschrieben, die die Absicht ganz klar macht: die ganze Welt wird Jesus „in einem Augenblick" gezeigt – das heißt alles im gleichen Augenblick. Jesus aber antwortet: „Es steht geschrieben: ‚Du sollst Gott, Deinen Herrn, anbeten und ihm allein dienen.'" Also nicht der Welt und ihren Besitztümern. Die Antwort entspringt derselben Erkenntnis wie die, die auf die erste Versuchung gegeben wurde. Es gibt etwas anderes, das der reife Mensch besitzen muß. Auf diese höhere Entwicklungsstufe hin, die als Möglichkeit und zugleich schon als Realität im Menschen liegt, muß sich sein Streben nach Macht und Herrlichkeit bewegen. Aber auch, wenn der Mensch die Richtung kennt und ihrer ganz gewiß ist, kann er noch versucht werden, und vielleicht dann ganz besonders. Sonst wäre Christus nicht in dieser Weise versucht worden. Seine menschliche Seite war dieser Versuchung immer noch offen. Man muß hier nicht nur an den überwältigenden Eindruck auf die Sinne und den unmittelbaren Anreiz für Eigenliebe und Eitelkeit denken, sondern auch an die viel feinere Versuchung durch den Gedanken, ein Mensch könne als *König auf Erden* durch irdische Mittel und äußere Gewalt und Autorität der Menschheit helfen. Wir wissen, daß die Jünger Jesu von ihm erwarteten, er würde als *König auf Erden* die ganze Welt gewinnen und ihnen irdische Belohnung zuteil werden lassen. Von der niederen Ebene aus dachten sie an höhere Dinge. Sie konnten zunächst nicht verstehen, wovon Jesus eigentlich sprach – nämlich

---
[12]) Luk. 4, 5—7.

von der Erreichung einer höheren oder inneren Ebene, die mit der niederen oder äußeren Ebene des Lebens nichts gemein hat. Hier müssen wir uns daran erinnern, daß der Weg, den Christus zu gehen hatte, zum scheinbaren Scheitern im äußeren Leben und zu äußerer Machtlosigkeit führte – und zu einem Tode, der den schlimmsten Verbrechern vorbehalten war. Es waren nur wenige, die ihm bis zuletzt folgten. Es sah aus, als ob alles nutzlos gewesen sei. Das werden wir nicht verstehen, wenn wir nicht den Gedanken der beiden Ebenen verstanden haben. Doch darüber werden wir später noch mehr zu sagen haben; jetzt gilt es nur festzuhalten, daß Versuchung im eigentlichen Sinn sich auf diese beiden Ebenen und den Übergang von der einen zur anderen bezieht. Wäre Jesus bereits vollkommen geboren worden, so wäre er jenseits aller Versuchung gewesen. Er hätte nicht den *Neuen Menschen* und den Weg zu diesem darstellen können. Er selbst nannte sich den Weg: „Ich bin der Weg"[13]), und zwar aus diesem Grunde.

Zweiter Teil

Es gibt verschiedene Arten der Versuchung und verschiedene Arten, einer Versuchung zu erliegen. Betrachten wir die Versuchung im allgemeinen. Jede Versuchung, sofern sie wirklich ist, bedeutet einen Kampf zwischen zwei Strömungen im Menschen, von denen jede die Überhand zu gewinnen sucht. Dieser Kampf hat zwei Formen. Er entsteht stets zwischen dem Wahren und dem Falschen oder zwischen dem Guten und dem Schlechten. Der gesamte Ablauf und das Ergebnis des Lebens eines Menschen im Sinne innerer Entwicklung spiegeln sich in diesem inneren Kampf um „Was ist die Wahrheit?" und „Was ist Lüge?", „Was ist gut?" und „Was ist schlecht?" Und tatsächlich sind es diese Fragen, über die jedermann immerzu in der Einsamkeit seines Geistes und Herzens nachdenkt und sich verwundert. Der Geist ist da, Wahrheit zu denken, und das Herz, das Gute zu erkennen.

---
[13]) Joh. 14, 6.

Betrachten wir zuerst die Versuchung in Hinsicht auf Wahrheit. Sie tritt im geistigen Leben des Menschen auf. Jedermann hält an gewissen Dingen fest, die er für Wahrheit hält. Wissen als solches ist nicht Wahrheit, denn wir wissen viele Dinge, halten sie aber nicht alle für unumstößlich wahr oder stehen ihnen gleichgültig gegenüber. Aber unter den Dingen, die wir wissen, gibt es einige, an deren Wahrheit wir festhalten. Das ist unsere persönliche Wahrheit, und sie gehört unserm persönlichen geistigen Leben an, denn Wissen und Wahrheit sind Dinge des Geistes. Das geistige Leben eines Menschen wirkt sich nur in dem aus, was er für wahr hält, und wenn das angegriffen wird, gerät er in Angst. Je höher er das von ihm als wahr Erkannte einschätzt, um so größer ist die Angst, die ihn ergreift, wenn Zweifel in seinen Geist eindringen. Aber das ist nur eine milde Form der Versuchung, in welcher der Mensch zu prüfen hat, was er glaubt und als Wahrheit hochschätzt, und dann mit seinen Zweifeln kämpfen muß. Es ist begreiflich, daß eine Versuchung nicht aufkommen kann in bezug auf etwas, was einem gleichgültig ist. Nur wo man etwas hochschätzt, kann man in Versuchung kommen. Die Bedeutung der Versuchung besteht in der Stärkung alles dessen, was der Mensch als Wahrheit hochschätzt. Durch die Evangelien zieht der Gedanke, daß der Mensch in seinem Innern ringen und kämpfen muß. Die Evangelien handeln von der inneren Entwicklung und dem Wachstum des Menschen. Das erfordert inneren Kampf, das heißt: Versuchung ist nötig. Aber die Menschen nehmen manchmal Anstoß an dem Gedanken, daß sie für die Wahrheit kämpfen müssen und daß ihnen Versuchungen dabei nicht erspart werden können. Der Kampf um Wahrheit ist genau so notwendig wie der Kampf mit sich selbst.

Und nun Versuchung in Hinsicht auf das Gute – sie ist nicht Sache des Geistes, sondern des Gefühls. Sie gehört dem Willen, nicht dem Denken an. Denn die Grundlage dessen, was der Mensch will, ist das, was er als gut empfindet. Wollen und Handeln des Menschen entspringen dem von ihm als *gut* Empfundenen, und seine Willensäußerungen gehören seinem unabhängigen Leben an. Nichts

anderes macht sein unabhängiges Leben aus als das, was sich ihm als gut eingeprägt hat. Nähme man einem Menschen alles das, was er für das Gute hält, so hörte sein selbständiges Leben auf, genau wie sein geistiges Leben aufhören würde, wenn ihm all das, was er für das Wahre hält, genommen würde. In den Evangelien nun ist die Wahrheit stets mit dem Wissen von der Lehre Christi und das Gute stets mit der Liebe Gottes und des Nächsten verbunden. Was immer ein Mensch liebt, hält er für gut, und was er für gut hält, bestimmt sein Wollen und Handeln. Liebt er nur sich selbst, dann ist er ein Mensch, der nur das für ihn Gute als Gutes anerkennt; alles, was nicht für ihn selbst gut ist, betrachtet er als schlecht. Die Entwicklung des Willens erfolgt durch die Entwicklung der Liebe, und die Entwicklung der Liebe geht auf Kosten der Eigenliebe. Wie ein Mensch nur durch das, was er für Wahrheit hält, im Geistigen versucht werden kann, so kann er nur durch das, was er liebt, in seinem Wollen und Handeln versucht werden. Und da alle wirkliche Versuchung sich auf die „Wahrheit" der Heiligen Schrift bezieht, so kann Versuchung hinsichtlich des Guten (anders als Versuchung hinsichtlich der Wahrheit) überhaupt erst dann anfangen, wenn ein Mensch die Stufe der Eigenliebe zu verlassen beginnt und durch eine Ahnung des Daseins Gottes als Quelle der Liebe in das eintritt, was *Caritas* oder Nächstenliebe genannt wird. Versuchungen hinsichtlich der Wahrheit beginnen notwendigerweise lange vor Versuchungen hinsichtlich des Guten; aber wenn dem Menschen nicht schon eine Art natürlicher Caritas innewohnt, wird es ihm schwerer fallen, seine Versuchungen hinsichtlich des Wahren zu bestehen. Die Wahrheit muß in den Menschen eindringen und in ihm wachsen, ehe er die Richtung seines Willens, das heißt dessen, was er für gut hält, ändern kann. Wenn er merkt, daß das Gefühl eines neuen Guten in ihn eindringt, dann werden die Gefühle des neuen Guten und des bisher für gut Gehaltenen in ihm *abwechseln*. Später werden sie in ihm kämpfen. Aber dann sollte er imstande sein, am Wahren festzuhalten, wie sehr er auch hinsichtlich des Guten versagen mag. Er steht dann wirklich zwischen zwei Ebenen, der nie-

deren und der höheren; alle wahre Versuchung aber fängt erst an, wenn dies der Fall ist, denn die niedere Ebene zieht ihn an, und er muß einen Pfad zwischen den beiden finden. In der Tat: er erhebt sich ein wenig und fällt zurück wie ein Betrunkener, der aufstehen will. Wenn aber die Versuchung hinsichtlich des Guten wirklich beginnt – wohin sie früher oder später auch führen mag –, er darf es nie zulassen, daß dieses scheinbare oder wirkliche Versagen gegen die Wahrheit ankämpft, die er ergriffen hat. Läßt er dies zu, so wird er bei jedem Versagen etwas von seinem Sinn für Wahrheit einbüßen. Was immer er ist oder tut – an der Wahrheit, die er empfangen hat, muß er festhalten, in seinem Innern muß sie lebendig bleiben.

Dritter Teil

In der dritten Versuchung Christi hebt der Teufel wieder mit den Worten an: „Bist du Gottes Sohn . . . " Wir müssen begreifen, daß Christus gegen jede Art der Eigenliebe und alle Formen irdischer Liebe und ihrer Folgen ankämpfen mußte. Er mußte jeden Trieb nach eigener Macht, der von der menschlichen Ebene in ihm stammte, überwinden und der höheren Ebene unterwerfen. Wie gesagt: bei Versuchung im wirklichen Sinn handelt es sich um die Beziehung von der niederen Ebene im Menschen zu der möglichen höheren Ebene. Es ist der zentrale Gedanke der Evangelien, daß der Mensch von der niederen zur höheren Stufe gelangen soll, und daß das innere Entwicklung oder Wiedergeburt bedeutet. Da das „Wort Gottes" die Lehre von den für diese innere Entwicklung notwendigen Mitteln ist, beziehen sich alle Versuchungen des Geistes in den Evangelien auf des Menschen eigene Gedanken über die Wahrheit des Gotteswortes gegenüber der Wahrheit der Sinne, und alle Versuchungen des Gefühls auf die Eigenliebe gegenüber der Gottesliebe. Natürlich besteht ein Gegensatz zwischen der niederen und der höheren Ebene, wie wir auch von einem Gegensatz zwischen Samenkorn und Pflanze sprechen könnten. Wir könnten sagen, das

Samenkorn könne für sich selbst leben, oder es könne sich selbst und seinen eigenen Willen den höheren Einflüssen unterwerfen, die an ihm zu wirken trachten, damit es durch Verwandlung zur Pflanze werde.

Die dritte Versuchung ist im Lukas-Evangelium wie folgt beschrieben:

„Und er führte ihn gen Jerusalem und stellte ihn auf des Tempels Zinne und sprach zu ihm: Bist du Gottes Sohn, so laß dich von hinnen hinunter, denn es steht geschrieben: ‚Er wird befehlen seinen Engeln von dir, daß sie dich bewahren und auf Händen tragen, auf daß du nicht etwa deinen Fuß an einen Stein stoßest.‘ Jesus antwortete und sprach zu ihm: Es ist gesagt: ‚Du sollst Gott, Deinen Herrn, nicht versuchen‘ "[14]).

Es ist verständlich, daß Eigenliebe nur sich selbst anbeten kann. Somit schreibt sie sich Göttlichkeit zu. Das bedeutet, daß das Niedere sich einbildet, das Höhere zu sein, und damit Gott versucht. Es kann seine eigene Nichtigkeit nicht fühlen, und so bläht es sich auf bis an den Himmel, und im Rausche der eigenen Göttlichkeit, im Wahnsinn der Selbstbetörung mag es das Unmögliche versuchen und sich damit selbst zerstören.

In den Beschreibungen der Versuchung Christi heißt es, daß er vom Geiste in die Wüste geführt wurde. Im Lukas-Evangelium steht, er „ward vom Geist in die Wüste geführt und ward vierzig Tag lang vom Teufel versucht"[15]). Bei Markus sind die Ausdrücke stärker: „Und alsbald trieb ihn der Geist in die Wüste, und er war allda in der Wüste vierzig Tage und ward versucht von dem Satan und war bei den wilden Tieren"[16]). Nach Matthäus ward Jesus vom Geist in die Wüste geführt, „auf daß er von dem Teufel versucht würde"[17]).

Jeder der Evangelisten, der von den Versuchungen in der Wüste berichtet, läßt diese auf die Taufe Christi durch Johannes folgen. Es erscheint merkwürdig, daß Christus gerade von dem Geist der

---

[14]) Luk. 4, 9—12.
[15]) Luk. 4, 1—2.
[16]) Markus 1, 12—13.
[17]) Matth. 4, 1.

Erleuchtung, der ihn erfüllte, in Versuchung geführt wird. Aber er selbst hat ja gelehrt, daß der Mensch wiedergeboren werden muß aus Geist, und ohne Versuchung gibt es keine Verwandlung. Der Geist ist das verbindende Glied zwischen Höherem und Niederem. Das Menschliche in Christus mußte verwandelt und auf die göttliche Ebene gehoben werden. Und da der Geist der Mittler ist, der das Niedere durch eine Reihe von Verwandlungen zum Höheren hinaufzieht, ist es die Aufgabe des Geistes, den Menschen in die Wüste, ja in äußerste Verwirrung zu führen und ihn jeglicher Versuchung durch die ihm innewohnenden Triebkräfte auszusetzen, damit alles, was für seine Selbstentwicklung nutzlos ist, in den Hintergrund, und alles, was dem Wachstum und dem Verstehen dient, in den Vordergrund gerückt werde. Der Teufel stellt all das im Menschen dar, was sich nicht entwickeln kann, was der Entwicklung feindselig ist und jeden Gedanken inneren Wachstums haßt – alles im Menschen, was lediglich zu verleumden und mißzuverstehen und sich selbst durchzusetzen trachtet. Ein Mensch, der innere Entwicklung sucht, muß all dieses langsam hinter sich bringen, statt ihm den ersten Platz und die Führung in seinem Innern zu überlassen. Das bedeutet: die innere Anordnung muß sich ändern, was an erster Stelle stand, muß an die letzte treten. So sagt auch in einer der Darstellungen Christus zum Teufel: „Mach, daß du hinter mich kommst, Satan." Daß diese neue innere Anordnung, die von Versuchungen hervorgerufen wird, sich nicht sofort (und endgültig) einstellen kann, erhellt aus den Worten des Lukas, der andeutet, daß die Versuchungen Christi nicht beendigt waren. „Der Teufel", heißt es, „verließ ihn eine Zeitlang"[18]).

---

[18] Luk. 4, 13.

III

DIE HOCHZEIT ZU KANA

Zwischen wem war die Hochzeit? Es ist auffällig, daß uns nichts von Braut und Bräutigam mitgeteilt wird. Jesus und seine Mutter werden zwar äußerlich als Mutter und Sohn dargestellt: psychologisch verstanden, handelt die Hochzeit jedoch von der inneren Verschmelzung des Natürlichen und des Geistigen in Jesu. Warum ist sich dann der Meister des Festes nicht im klaren darüber, was geschehen ist? Warum war ihm ein Verstehen unmöglich – so unmöglich, daß die Diener nicht einmal versuchten, ihm Bescheid zu sagen, obwohl man doch annehmen muß, daß sie offiziell diesem Meister unterstellt waren? Weil ein *neuer Meister* – fast heimlich – erschienen war; und man beachte, daß dieser neue Meister dem Meister des Festes, den wir den *alten Meister* nennen dürfen, kein Wort sagt. Wenn ein Mensch sein gesamtes Innenleben so tiefgreifend ändert, dann verliert der alte Meister die Herrschaft darüber, und ein neuer, größerer Meister erscheint. Durch Beherrschung seiner von der Mutter verkörperten, natürlichen Seite erreicht Jesus eine Entwicklungsstufe, auf welcher der alte Meister keine Macht mehr hatte – ohne jedoch zu wissen, was geschehen war. Jesus ist nicht der Meister des Festes, und doch sagt niemand dem früheren Meister, was vorgefallen ist. Es ergibt sich keine Rivalität – nur *Schweigen*. Eine Verwandlung hat tatsächlich stattgefunden: Wasser ist zu Wein geworden. Aber alles ist ohne Gewalt geschehen. In den Wundern von Jesus ist niemals Gewalt oder Rivalität. Statt dessen: *Schweigen*. Zu Pilatus sagte Jesus später, er könne, wenn nötig, Mächte herbeirufen, die ihn befreien würden. Aber er tat es nicht. Gewalt zeugt Gewalt. Es ist ein fremdartiger Gedankengang, der zu der Überlegung führt, was für ein Meister in einem selbst herrscht und wie man ihn überwinden oder vielmehr sich von ihm abwenden kann.

Nichts darf dabei gesagt werden, das ihn zur Feindschaft oder zum Aufbrausen bringen könnte. Sogar Pilatus konnte ein wenig von Jesus begreifen, und der Meister des Festes konnte einen guten Wein erkennen. Aber zweifellos wäre es schwierig gewesen, mit ihm fertigzuwerden, wenn die Diener ihm das Wunder erklärt hätten und seine Autorität in Frage gestellt worden wäre.

In den Evangelien steht mancherlei über dieses innere *Schweigen*, das notwendig ist, wenn man sich selbst wandelt. „Laß deine linke Hand nicht wissen, was die rechte tut"[1]. Man kann irdische Autorität nicht dadurch überwinden, daß man ihr mit Gewalt entgegentritt. Dem eigenen Vater mag man gewaltsam begegnen. Wie viele verlieren doch im gewaltsamen Kampf gegen Autorität ihre beste Seite. Auf die Dauer werden sie dann selbst das, was sie hassen. Innere Wandlung ist auf diesem Wege nicht zu erreichen. Aber hier, bei dieser symbolischen Hochzeit, ist die Auseinandersetzung mit der Autorität der Mutter Jesu nicht als bloße Reaktion gegen sie, sondern als die Errichtung einer neuen inneren Ordnung dargestellt, wodurch die Bedeutsamkeit der Mutter nicht zerstört, sondern auf richtige Weise benutzt wird – ist es doch die Mutter, die das Wunder möglich macht, indem sie den „Dienern" aufträgt: „Was er euch sagt, das tut"[2]. Und da Jesus seine menschliche oder natürliche Seite von der Mutter empfangen hatte, erscheint es klar, daß er auf dieser Stufe seiner Entwicklung seine menschliche oder natürliche Seite in das richtige Verhältnis zu seiner größeren oder geistigen Seite bringen mußte – und deshalb gehorcht „sie" „ihm". Es gibt Lehren, in denen die völlige Überwindung dieser „natürlichen" Seite gefordert wird und nur unweltliche Gedanken, weit jenseits alles Irdischen, zugelassen werden. Eine solche Spaltung des Menschen kann man nicht als ein Ordnen, als Zusammenklang aller in unserm Wesen ertönenden Noten betrachten. Von seiten der Mutter war Jesus als Mensch geboren. Seine Aufgabe war es, den Menschen mit Gott, das Natürliche mit dem Geistigen zu verbinden; nicht

---
1) Matth. 6, 3.
2) Joh. 2, 5.

aber in Gegensätze zu zerspalten, was überhautp keine Gegensätzlichkeiten, sondern verschiedene Ebenen und Maßstäbe sind.

Die „natürliche" Seite des Menschen und die mehr innere, dem Überweltlichen zuneigende Seite lassen sich als zwei Figuren darstellen, oder als zwei miteinander verbundene Räume, oder als zwei Ebenen, eine niedere und eine höhere, als zwei Städte und so weiter. Die Wahl des bildhaften Ausdrucks bedeutet an sich nichts. Der Hinweis ist alles, denn in ihm liegt die Bedeutung. Weder Bilder noch Worte im Gleichnis bedeuten das, was das Gleichnis bedeutet. Manche Träume sind reine Gleichnisse; andere sind Mythen und Märchen. Aber das Wesentliche ist die innere Bedeutung dieser Gleichnisse, Mythen, Träume und Märchen, die uns durch sie erschlossen wird. Dem natürlichen Verstand erscheinen sie alle bedeutungslos, abgesehen vom buchstäblichen Sinn. Aber die höhere, seelische Bedeutung läßt sich dem natürlichen Verständnis nicht unmittelbar mit Worten beibringen. Und darum hat es immer eine *andere Sprache* gegeben. Eine Wortsprache kann nur von denen verstanden werden, denen sie geläufig ist; aber ein Gleichnis in bildhafter Darstellung kann auch von Menschen verstanden werden, die nicht dieselbe Wortsprache beherrschen. Es gibt eben *zwei* Sprachen, und sie beziehen sich auf *zwei* verschiedene Tiefen oder Ebenen im Menschen.

In der esoterischen Sprache kommt ein Ausdruck vor, der regelmäßig anzeigt, daß eine gegebene Entwicklung ihre Erfüllung gefunden hat. Dieser Ausdruck ist eine Zahl, und zwar die Zahl *Drei*. Drei bedeutet *Erfüllung*. In dem *Zeichen* der Verwandlung von *Wasser in Wein* heißt es gleich zu Anfang der Erzählung, daß am *dritten Tag* eine Hochzeit stattfand. Anfang, Mitte und Ende bilden etwas Vollständiges. So steht in esoterischer Sprache die Zahl Drei am Ende von etwas Altem und am Anfang von etwas Neuem. Wenn eine psychologische Phase erfüllt ist, beginnt die nächste. Und das ist der „dritte Tag". Das Alte fällt dahin; das Neue hebt an. Oder: die Kräfte der höheren Ebene werden lebendig, und der frühere Mensch fängt an, dieser höheren Ebene zu gehorchen. Die Zahl Drei stellt einen solchen Zustand dar; zum Beispiel bei Christi Niederfahrt

zur Hölle mußte eine notwendige Zeit erfüllt werden, und die Auferstehung erfolgte am *dritten* Tage. Viele andere Beispiele der Verwendung der Zahl Drei in diesem Sinn lassen sich in den esoterischen Büchern der Bibel finden. Jonas war drei Tage lang im Innern des großen Fisches. Petrus verleugnet Christus dreimal – das heißt vollständig. Christus fragt Petrus dreimal, ob er ihn liebt. Der Feigenbaum, der drei Jahre lang keine Frucht getragen hatte, sollte abgeschlagen werden. Hier und an vielen anderen Stellen bedeutet die Zahl Drei Erfüllung – entweder Erfüllung im Sinne eines neuen Anfangs oder Erfüllung im Sinne eines vollständigen Abschlusses.

Nun handelt es sich auch bei dem „Zeichen" der Verwandlung von *Wasser in Wein* um eine Stufe, die Jesus in der Entwicklung seiner menschlichen Seite erreicht hatte. Darum beginnt es mit dem „dritten Tage":

„Und am dritten Tage ward eine Hochzeit zu Kana in Galiläa; und die Mutter Jesu war da. Jesus aber und seine Jünger wurden auch auf die Hochzeit geladen. Und da es an Wein gebrach, spricht die Mutter Jesu zu ihm: Sie haben nicht Wein. Jesus spricht zu ihr: Weib, was habe ich mit dir zu schaffen? Meine Stunde ist noch nicht gekommen. Seine Mutter spricht zu den Dienern: Was er euch sagt, das tut. Es waren aber allda sechs steinerne Weinkrüge gesetzt nach der Weise der jüdischen Reinigung, und ging in je einen zwei oder drei Maß. Jesus spricht zu ihnen: Schöpfet nun und bringet's dem Meister des Festes. Und sie brachten's. Als aber der Meister des Festes kostete den Wein, der Wasser gewesen war, und wußte nicht, woher er kam (die Diener aber wußten's, die das Wasser geschöpft hatten), ruft der Meister des Festes den Bräutigam und spricht zu ihm: Jedermann gibt zum ersten guten Wein, und wenn sie trunken geworden sind, alsdann den geringsten; du hast den guten Wein bisher behalten. Das ist das erste Zeichen, das Jesus tat, geschehen zu Kana in Galiläa, und offenbarte seine Herrlichkeit. Und seine Jünger glaubten an ihn"[3].

---

[3] Joh. 2, 1—11.

Man beachte die Anwesenheit der Mutter Jesu; sie veranschaulicht seine frühere Ebene, mit der er noch in Verbindung steht, ohne aber etwas mit ihr zu schaffen zu haben. Dieser früheren Ebene seines Wesens sagt er: „Weib, was habe ich mit dir zu schaffen?" Um diese grobe Haltung gegenüber seiner Mutter zu verstehen, muß man sich einige andere Stellen in den Evangelien anschauen. Man nehme den Fall, ein Mensch erreiche eine Ebene, auf der Selbstmitleid – alles, was jämmerlich in ihm ist – überwunden ist. Viele betrachten Christus als eine bemitleidenswürdige Figur – als einen *kranken* Christus. Diese Auffassung ist gewöhnlich mit der Meinung verbunden, er sei roh behandelt und zum Kreuz geschleppt worden. Aber die Evangelien zeigen, daß er freiwillig am Kreuz gelitten hat. Er sagte seine Kreuzigung voraus. Er sagte seinen Jüngern, daß er diese Erfüllung seines Endes auf sich nehmen müsse. Und obwohl er in der Agonie von Gethsemane betete, daß dieses Ende abgeändert werden möge – er nannte es einen Kelch, den er trinken müsse –, so fügte er doch hinzu: „Doch nicht wie ich will, sondern wie du willst"[4]). Ihn als eine bemitleidenswürdige Figur zu nehmen, geht am Wesentlichen vorbei. Der rührselige Christus ist eine Erfindung. Es ist offensichtlich, daß er in der Behandlung anderer hart war; viele hat er verletzt; auch mit sich selbst war er hart. In der Szene mit Pilatus wird gezeigt, daß er hätte entkommen können, wenn er seinem eigenen Willen gefolgt wäre. Er sagt zu Pilatus: „Du hättest keine Macht über mich, wenn sie dir nicht wäre von oben herab gegeben"[5]). Aber aus freien Stücken spielt er die ihm zugeteilte Rolle und führt sie durch; denn das war die Aufgabe, deren Erfüllung ihm aufgetragen war, wie er selbst so oft erklärt hat. Die Jünger verstanden es nicht, und erst später erfaßten einige von ihnen den *Sinn* des ganzen Christus-Dramas, das sich da vor ihnen abgespielt hatte – nämlich die unausweichliche Kreuzigung der Wahrheit höherer Ebene durch die Hände derer, die auf

---

[4]) Matth. 26, 39.
[5]) Joh. 19, 11.

der niedrigeren Ebene verharrten. Die Vernichtung höherer, psychologischer Wahrheit durch Buchstaben-Wahrheit ist das ewige Drama des menschlichen Lebens.

*

Jesus sagt zu seiner Mutter: „Weib, was habe ich mit dir zu schaffen? Meine Stunde ist noch nicht gekommen"[6]. Das deutet an, daß er zum Schluß durch das vernichtet werden muß, was die „Mutter" in der menschlichen Natur darstellt. Um das zu verstehen, müssen wir uns vollständig von jeder wörtlichen Bedeutung, ja von allen tatsächlichen Personen loslösen. Jesus hatte durch eigene Entwicklung und Versuchung einen Punkt erreicht, an dem die „Mutter-Ebene", das heißt eine hier von der „Mutter" dargestellte Ebene, die er *Weib* nennt, ihn kaum noch berührte. Sie hat keine Macht mehr über ihn, ist aber immer noch mächtig, wenn auch ihm untergeordnet. So geschieht es, daß Jesus Wasser in Wein verwandelt und damit das erste Zeichen davon gibt, daß er in seiner inneren Entwicklung eine neue Ebene erreicht hat. Die beiden Gedanken sind eng miteinander verbunden – die Erhebung seiner selbst von der „Mutter"-Ebene und die daraus entspringende Kraft, Wasser in Wein zu verwandeln. Aus der Darstellung des Hochzeitsfestes, dieser psychologischen Beschreibung, geht aber auch hervor, daß Jesus zwar diesen neuen Zustand, in dem er mit seinem früheren Zustand nichts mehr zu schaffen hat, erreicht hatte, daß aber der frühere Zustand immer noch dicht hinter ihm steht und Macht ausüben kann. Jesus lenkt die Dinge so, daß die „Mutter" die Notwendigkeit des Gehorsams versteht. So befiehlt sie den Dienern, den Anordnungen Jesu zu folgen. Es werden also drei Ebenen in Jesu aufgezeigt: die niedrigste wird dargestellt von den „Dienern", die der „Mutter" gehorchen; die mittlere von der „Mutter"; und die höchste von der neuen Ebene, dem neuen Zustand in Jesu selbst, in dem die „Mutter" gehorcht. Wir können uns diese drei Ebenen als drei Parallelen vorstellen, eine horizontal über der anderen. Die mittlere Linie stellt dann den Mittler zwischen der nied-

[6] Joh. 2, 4.

rigsten und der höchsten dar. Mit anderen Worten: es handelt sich um das Aufzeigen einer endgültigen Rangordnung von Ebenen – der höchsten, mittleren und niedrigsten. Dieser von Jesus erreichte Zustand, der den Anfang seiner Lehrfähigkeit bedeutet, wird im Zuge dieser psychologischen Darstellung als *Hochzeit* bezeichnet, als eine Art innerer Vereinigung, deren Folge die Verwandlung von Wasser in Wein ist.

Was bedeutet in dieser psychologischen Darstellung der Gedanke der Hochzeit? Welcher Wesenszug in Jesus vereinigt sich mit einem andern – mit der Folge, daß Wasser zu Wein wird und damit das erste *Zeichen* seiner inneren Fortentwicklung zutage tritt? In der Bibel werden die ersten Wahrheiten über unser irdisches Dasein und über das, was wir zu tun haben – die Gebote –, wie es heißt, auf Tafeln von Stein geschrieben. Aber wir müssen uns daran erinnern, daß bei der Übermittlung dieser Wahrheiten von Gott an Moses irgend etwas anscheinend nicht in Ordnung war. Moses warf die ursprünglichen Tafeln nieder („Und Gott hatte sie selbst gemacht") und zerbrach sie, als er feststellte, daß während seiner Abwesenheit auf dem Berge Sinai das Volk begonnen hatte, ein goldenes Kalb anzubeten, das es sich gegossen hatte.

„Und Moses wandte sich und stieg vom Berge und hatte zwei Tafeln des Zeugnisses in seiner Hand, die waren beschrieben auf beiden Seiten. Und Gott hatte sie selbst gemacht und selber die Schrift eingegraben... Als er aber nahe zum Lager kam und das Kalb und den Reigen sah, ergrimmte er mit Zorn und warf die Tafeln aus seiner Hand und zerbrach sie unten am Berge"[7]).

Dann erhielt Moses von Gott den Befehl, mit seinen eigenen Händen zwei weitere Tafeln herzustellen. „Und Moses hieb zwei steinerne Tafeln, wie die ersten waren"[8]).

Wahrheit, die von einer weit höheren Ebene des Verstehens als der unseren stammt, kann uns nicht direkt übermittelt werden. Wir haben nichts, womit wir sie empfangen könnten – und so beschäfti-

---
[7]) Mos. 32, 15—16, 19.
[8]) 2. Mos. 34, 4.

gen wir uns mit Wahrheiten unserer eigenen Ebene, mit rechtlichen Dingen, Formalitäten und so weiter. Höhere Wahrheit kann uns daher nur in der Form von niederer, starrer, wortwörtlicher Wahrheit erreichen. Es ist, als ob Erwachsene zu Kindern sprechen. Es ist unmöglich, die volle Bedeutung auszudrücken.

Genau wie die Zehn Gebote auf steinernen Tafeln den Kindern Israel dargeboten werden mußten, damit sie sie auffassen konnten, so wird in dem hier besprochenen Gleichnis die bereits verkündete Wahrheit – das Wasser – in sechs steinerne Wasserkrüge gegossen – Krüge für den Ritus der „jüdischen Reinigung". Das deutet an, daß die Wahrheit auf alten jüdischen Anschauungen und Sitten beruhte. Die Zahl Sechs ist in der alten Allegorie die Zahl der Schöpfung, oder – auf einer anderen Ebene – die Zahl der Vorbereitung zu irgendeiner besonderen Leistung. Sechs Tage lang in der Woche bereiten wir den Sabbat vor; ein jüdischer Diener hatte sechs Jahre lang zu dienen, bevor er seine Freiheit gewann; ein Weinberg mußte sechs Jahre lang ausgeschnitten werden; das Land wurde sechs Jahre lang besät, aber im siebenten Jahr wurde es „ruhen und liegen gelassen" – so lautete das dem Mose gegebene Gesetz. Gleicherweise führten sechs Stufen hinauf zum Throne Salomons. Und so scheint es, daß die sechs Wasserkrüge einen Zeitraum der Vorbereitung anzeigen, während welcher die *Wahrheit* – als „Wasser" – empfangen und im Geiste der Juden festgehalten worden war und eine ihrem alten Glauben entsprechende Form angenommen hatte – eine Vorbereitung auf die Umwandlung der Wahrheit durch das Erscheinen Christi.

In dem Gleichnis also wird „Wasser", nachdem es in „Stein"-Krüge gegossen worden ist, zu „Wein". Wir haben über diese drei Stufen von Wahrheit schon gesprochen – Stein, Wasser, Wein. Stein stellt die wörtliche Wahrheit dar, und es ist wohl verständlich, daß diese verschiedenen Ebenen einander folgende Wandlungen in der Bedeutung der Wahrheit darstellen. Was uns auf den Knien unserer Mutter gelehrt wird, mag Wahrheit sein; aber es ist nicht unsere eigene Wahrheit, auch wenn wir ihr gehorchen. Gott ist etwas Gei-

stiges: die „Mutter" nicht. Die Autorität lebt noch nicht im Innern, sondern kommt von außen. Es steht geschrieben, daß Jesus als einer lehrte, *der Autorität besaß*. Aber selbst diese Erkenntnis des Wahren in der Wahrheit genügt nicht und erschöpft nicht das, was hier gemeint ist. Eine weitere Entwicklungsstufe ist gemeint, und wir müssen den Gedanken des *Guten* einführen, um an die Bedeutung heranzukommen. Stein, Wasser und Wein bezeichnen drei Ebenen der Wahrheit, aber wo finden wir in der Hochzeit zu Kana etwas, was auf das Gute hindeutet? Wir finden es am Ende der Darstellung. Der Meister des Festes kostet den aus Wasser entstandenen Wein und erklärt, der gewöhnliche Brauch der Welt sei, auf einer Hochzeit den guten Wein zuerst und den schlechten nachher zu geben. Er sprach im wörtlichen Sinn:

„Als aber der Meister des Festes kostete den Wein, der Wasser gewesen war, und wußte nicht, woher er kam (aber die Diener wußten's, die das Wasser geschöpft hatten), ruft der Meister des Festes den Bräutigam und spricht zu ihm: Jedermann gibt zum ersten guten Wein, und wenn sie trunken geworden sind, alsdann den geringeren; du hast den guten Wein bisher behalten"[9].

Die „Mutter" hatte den Dienern aufgetragen, „Christus" zu gehorchen. Es ist zu beachten, daß die Diener sowohl wie die Mutter wußten, daß ihnen aufgetragen war, *Wasser* in die leeren Steinkrüge zu gießen. Sie hatten Zutritt zum *Wasser*, das heißt, sie stellten den Teil von Jesus dar, der auf dieser Stufe des Verstehens stand. Jesus *benutzte* diese niedere Ebene – aber nicht unmittelbar. Er benutzte sie durch die verbindende mittlere Ebene, die „Mutter" genannt wird. Hier haben wir wirkliche Psychologie, etwas seit langem Verlorenes. Aber man muß sich völlig vom Sinnlichen – von der Ebene der wörtlichen Bedeutung – frei machen, wenn man auch nur etwas von dem Glanz dieser psychologischen Bedeutung erfassen will. Dieses erste „Zeichen" der inneren Entwicklung Jesu ist uns in der Form von Bildern übermittelt, die offensichtlich falsch sind. Wenn diese Sprachbilder wirklich das aussagen sollten, was ihrer wört-

---
[9] Joh. 2, 9—10.

lichen Bedeutung entspricht, dann müßte man schon fragen, warum Jesus rund 600 Liter Wasser in Wein verwandelte. In dem kleinen Dorf Kana in Galiläa wäre das völlig abwegig gewesen. Es kann nicht gemeint sein, daß so viel Wasser gegen Ende eines lokalen Festes in Wein verwandelt worden sei. Aber das ist es ja gerade: nur durch die Erkenntnis der Unsinnigkeit wörtlicher Bedeutung fangen wir an, nach einer anderen, und zwar psychologischen Bedeutung zu suchen. Die Darstellung des Psychologischen im Wege physischer Bilder, wie zum Beispiel in Karikaturzeichnungen, ist bekannt: aber die Auffassung psychologischer Vorgänge, als wären sie physische Beschreibungen, das ist der umgekehrte Vorgang, der immer da eintritt, wo die Übermittlung höherer Bedeutung versucht wird. So wird Christus, psychologisch genommen, immer wieder von denen gekreuzigt, die nur wörtliche, sinnliche Bedeutung erfassen können.

Ein nur auf dem Sinnlichen fußender Geist glaubt auch, Brot und Wein, die in dem Ritus zur Erinnerung an das letzte Abendmahl verwendet werden, wörtlich nehmen zu müssen. Aber dieses Wörtlich-nehmen so hoher Dinge stiftet größte Verwirrung und hat es seit Jahrhunderten getan. Man kann auch das Gebot: „Du sollst nicht töten" wörtlich nehmen und ihm dementsprechend gehorchen. Schaut man aber tiefer und begreift, daß man in seinen Gedanken und Gefühlen fortwährend andere psychologisch töten kann, dann kommt man zu einer höheren Ebene des Verstehens und begreift die tiefere und innerlichere Bedeutung des Gebotes. Die von außen kommende Lehre dringt ins Innere, und ihre Bedeutung wandelt sich, vergleichbar zunächst der Verwandlung von Stein in Wasser; begreift man weiter das *Gute,* das in dem Gebot enthalten ist, und kommt so zum Mitleid (welches dem Guten entspringt), dann ist das die weitere Verwandlung von Wasser in Wein. Durch diese Einsicht hebt in einem selbst – in der Fähigkeit des Verstehens – eine *Entwicklung* an. Individuelle Entwicklung ist überhaupt nur durch Verwandlung des Verstehens möglich; denn ein Mensch ist nichts anderes als sein Verstehen und sein daraus entspringendes Wollen. Der innere Mensch ist nicht physisch bedingt. Eine persönliche Entwicklung im Sinne

der Evangelien kann nur im Innern, psychologisch, stattfinden. Hat ein Mensch einmal selber den Wert dessen erkannt, was ihm als Gebot oder als äußere Wahrheit gelehrt worden ist, hat sich die Seite seines Wollens und Fühlens zu gleicher Höhe entwickelt wie sein Wissen um Wahrheit, so daß er aus eigenem Wollen und Fühlen und mit innerer Zustimmung seinem Wissen entsprechend zu handeln versucht – dann ist er ein anderer Mensch, ein sich entwickelnder Mensch, ein Mensch auf dem Wege zu der Stufe, die hier als „Wein" bezeichnet wird, ein Neuer Mensch.

*

Eine der tiefsten esoterischen Lehren handelt von der Vereinigung der beiden Seiten eines Menschen. In den esoterischen Lehren der Griechen, von Sokrates vertreten, zieht sich dieser Gedanke durch die gesamte Darstellung des Menschen, der als unfertige Schöpfung mit der Möglichkeit höherer Entwicklung gezeigt wird. Plato nennt diese beiden Seiten „Wissen und Sein". Er sagt: „Der wahre Freund des Wissens strebt immerdar nach Sein" (Republik). An anderer Stelle sagt er: „Wenn sie (die Seele) auf dem ruht, auf welchem Wahrheit und Sein leuchten, dann versteht sie und begreift und strahlt von Klugheit... Das also, was den erkannten Dingen Wahrheit und dem Erkennenden die Kraft des Erkennens verleiht, sollst du als die Idee des Guten bezeichnen... Das Gute kann als Ursache nicht nur des Wissens aller erkannten Dinge, sondern auch des Seins und Wesens derselben angesprochen werden"[10]). Ein Mensch muß etwas sein, um richtig wissen zu können. Die Erziehung des Seins und die Erziehung des Wissens war Platos größtes Thema in seinen späteren Schriften. Wie man Menschen richtig aufs Leben vorbereitet, wie man ihnen Wissen vermittelt und zu welchem Zeitpunkt man ihnen Wissen geben darf – das waren die Fragen, die ihn unaufhörlich beschäftigten. Minderwertigen Menschen Wissen zu geben, das sie nur mißbrauchen würden, war etwas, was Plato klar als große Gefahr erkannte. Wissen jeglicher Art jedermann zugänglich zu machen,

---
[10]) Plato. Republik 508—509.

hielt er für ein Verbrechen. Er sah deutlich, daß der Mensch sich mancherlei Schulung seines Charakters und Seins unterziehen muß, ehe er würdig ist, Wissen zu empfangen. Ja, er kam zu der Überzeugung, daß großes Wissen nur die gelehrt werden sollte, die in allen Übungen und Schulungen des Lebens so lange erprobt waren, bis sie das Jugendalter weit hinter sich gelassen hatten. In allen esoterischen Schulen, von denen uns Spuren in alten Schriften erhalten sind, gab es sehr schwere Prüfungen, denen sich der Neuling unterwerfen mußte, bevor ihm gestattet wurde, esoterisches Wissen zu empfangen. Oft mußte er jahrelang die niedrigsten Dienste vollbringen und sich Beleidigungen aussetzen, die eine Prüfung seines Seins darstellten. Hatte er diese Prüfungen erfolgreich bestanden und in sich selbst Kraft und Geduld entwickelt, wurde ihm der Zutritt zu bestimmtem Wissen gestattet. Zerbrach er jedoch, bemitleidete er sich selbst oder beklagte sich, zeigte er Schwäche in seinem Wesen, log er, handelte böswillig, übervorteilte andere, so empfing er kein Wissen. Mit anderen Worten: sein Sein wurde geprüft, bevor ihm Wissen gegeben wurde. Heute ist dies alles ganz anders. Jeder ohne Unterschied kann Wissen erwerben; es gibt zwar eine wachsende Richtung der Literatur, die auf diesen Tatbestand hinweist, doch ohne den Gedanken der Entwicklung des Seins als Vorbedingung zum Wissen richtig verstanden zu haben.

*

Um *Höheres Wissen* empfangen zu können, muß ein Mensch ein gut entwickeltes „Sein" haben; nur dann kann „Salz" in ihm entstehen. Betrachten wir das Wissen als Chlor und das Sein als Natrium, dann kann ein Mensch kein Salz in sich haben, es sei denn, er habe genug Natrium in sich, um es mit dem von außen empfangenen Chlor zu verbinden. Sonst wird er vom Chlor vergiftet. Die vergiftende Macht des Wissens ohne den guten, zum Empfang bereiten Boden, von dem die Evangelien so oft sprechen, kann zum Welt-Gift werden. In einem solchen Fall kann der Erwerb von Wissen nur die schlimmsten Folgen haben. Aber das Geheimnis liegt

noch tiefer. Die esoterische Lehre über Wissen und Sein weist auch darauf hin, daß Wissen nicht verstanden werden kann, wenn es an einem entsprechend entwickelten Sein fehlt. Ein Mensch kann vieles wissen und doch nichts verstehen, da sein Sein seinem Wissen nicht entspricht. Die Folge ist, daß eine Verschmelzung zwischen Sein und Wissen nicht stattfinden kann. Wir finden heute eine große Anzahl von Büchern voll Wissen, aber ohne Verstehen. Die billigsten Erklärungen wissenschaftlicher Tatsachen werden gegeben. Ein Mensch, der nur ein ärmliches Sein, aber großes Wissen besitzt, kann nur bedeutungslose Tatsachen sammeln, die zu nichts führen. Und das ist nicht alles: er kann nicht anders, als alles unendlich kompliziert und unverständlich zu machen. So steht es heutzutage mit der Wissenschaft, die alles viel zu kompliziert macht und offensichtlich zu nichts führt. Zahllose Wissenschaftler schreiben Abhandlungen, die niemand versteht, nicht einmal die Wissenschaftler selbst. Das hat seinen Grund darin, daß die Vorbedingungen des Wissens nicht mehr verstanden werden, denn die andere Seite, das Sein, wird außer acht gelassen. In esoterischen Lehren sind die Vorbedingungen des Wissens immer verstanden worden. Es wurde immer begriffen, daß Wissen stets zum Verstehen führen sollte, und daß Verstehen nur auf Grund einer entsprechenden Entwicklung des Seins möglich ist. Das ist der tiefste Gedanke im Bereich der menschlichen Psychologie, denn damit findet eine Verbindung statt, die zu innerer Entwicklung führt. In dieser Hochzeit oder Verbindung vereint sich die Bedeutung des Wissens mit dem Sein des Menschen und führt zu seiner inneren Entwicklung. Das ist es, worum es sich in dem Gleichnis von der Verwandlung von Wasser in Wein handelt. Es bedeutet, daß Christus sein Wissen mit dem Guten seines Seins vereinigte. Sein Wissen und das Gute seines Seins werden eins. Wie schon gesagt, spricht der Meister des Festes vom *guten* Wein und daß das Gute zuletzt kam. Zunächst einmal muß dem Menschen das Wahre, das Wissen, beigebracht werden; das Gute kommt später. Tatsächlich jedoch muß das Gute auch dem Wissen vorangehen, aber davon werden wir später sprechen. Was gut ist, ist aller Wahrheit vorgeordnet,

aber in der Zeit erscheint es, als käme das Wissen zuerst. Das letzte Ziel im Leben ist das Gute. Wenn wir sagen, daß das Gute an der Spitze aller Dinge steht, dann geht es allem andern vor und nimmt den ersten Rang ein; aber in der Zeit sieht es so aus, als ob das Wissen voranginge. Alles Wissen sollte zum Guten führen. Darum nimmt das Gute den ersten Rang ein, wenngleich es unsern Sinnen, die der Zeit verhaftet sind und nur einen Querschnitt durch das Leben erfassen können, den wir den gegenwärtigen Augenblick nennen, gerade umgekehrt erscheint.

Ein ähnlicher Gedankengang findet sich im Anhang.

IV

DER GEDANKE DES DER WAHRHEIT ÜBERGEORDNETEN GUTEN

Erster Teil

Mehrmals in den Evangelien steht geschrieben, daß Christus die Pharisäer durch Verletzung des Sabbats beleidigte. Das erregte ihren besonderen Zorn. Denn ihrer Meinung nach wurde von den religiösen Gesetzen und Bedenken die Ausführung selbst guter Werke am Sabbat verboten. Die Bezeichnung „Pharisäer" bezieht sich auf den inneren Zustand eines Menschen, der lediglich im Hinblick auf den äußeren Anschein handelt und sich die Befolgung äußerer Gebote und Verbote als Verdienst anrechnet – im Gegensatz zu dem Zustand eines Menschen, der im echten Sinne „aus dem Guten" handelt. Dieser Unterschied wird in vielen Bildern der Evangelien veranschaulicht, so im Falle des guten Samariters, der Mitleid mit dem von Räubern überfallenen Verwundeten hatte, während der Priester und der Levit auf der anderen Seite der Straße vorbeigingen. Besonders betont wird der Unterschied, wenn die Einstellung der Pharisäer zum Sabbat als Hintergrund verwandt wird. Da ist zum Beispiel die Szene in der Synagoge, wo Christus am Sabbat den Mann mit der verdorrten Hand heilt. Es ist die rechte Hand, und das ist besonders erwähnt, weil in der alten Gleichnissprache die rechte Hand die Fähigkeit des Handelns darstellt – und somit die Kraft, Gutes zu tun. Das Bild stellt die Pharisäer selbst dar; es ist ihre eigene Kraft, Gutes zu tun, die verdorrt ist. Bevor Christus den Mann heilte, schaute er im Kreise umher und sagte zu den Anwesenden: „Ich frage euch, ist es erlaubt, am Sabbat Gutes zu tun?" Nach Einstellung der Pharisäer mußten die religiösen Gesetze im buchstäblichen Sinn gehalten werden. Hier also spricht Christus nicht von

der Wahrheit, sondern vom Guten. Welches von beiden hat den Vorrang? Die Stelle im Lukas-Evangelium lautet wie folgt:

„Es geschah aber an einem andern Sabbat, daß er ging in die Schule und lehrte. Und da war ein Mensch, des rechte Hand war verdorrt. Aber die Schriftgelehrten und Pharisäer lauerten darauf, ob er auch heilen würde am Sabbat, auf daß sie eine Sache wider ihn fänden. Er aber merkte ihre Gedanken und sprach zu dem Menschen mit der dürren Hand: Stehe auf und tritt hervor! Und er stand auf und trat dahin. Da sprach Jesus zu ihnen: Ich frage euch: Was ziemt sich zu tun an den Sabbaten, Gutes oder Böses? Das Leben erhalten oder verderben? Und er sah sie alle umher an und sprach zu dem Menschen: Strecke deine Hand aus! Und er tat's; da ward ihm seine Hand wieder zurechtgebracht, gesund wie die andere. Sie aber wurden ganz unsinnig und beredeten sich miteinander, was sie ihm tun wollten"[1].

Es ist klar, daß es sich bei diesem Zwischenfall hauptsächlich um ein Tun handelt, welches *aus dem Guten* heraus erfolgt, unabhängig von irgendwelchen anderen Gesichtspunkten. Christus stellt hier das *Gute* über das *Wahre*. Für die Pharisäer bestand das Wahre im mosaischen Gesetz und den Geboten, die, wörtlich genommen, Arbeit am Sabbat verbieten: „... Sechs Tage sollst du arbeiten und alle deine Dinge beschicken; aber am siebenten Tage ist der Sabbat des Herrn, deines Gottes, da sollst du kein Werk tun..."[2]. Die Pharisäer stellten *Wahrheit* über das *Gute*. Worum handelt es sich also hier? Welche großen Probleme liegen hinter dieser Erzählung? Wir wissen aus der Geschichte, daß alle religiösen Kämpfe und Verfolgungen aus Dogmenstreitigkeiten entstanden sind, also aus der Frage: *Was ist Wahrheit?* – der Frage allein nach Wissen und Meinung. Wären alle Menschen barmherzig – handelte jeder „aus dem Guten heraus", so wären solche Kämpfe und Verfolgungen nicht entstanden. Wenn jeder seinen Nächsten liebte wie sich selbst, durch das Licht seiner Liebe zu Gott als der Quelle des höchsten *Guten*, so

---
[1] Lukas 6, 6—11.
[2] 2. Mos. 20, 9—10.

gäbe es nicht Mord, Diebstahl, falsch Zeugnis und dergleichen. In der Tat, die Gebote Moses – die zehn auf steinerne Tafeln geschriebenen Gebote – hätten dann keinerlei Bedeutung. Für die Pharisäer jedoch, die nach dem Gesetz lebten, aber nichts eigentlich *verstanden*, galt das, was geschrieben stand, mehr als irgendeine Bedeutung hinter den Worten. Wäre der Mensch völlig gut, so brauchte er keine Gebote oder Gesetze; er brauchte weder Wahrheiten noch Wissen. Er könnte keinen Mord begehen, denn er würde „aus dem Guten heraus" wissen, daß so etwas unmöglich ist. Wie könnte man seinem Nächsten durch Mord Gutes tun? Wie könnte man ihm Gutes tun, wenn man ihn bestiehlt? Die letzten fünf Gebote sind Weisheiten über das Gute. Der Zweck alles Wissens ist immer nur das eine: „Was ist gut?" Es gibt kein anderes Ziel des Wissens, keine andere Bedeutung im Wissen als das Gute. Aber heutzutage hat man das aus den Augen verloren, und die Menschen glauben, daß Wissenschaft an sich ein eigenes Ziel verfolgen könne. Das ist ein Irrtum. Alles Wissen sollte zum Guten führen. Wohin führt das bloße Wissen die Menschheit heutzutage? Und wenn gefragt wird, wozu denn Wahrheit überhaupt nötig sei, so ist die Antwort, daß der Mensch eben nicht *gut* ist – das heißt, daß er in bezug auf das Gute auf sehr niedriger Ebene steht. Und da gibt es nur einen Weg, um im Menschen eine höhere Ebene zu erreichen. Nur durch das *Wissen von Wahrheit* über *ein besseres Gutes* kann der Mensch eine höhere Ebene erklimmen. Um sich zu erheben, muß er Wahrheit erlernen. Was für Wahrheit? Ein Wissen muß ihn gelehrt werden, er muß es erlernen und üben, das einer höheren Ebene des Guten angehört als die Ebene des Guten, die ihn darstellt. Denn jeder Mensch stellt in sich eine bestimmte Ebene des Guten dar. Will er einen höheren Grad des Guten erreichen, muß er zunächst an Wissen zunehmen. Durch Lernen oder Wissen, das heißt durch das Wissen um die Wahrheit, wie der Mensch eine höhere Ebene des Guten erreichen kann – vorausgesetzt, daß er ernstlich versucht, entsprechend zu handeln und Wahrheit und Bedeutung des Guten für sich selbst zu erkennen –, erreicht er diese höhere Ebene des Guten und damit eine höhere

Entwicklungsstufe in sich selbst. Hat er einmal diese Entwicklungsstufe erreicht, auf der ihm das Gute in allem, was er als Wissen erlernt hat, lebendig wird, so braucht er sich nicht mehr um die einzelnen Schritte des Wissens zu kümmern, die zu der erreichten Entwicklungsstufe geführt haben. Um ein ungefähres und unzulängliches Bild zu gebrauchen: Ein Mensch muß, während er einen Berg erklettert, seine Kenntnis des Bergsteigens anwenden. Hat er einmal den Gipfel erreicht, sieht er alles in einem neuen Licht. Von der Höhe aus, die er erreicht hat, sieht er, wie sich alles zueinander verhält, und er braucht nicht mehr an die Mittel zu denken, die zur Erreichung des neuen Standpunktes nötig waren. Das Gesetz Moses, oder wenigstens die Zehn Gebote, sind Vorschriften von der Seite der Wahrheit her, wie man eine höhere Ebene des Guten erreichen kann, wo die Gebote selbst, als Gebote, jede weitere Bedeutung verlieren. Wenn sie aber als *Endpunkt* und nicht als Weg zu einem Endpunkt betrachtet werden, werden sie zu Steinen des Anstoßes.

Christus spricht also in der vorher angeführten Stelle vom Guten und nicht von der buchstäblichen Wahrheit her: und die Pharisäer verurteilen und hassen ihn, weil sie sich nur an die buchstäbliche Wahrheit halten. Wahrheit über eine höhere Ebene kann nämlich als Wahrheit *auf der Ebene des Guten, auf der der Mensch steht,* auf seiner eigenen Entwicklungsstufe, hingenommen werden. Dann sieht der Mensch diese Wahrheit, die bestimmt ist, ihn auf eine höhere Ebene des Guten zu führen, als ob sie das Gute auf seiner eigenen Ebene wäre. Wenn seine Entwicklungsstufe des Guten Eigennutz und Eigenliebe ist, kann er die höhere Wahrheit so verdrehen, daß sie seiner Eitelkeit dient, wie es die Pharisäer aller Zeiten tun. Das heißt, er kann ihre Bedeutung völlig mißverstehen. Was in der Bibel das Wort Gottes genannt wird, ist Wahrheit, die zur Erreichung einer höheren Ebene des Guten, das heißt zu *innerer Entwicklung,* nötig ist; denn jede innere Entwicklung erreicht das höhere Gute nur durch Wissen. So wird das Problem der Beziehung der Wahrheit zum Guten klarer. Eine höhere Ebene des Guten kann nicht unmittelbar erreicht werden. Sie kann nur durch Vorschriften

erreicht werden, wie das zu geschehen hat; und diese Vorschriften müssen in die Form von Wahrheit über die höhere Ebene des Guten gekleidet sein. Das heißt also: Zuerst muß das Gute einem in der Form von *Wissen* nahegebracht werden, das man erlernen und im Leben anwenden muß. Wissen um eine höhere Ebene des Guten muß *zuerst* als Lehre auftreten. Wenn es seinen Zweck erfüllt hat, wenn der Mensch durch das Wissen der Wahrheit über die Möglichkeit einer höheren Ebene des Guten dieses neue Gute erreicht hat, indem er ernstlich, durch eigene innere Anstrengung versucht, danach zu leben, dann wird diese Wahrheit oder dieses Wissen, das an erster Stelle stand, durch das sich ergebende Gute selbst ersetzt, und dann nimmt die Wahrheit oder das Wissen, das zu diesem neuen Zustand geführt hat, die *zweite* Stelle ein. Es hat seinen Zweck als Führer zu einer höheren Ebene erfüllt. Das bedeutet: was an *erster Stelle* stand, rückt nun an die *zweite,* und was an *zweiter* Stelle stand, rückt jetzt an die *erste.* Eine *Umkehrung* findet statt. Die Wahrheit nimmt zuerst die Stelle des Guten ein und dann das Gute die Stelle der Wahrheit. Tatsächlich stellen in der *Schöpfungsgeschichte* die sechs Tage der Arbeit und der siebente Tag der Ruhe sechs Stufen des Wissens dar, denen die Erreichung des Guten folgt, das der Sabbat genannt wird. Vielerlei wird sowohl im Alten wie im Neuen Testament über diese *Umkehrung der Ordnung* gesagt – über das Erste, das das Letzte wird, und das Letzte, das das Erste wird. Es ist daher erstaunlich, daß dies in bezug auf den *psychologischen* Gehalt der echten Lehre über den Menschen und seine innere Entwicklung nicht allgemeiner verstanden worden ist. Die Menschen jedoch klammern sich an die Wahrheit als an einen Endpunkt, und daher tritt der Zwiespalt in den Lehren – sowohl der Religion wie der Politik – in den Vordergrund. Im Alten Testament finden wir die seltsame Geschichte von Jakob, der sich als Esau ausgibt und dessen Platz einnimmt, und dies ist ein Beispiel, wo die Wahrheit zuerst den Platz des Guten eingenommen hatte. Jakob stellte sich als Esau dar, indem er Ziegenfell über Hände und Hals zog, denn sein Bruder wird als mit Haaren bedeckt beschrieben. Er ging zu seinem

Vater Isaak, der fast blind war, und bot ihm ein Gericht Wildbret dar und sagte: „Ich bin Esau, dein erstgeborener Sohn, ich habe getan, wie du mir gesagt hast. Stehe auf, setze dich und iß von meinem Wildbret, auf daß mich deine Seele segne"[3]). Und Isaak gab ihm seinen Segen, der seinem älteren Sohn gebührte. Das Gute steht in Wirklichkeit an erster Stelle, denn Gott selbst wird erklärt und einzig erklärt als „das Gute". So ist es das Erstgeborene. Oder man nehme die merkwürdige Geschichte von Perez und Sehra, den Zwillingsbrüdern von Juda, deren Geburt wie folgt beschrieben wird:

„Und als sie jetzt gebar, tat sich eine Hand heraus. Da nahm die Wehmutter einen roten Faden und band ihn darum und sprach: Du wirst zuerst herauskommen. Da aber der seine Hand wieder hineinzog, kam sein Bruder heraus, und sie sprach: Warum hast du um deinetwillen einen solchen Riß gerissen? Und man hieß ihn Perez. Darnach kam sein Bruder heraus, der den roten Faden um seine Hand hatte, und man hieß ihn Serab"[4]).

Warum sollte das berichtet werden, wenn es nicht eine tiefere Bedeutung hätte? Und weiter: da ist die seltsame Geschichte von Manasse, dem Erstgeborenen, und Ephraim, dem Zweitgeborenen, den Zwillingen von Joseph, die zu Jakob gebracht werden, um den Segen zu empfangen:

„Da nahm sie Joseph beide, Ephraim in seine rechte Hand gegen Israels linke Hand und Manasse in seine linke Hand gegen Israels rechte Hand, und brachte sie zu ihm. Aber Israel streckte seine rechte Hand aus und legte sie auf Ephraims, des Jüngeren, Haupt und seine Linke auf Manasses Haupt und tat wissend also mit seinen Händen, denn Manasse war der Erstgeborene." (Jakob legte also seine Hände überkreuz.) „Und Jakob sagte zu seinem Vater: Nicht so, mein Vater, dieser ist der Erstgeborene, lege deine rechte Hand auf sein Haupt. Aber sein Vater weigerte sich..."[5]).

---
[3]) 1. Mos. 27, 19.
[4]) 1. Mos. 38, 28—30.
[5]) 1. Mos. 48, 13, 14, 18, 19.

Hier findet also eine *Kreuzung* oder *Umwendung* der Hände statt. Wenn man bedenkt, daß bei jeder inneren Entwicklung die Wahrheit als Erstes kommen muß und das Gute eine Folgeerscheinung ist, und daß dann das Gute an die erste und die Wahrheit an die zweite Stelle tritt, dann wird man die Bedeutung des *Kreuzens der Hände* erfassen. Alle diese Allegorien handeln von dem *psychologischen Zustand* des Menschen, wie er jetzt auf der Erde ist, in bezug auf seine mögliche Entwicklung. Den jetzigen Menschen dieser Erde kann das Gute nicht mehr gelehrt werden. Aber er ist noch fähig, die Lehre des Guten durch das *Wissen der Wahrheit* zu empfangen.

*

Haben die Menschen jemals vom „Guten" her gehandelt? Die alte Allegorie im I. Buch Mose, 11. Kapitel, wo gesagt wird: „Es hatte aber alle Welt einerlei Zunge und Sprache", ist schon angeführt worden. Dies bezieht sich auf ein Zeitalter, in dem die Menschen vom Guten her handelten – denn nur das „Gute" kann eine gemeinsame Sprache oder Übereinstimmung hervorbringen. Einst gab es eine Zeit, in der die Menschen nicht nach Theorien über richtig und falsch, nicht nach verschiedenen Ansichten über die Wahrheit, nach verschiedenen Lehrsätzen, nach verschiedenen Aspekten des Wissens handelten. In erster Linie handelten sie nach der inneren Erkenntnis dessen, was gut ist. Das einte alle; denn das Gute ist die einzige Kraft, die *vereinen* kann. Alle Harmonie stammt vom Guten. Solange das Gute an erster Stelle steht, spielt alles andere keine Rolle. Der Mensch kann dieser oder jener Ansicht sein, wie es ihm am besten scheint – wenn er nur das Gute an erste Stelle setzt, ist er mit allen denen in Einklang, die auch das Gute an erste Stelle setzen. Der Ausdruck, daß die Menschheit einst mit *einerlei* Zunge redete, bedeutet, daß die Menschen auf einer Stufe standen, wo das Gute den ersten Platz einnahm und daher alle eine gemeinsame Sprache hatten. Es folgte dann eine Entartung, die durch den Bau des Turms von Babel, der den Himmel erreichen sollte, dargestellt wird:

„Es hatte aber alle Welt einerlei Zunge und Sprache. Da sie nun zogen vom Osten, fanden sie ein ebenes Land im Lande Sinear und wohnten daselbst, und sie sprachen untereinander: Wohlauf, laßt uns Ziegel streichen und brennen! und nahmen Ziegel zu Stein und Erdschlamm zu Kalk und sprachen: Wohlauf, laßt uns eine Stadt und einen Turm bauen, des Spitze bis an den Himmel reiche" [6]).

Dann folgt eine sinnbildliche Beschreibung, wie die Menschen anfingen, sich gegenseitig mißzuverstehen, dargestellt dadurch, daß sie in verschiedenen Zungen redeten und zerstreut wurden in alle Länder.

Der erste Vers: „Es hatte aber alle Welt einerlei Zunge und Sprache" bedeutet, daß die Menschheit einst in einem Zustand der Einigkeit auf Erden lebte. Der zweite Vers: „Da sie nun zogen vom Osten, fanden sie ein ebenes Land im Lande Sinear und wohnten daselbst" bedeutet, daß sie begannen, sich von diesem Zustand der Einigkeit zu entfernen – das heißt, sie kamen von Osten. Sie bewegten sich fort von der Quelle dieses Zustandes der Einigkeit und sanken gleichzeitig von der Entwicklungsstufe ihres Seins herab – das heißt, „sie fanden ein ebenes Land ... und wohnten daselbst". Sie fingen an, eigene Ideen zu entwickeln, da sie nicht mehr in Verbindung mit den ursprünglichen Quellen standen – daher: „Wohlauf, laßt uns Ziegel streichen ... und sie nahmen Ziegel zu Stein und Erdschlamm zu Kalk." Stein stellt, wie wir gesehen haben, Wahrheit dar. Sie besaßen die Wahrheit nicht mehr: „sie nahmen Ziegel zu Stein" – das heißt etwas vom Menschen selbst Gemachtes und nicht das Wort Gottes. Hier also nehmen sie Ziegel statt Stein. Da sie den Stein – die ursprünglich gelehrten Wahrheiten – verloren haben, beabsichtigen sie, sich selbst Ziegel zu brennen und selbst zu bauen. Sie nahmen Erdschlamm statt Kalk – das heißt etwas Schlechtes an Stelle von etwas Gutem. Sie wollten einen Turm bis zum Himmel errichten, das heißt, sich selbst auf die Stufe Gottes erhöhen. Alles, was auf Eigenliebe gegründet ist, will sich selbst erhöhen, denn die Eigenliebe sucht nur zu besitzen und Macht über alles zu

---
[6]) 1. Mos. 11, 1—4.

haben. Sie strebt, sich selbst zu erhöhen – daher das Bild des *Turmes* im obigen Gleichnis. Alles dies und das folgende bedeutet, daß der Mensch zu denken begann, *er selbst* sei die Quelle des Guten und nicht Gott. Er beging im Geistigen die als *Diebstahl* bezeichnete Handlung, auf die das achte Gebot Bezug nimmt: „Du sollst nicht stehlen"[7]). Er schrieb *sich selbst* zu, was ihm nicht gehörte und was er nicht verursacht hatte. Und dieser psychologische Diebstahl ist fortgesetzt worden, bis er heute eine außerordentliche Ausdehnung erfahren hat. Das geht so weit, daß die Menschen stillschweigend alles, sogar das Leben, sich selbst zuschreiben. Als Folge dieses ursprünglichen Diebstahls sprach die Menschheit nicht mehr eine einheitliche Sprache. Die „Verwirrung der Sprache" trat ein. Es gab keine gemeinsame Sprache mehr – das bedeutet, der Mensch hörte auf, seine Nachbarn zu verstehen, denn es fehlte der gemeinsame Boden der Verständigung, den nur das gemeinsame Erkennen Gottes geben kann. Babel trat an die Stelle der Einheit. Das ist der gegenwärtige Zustand der Welt, wo der Mensch alles sich selbst zuschreibt und keinen Sinn mehr hat für irgendeine andere Vorstellung des Weltalls oder die Bedeutung der Menschheit auf Erden. Er schreibt Geist, Gedanken, Bewußtsein, Gefühl, Willenskraft, Leben, ja tatsächlich alles *sich selbst* zu, obwohl er unfähig ist – und es auch immer bleiben muß –, irgend etwas davon zu erklären. Und seine einzige gegenwärtige Erklärung des Weltalls ist, daß es zufällig entstanden und bedeutungslos sei.

Zweiter Teil

Das Wunder am Teich Bethesda

Von diesem Wunder wird nur im Johannes-Evangelium berichtet. Die Sprache dieses Evangeliums wendet sich an das Gefühl. Es ist ein sehr seltsames Evangelium. Die Annahme, daß man es verstehen

---
[7]) 2. Mos. 20, 15.

könne, wenn man es nur ein- oder zweimal durchliest, ist völlig falsch. Niemand weiß sicher, wer der Verfasser ist oder wann es geschrieben wurde. Die Darstellung Christi in diesem Evangelium weicht von der in den ersten drei Evangelien – den sogenannten „synoptischen" – ab. Diese werden „synoptisch" genannt, nicht weil sie von Augenzeugen niedergeschrieben wären – denn weder Lukas noch Markus haben Christus je gesehen –, sondern weil ihre geschichtlichen Erzählungen im allgemeinen übereinstimmen. Aber im Johannes-Evangelium wird offensichtlich nicht der Versuch gemacht, einen Bericht über die Sendung Christi auf Erden als fortschreitende geschichtliche Erzählung zu bringen. Wer war dieser Johannes, dessen Namen das Evangelium trägt? Wann wurde es veröffentlicht? Niemand kann mit Sicherheit diese Fragen beantworten. War der Verfasser dieses Evangeliums wirklich der erwähnte Johannes, der an der Brust Jesu lag, der Jünger, den Jesus liebte? Auch das kann unmöglich beantwortet werden. Die ganze Sprache des Evangeliums ist seltsam, und in gewissem Sinne erscheint die Gestalt von Jesus Christus in seltsamem Licht. Auch die wenigen Wunder, die erzählt werden, angefangen mit der sonst nirgends erwähnten Verwandlung von Wasser in Wein, sind seltsam. Sie sind merkwürdig voll von Einzelheiten. Unter anderem sind sie durch die Verwendung der Zahlensprache oder Zahlenlehre ausgezeichnet. Wir wollen mit dem langen Bericht über das Wunder, das Jesus am Teich von Bethesda vollbrachte, beginnen. Dieses Wunder, das nur hier erzählt wird, ist das dritte im Johannes-Evangelium berichtete Wunder. Die Verwandlung von Wasser in Wein und die Heilung des Edelmanns in Kapernaum gehen ihm voraus.

„Danach war ein Fest der Juden, und Jesus zog hinauf gen Jerusalem. Es ist aber zu Jerusalem bei dem Schaftor ein Teich, der heißt auf Hebräisch Bethesda, und hat fünf Hallen, in welchen lagen viel Kranke, Blinde, Lahme, Verdorrte, die warteten, wann sich das Wasser bewegte. Denn ein Engel fuhr herab zu seiner Zeit in den Teich und bewegte das Wasser. Welcher nun der erste, nachdem das Wasser bewegt war, hineinstieg, der ward gesund,

mit welcherlei Seuche er behaftet war. Es war aber ein Mensch daselbst, achtunddreißig Jahre lang krank gelegen. Da Jesus ihn sah liegen und vernahm, daß er so lange gelegen hatte, spricht er zu ihm: Willst du gesund werden? Der Kranke antwortet ihm: Herr, ich habe keinen Menschen, wenn das Wasser sich bewegt, der mich in den Teich lasse; und wenn ich komme, so steigt ein anderer vor mir hinein. Jesus spricht zu ihm: Stehe auf, nimm dein Bett und gehe hin! Und alsbald ward der Mensch gesund und nahm sein Bett und ging hin. Es war aber desselben Tages der Sabbat. Da sprachen die Juden zu dem, der gesund war worden: Es ist heute Sabbat; es ziemt dir nicht, das Bett zu tragen. Er antwortete ihnen: Der mich gesund machte, der sprach zu mir: Nimm dein Bett und gehe hin! Da fragten sie ihn: Wer ist der Mensch, der zu dir gesagt hat: Nimm dein Bett und gehe hin? Der aber gesund war worden, wußte nicht, wer es war; denn Jesus war gewichen, da so viel Volks an dem Ort war. Darnach fand ihn Jesus im Tempel und sprach zu ihm: Siehe zu, du bist gesund worden; sündige hinfort nicht mehr, daß dir nicht etwas Ärgeres widerfahre. Der Mensch ging hin und verkündigte es den Juden, es sei Jesus, der ihn gesund gemacht habe. Darum verfolgten die Juden Jesum, und suchten, ihn zu töten, daß er solches getan hatte auf den Sabbat" [8]).

Die Erzählung ist in zwei Teile geteilt. Der erste handelt von dem tatsächlichen Wunder und der zweite von dem Verhalten der Juden dazu. Doch der erste Teil ist wiederum in zwei Teile geteilt. Jesus sagt: „Willst du gesund werden?" Und dann sagt er: „Stehe auf, nimm dein Bett und gehe hin". Nun wollen wir genau zusehen, was gesagt wird, ehe das Wunder vollbracht ist, denn wir können gewiß sein, daß in der alten Sprache der Gleichnisse jedes Wort eine genau umrissene Bedeutung hat. Viele kranke Menschen lagern an einem bestimmten Platz, der „Schaftor" genannt wird und fünf Hallen hat. In diesen fünf Hallen lagern viele „Kranke, Blinde, Lahme, Verdorrte". Wir wissen schon, daß in der Sprache der

---

[8]) Joh. 5, 1—16.

Gleichnisse Kranke, Lahme, Gelähmte und so weiter psychologische Zustände darstellen. Nun erscheint die Zahl *fünf* in den Wundern des Johannes-Evangeliums auch in der Erzählung von der Frau von Samaria, die fünf Männer gehabt hat, und mit der Christus am Brunnen spricht. Er sagt ihr, daß sie fünf Männer gehabt habe und der gegenwärtige sei nicht ihr rechter Mann. Und dann spricht er zu ihr vom „lebendigen Wasser" – das heißt von lebendiger Wahrheit – und fährt fort: „Wer einmal davon getrunken hat, den wird ewiglich nicht dürsten." Und sie antwortet: „Herr, gib mir dieses Wasser, auf daß mich nicht dürste und ich herkommen müsse, zu schöpfen"[9]). Wird uns eine Lehre geboten, die nicht von der äußeren Welt stammt, das heißt nicht von den fünf Sinnen, die uns die äußere Welt, die Sinnenwelt, übermitteln, dann ist es im höchsten Grade schwierig, sie aufzunehmen. Und selbst wenn wir sie aufnehmen, leben wir noch sehr nahe den fünf Sinnen, das heißt, wir bleiben den Vorstellungen verbunden, die der äußeren Welt angehören und uns durch die Sinne vermittelt werden, die für *Wirklichkeit* zu halten wir nicht umhin können. Durch die Sinne erfahren wir zum Beispiel Zeit und Raum, und wir denken in Begriffen von Zeit und Raum und können uns von dieser Sinne-gebundenen Denkungsart nicht loslösen. Unsere tiefsten Gedanken sind jenseits von Zeit und Raum. Aber unsere gewöhnlichen Gedanken sind sozusagen eingefaßt in Begriffen von Zeit und in Begriffen von Raum, und wir wissen nicht, wie wir – außerhalb dieser erfahrbaren Kategorien – auf *neue Weise* denken sollen. Selbst wenn wir der Vorstellung von der Ewigkeit zustimmen, wo es keine Zeit und keinen Raum gibt, können wir sie nicht erfassen. Selbst wenn wir von einer Lehre hören, die jenseits der Kategorien Zeit und Raum liegt, können wir ihre ewige Bedeutung nicht erfassen, weil wir nicht in Begriffen von Zeitlosigkeit und Raumlosigkeit denken können. So liegen wir in den fünf Hallen der Sinne, und obwohl wir von einer anderen Lehre wissen und sogar ihre Wahrheit erkennen, können wir von der Macht der äußeren Welt und ihrer durch die Sinne übermittelten Wirklichkeit nicht los-

---
[9]) Joh. 4, 15.

kommen. Hier liegen also die vielen, die in das Schaftor eingetreten sind, und bleiben nahe an den Toren der fünf Sinne. Und sie sind verkrüppelt, da sie weder in der einen noch in der anderen Welt leben können. So sind sie krank, blind, lahm und verdorrt, denn sie können sich psychologisch weder hierhin noch dorthin wenden. Trotzdem haften ihre Augen an den wunderbaren Wassern des Teiches, welche von Zeit zu Zeit lebendig bewegt werden; und je nach seiner Fähigkeit in den Teich zu gelangen, wenn der Engel die Wasser bewegt, wird einer nach dem andern geheilt. Der Teich – das ist das Wasser – bedeutet wie immer in der Gleichnissprache die „Wahrheit des Wortes". Alle diese Leute sind um die Wahrheit des Wortes Gottes versammelt, können aber nicht richtig zu ihm gelangen. Sie sind den Wirklichkeiten des Lebens zu nahe, zu nahe den sichtbaren Erscheinungen der Dinge – das heißt den *auf Sinneseindrücken fußenden Gedanken*. Wir gleichen der Menge jener, die in der Wundererzählung in den fünf Vorhallen lagern und etwas erwarten, das den Glauben aufrührt und lebendig macht. Und hier liegen alle, die die Wahrheit höherer Ordnung, zu der eine neue Art des Denkens nötig ist, erkannt haben, aber ihrer gewöhnlichen Art des Denkens noch verhaftet sind; sie haben das *Wort,* die Wahrheit über innere Entwicklung und Wiedergeburt, in sich aufgenommen, können sie aber nicht *verwirklichen.* So liegen sie, nahe der natürlichen Wahrheit und doch ausschauend nach der geistigen Wahrheit, sozusagen zwischen zwei Ordnungen der Wahrheit, der Wahrheit der fünf Sinne und der Wahrheit des Wortes Gottes. So wird in der Wundererzählung der Mann dargestellt, als läge er in einem Bett. Psychologisch liegt oder ruht ein Mensch in seinem Glauben und seinen Ansichten. Er ruht in der Wahrheit, die er empfangen hat, aber er kann sich nicht in ihr bewegen – das heißt, er kann sie nicht leben und tun. So sagt Christus: „Stehe auf, nimm dein Bett und *gehe hin.*" Christus stellt hier die Kraft dar, die einem Menschen gegeben werden kann und die es ihm ermöglicht, in dem als Wahrheit Erkannten sich zu bewegen, darin zu leben und danach zu handeln. Jesus nimmt die Stelle des Engels ein, der das Wasser der Wahrheit aufrührt und zu

lebendiger Wahrheit macht. In den Wundererzählungen stellt Jesus immer die Kraft des Guten dar, das auf die Wahrheit einwirkt und sie lebendig macht. Der Mensch kann Wahrheit nur lebendig machen, wenn er das Gute in ihr sieht; und wenn er das Gute der ihn gelehrten Wahrheit erkennt, handelt er unmittelbar aus seinem Wollen heraus. Der Mensch ist innerlich bedingt durch beides, durch seine Wahrheit und sein Wollen. Der Mensch, der nur nach der Wahrheit handelt, handelt aus dieser Wahrheit heraus langsam. Wenn er aber das Gute seiner Wahrheit sieht, handelt er sofort aus seinem Wollen heraus, weil sein Wollen unmittelbar in das hinübergleitet, was er als das Gute begreift, aber nur zögernd in das, was er lediglich als Wahrheit erkannt hat. Der ganze Mensch läßt seine Wahrheit und sein Wollen in das Gute übergehen. Deshalb antwortet der Mann in der Wundererzählung beim Schafteich von Bethesda auf Jesu Frage, ob er ganz gemacht werden wolle: „Herr, ich habe keinen Menschen, wenn das Wasser sich bewegt, der mich in den Teich lasse; und wenn ich komme, so steigt ein anderer vor mir hinein." Er beschreibt seine Krankheit, die ihn psychologisch lahm, gelähmt und verdorrt macht. Er ist immer *zu langsam:* er ist immer der *zweite,* nie der erste. Ein Mensch, der nur aus der Wahrheit handelt, handelt aus dem heraus, was in ihm an zweiter Stelle steht. Wenn er aus seinem Wollen handelt, handelt er aus dem, was an erster Stelle in ihm steht. Jesus gibt ihm die Kraft, aus seinem Wollen zu handeln, das heißt die Kraft, das Bett der Wahrheit, in dem er liegt, aufzunehmen und zu gehen, die Wahrheit zu leben. Jesus trennt ihn von der Welt, von der Macht der Sinne, und läßt die Wahrheit, die ihn gelehrt wurde, in ihm lebendig werden. So wird der Mensch von seiner seelischen Krankheit geheilt – der Krankheit, bei der höhere Wahrheit durch niedere Wahrheit lahmgelegt wird. Alles dies geschah am *Sabbat,* das heißt an einem Tage, der in der Gleichnissprache vollständige Abkehr von der Welt und ihren Sorgen bedeutet.

Die Bezeichnungen „Christus" und „Jesus" haben in den Evangelien verschiedenen Sinn. Wir können ganz sicher sein, daß jedes Wort seine festumrissene Bedeutung hat, wie sie der alten Gleichnissprache entspricht. *Jesus* hat eine Bedeutung; *Christus* hat eine andere. Der Ausdruck *Jesus Christus* wird nur zweimal in den Evangelien gebraucht, beide Male bei Johannes. Überall sonst wird der Name *Jesus* oder das Wort *Christus* benutzt. Nun bezieht sich *Christus* auf die *Wahrheit* des Gotteswortes – das heißt auf die Wahrheit, die einen Menschen zu innerer Selbstentwicklung führen kann. Und das Wort „Jesus" bezieht sich immer auf das *Gute* in der Wahrheit. Das Gute und die Wahrheit sind in Jesus Christus vereinigt. Im Johannes-Evangelium steht: „Die Gnade und Wahrheit ist durch Jesum Christum worden"[10]). Das Johannes-Evangelium handelt vom Guten oder der Vermählung des Guten mit der Wahrheit. Aus diesem Grunde wird gleich zu Anfang „die Gnade und Wahrheit durch Jesum Christum" derjenigen Wahrheit (dem „Gesetz durch Mose gegeben") gegenübergestellt, die durch Johannes den Täufer verkörpert wird; und fast unmittelbar danach folgt das Fest der Hochzeit zu Kana in Galiläa mit dem Wunder der Verwandlung von Wasser in Wein.

In dem Gleichnis von dem Mann, der am Schafteich von Bethesda wunderbar geheilt wird, heißt es, daß *Jesus* zu ihm sprach. Das bedeutet, psychologisch, daß das Gute im Wissen dieses Mannes zu ihm spricht. Jede Lehre, die sich an eine höher entwickelte Stufe im Menschen wendet, muß mit der Wahrheit beginnen, ehe das Gute in ihr erkannt werden kann. Hier handelt Jesus als das Gute in der Lehre der Selbstentwicklung, von der der Mann etwas wußte, da er nicht mehr ganz im äußeren Leben befangen, wenn auch noch von seiner Macht zurückgehalten war. So lag er in den fünf Vorhallen und schaute verlangend nach den wunderbaren Wassern, die ihn heilen könnten. Jesus gibt dem Mann *den Willen, das zu tun,* was er schon als Wahrheit kennt, indem er ihn das Gute darin sehen läßt. Und da jede Wahrheit zu dem ihr eigenen Guten führen muß, um Wahrheit

---
[10]) Joh. 1, 17.

zu sein, und da dies in Absätzen geschieht, Stufe um Stufe, bis das Verständnis der Wahrheit zum letztlich Guten in ihr führt, so wird gesagt, daß *Jesus,* der die letzte Verwirklichung des Guten in der Wahrheit darstellt, am letzten oder siebenten Tage heilt. So heilt Jesus als der, der das Gute in der Lehre Christi darstellt, am Sabbat. Hier nun werden die Juden als Widersacher eingeführt, und zwar aus mancherlei Gründen; deren einer ist, daß sie Menschen darstellen, die sich nur an die Wahrheit selbst halten und sich nicht um das Gute kümmern, zu dem sie führen kann. Hier sind durchaus nicht nur die Juden gemeint, als Leute, die sich wörtlich an die Gesetze Moses halten. Die Bedeutung ist viel umfassender. Gemeint sind alle jene, die nicht über die Wahrheit als solche hinauskommen und von der Wahrheit, von Lehrsätzen und Theorien her, streiten und Einwendungen machen und sich nicht um das Gute kümmern. Das *Gute* im Wissen, das *Gute* in der Wahrheit zu erkennen, ist für jeden eine schwer erreichbare Entwicklungsstufe. Wenn aber ein Mensch sie erreicht hat, beginnt er von der letzten Stufe des Guten aus zu handeln; dann werden die Bedeutung, der innere Sinn und Zusammenhang von allem, was ihn gelehrt worden ist, Stufe um Stufe Wirklichkeit, und dann wird die Wahrheit in das ihr innewohnende *Gute* verwandelt. Der Mensch denkt dann nicht mehr länger an die Stufen der Wahrheit, die ihn zu dieser höheren Ebene des Guten, zu dieser klaren inneren Wahrnehmung des Guten in allem Erlernten geführt haben. Nun wird er unmittelbar auf Grund des Gefühls des Guten handeln. Er braucht die Wahrheit nicht mehr zu befragen noch sich ihrer zu erinnern. Wenn Wahrheit und Wissen nicht zum *Guten* und zur echten *Anwendung* des Guten führen, aus welchem Grunde sollten wir uns um Wahrheit oder Wissen bemühen? Wissen ist uferlos, wenn es nicht zu seinem eigenen Ziel – dem Guten – führt. Das Gute ist die Vollendung der Wahrheit. So verkörpert Jesus, der das Gute ist, die Vollendung der Wahrheit, wo sie in die Erkenntnis des in ihr enthaltenen Guten hinübergleitet und damit ihre wahre Einheit findet. Als solcher vollbringt er hier alle die Wunder, die die Wahrheit in das Gute verwandeln – und so heilt er die Gelähmten,

Lahmen, Verdorrten, Blinden – das heißt alle jene, die sich nur an die Wahrheit halten und nicht im geringsten verstehen, daß jede Lehre, jede Wahrheit, alles Wissen zum Guten führen muß, wenn es irgendeine Bedeutung haben soll. Nur dem Wissen allein zu folgen, um seiner selbst willen, bedeutet nicht nur, den Sinn des Lebens und seiner selbst, sondern den des Weltalls mißzuverstehen. Denn das Weltall, psychologisch gesehen, umfaßt beides, die Wahrheit alles Seienden und das Gute alles Seienden. Wenn ein Mensch aus dem Sinn des Guten aller erlernten Wahrheit handelt, so handelt er unmittelbar aus seinem Wollen – aus dem, was er wünscht –, denn wir *wollen* das Gute und *denken* die Wahrheit.

Bei dem Wunder am Teich von Bethesda konnte der Mann sich nicht dazu bringen, sein Wollen oder sein Gefühl für das Gute *zuerst* wirken zu lassen, da er lediglich die Wahrheit der über das Leben dieser Welt hinausgreifenden Lehre fühlte. Er war an seine Sinne gebunden, gebunden an die buchstäbliche Bedeutung des Gotteswortes. Aber er schaute nach der wunderbaren Bedeutung – den vom Engel aufgerührten Teich – aus, ohne sie doch erfassen zu können. Er *lag an die Wahrheit gebunden,* konnte sich jedoch nicht aufrecht in ihr *bewegen*. Jesus – als das Gute der Wahrheit, an die der Mann gebunden lag – hebt ihn auf. Der Mann sieht nun das Gute in alledem, was er nur als Wahrheit gewußt hatte. Da gleitet sein Wollen, sein Verlangen in das, was er weiß, hinüber, und er beginnt in seiner Wahrheit als dem Guten zu leben. Zuerst gibt es nur Wahrheit, das muß so sein. Als *erstes* muß der Mensch Wahrheit lernen; aber das Gute der Wahrheit hat den Vorrang vor der Wahrheit; denn alle Wahrheit kann nur vom Guten herkommen. So steht in Wirklichkeit die Wahrheit an zweiter Stelle, hinter dem Guten. Aber in Raum und Zeit muß der Mensch alles vom falschen Ende her erlernen – wir müssen zuerst Wahrheit lernen, ehe wir das in ihr liegende Gute erfassen und erreichen können. Der Mann, der an die Wahrheit gebunden am Teich von Bethesda lag, stellte die Wahrheit an die *erste Stelle* und blieb dabei – und so war er stets zweiter, immer zu spät. Er war Zweiter, weil er die Wahrheit als voranstehend betrachtete.

Jesus, als die Verwirklichung des Guten in der Wahrheit, heilte ihn; darauf stellte der Mann das Gute voran und die Wahrheit an die zweite Stelle und war geheilt. Bei diesem Wunder handelt es sich um die tiefe Frage nach dem Ersten und Zweiten und ihrer Umkehrung. Die Umkehrung aber macht aus dem Guten das Erste und aus der Wahrheit das Zweite. Dadurch ist der Mann *vollständig gesund*, denn die *Vervollständigung* der Wahrheit liegt in der Verwirklichung ihres Guten. Das Wunder bedeutet in erster Linie, daß ein Mensch, wenn er auch noch soviel Wahrheit kennt, mit seinem Wollen nicht aus ihr handeln kann, wenn er nicht ihr *Gutes* erfaßt, und das ist die höchste Stufe der Wahrheit, wo das Gute an die erste Stelle rückt. Sie wird Sabbat genannt. So *sündigt* er – da er sich nur an die Wahrheit hält und sie als voranstehend betrachtet. Er verfehlt das Ziel, da er die *Wahrheit* als Endpunkt ansieht. Er stellt die Wahrheit voran und faßt sie nicht als Weg zum Guten auf. Deshalb sagt Jesus zu ihm: „Sündige hinfort nicht mehr." Was mit „Sünde" übersetzt wird, heißt im Griechischen: *das Ziel verfehlen,* und in diesem Gleichnis oder Wunder bezieht sich das Verfehlen des Ziels oder die „Sünde" darauf, daß die Wahrheit obenan gestellt und nicht als Weg zu einem Ziel aufgefaßt wird. Dieses Ziel ist das aus der Wahrheit entspringende Gute und die Ausübung der Wahrheit durch das Gute, zu dem sie führt, nicht aber die Wahrheit um ihrer selbst willen als bloße Lehre und Form. Denn ein Mensch, der nur nach der Wahrheit, nach Lehren und Formen handelt, der *sündigt,* das heißt er verfehlt den ganzen Sinn der Lehre über innere Entwicklung, über Wiedergeburt, über Erneuerung. Er verfehlt den Kernpunkt der Evangelien. Man betrachte kurz alle historischen Gestalten, die von der Wahrheit her, ohne das Gute gehandelt haben. Man betrachte in dieser Hinsicht die Religionsgeschichte und ihre Schrecken und ihren Haß. Und dann denke man daran, daß die echte Bedeutung von *Sünde* die ist, *das Ziel zu verfehlen.* Jesus heilte den Mann am Teich Bethesda (was *Haus der Gnade* bedeutet). Wenn das Gute voransteht, handelt der Mensch aus Mitleid und Gnade. Dann ist er vollständig gesundet. Wenn er ganz und gesund ist, verfehlt er das Ziel

nicht mehr. Als Jesus von dem Mann, den er geheilt hat, scheidet, sagt er ihm: „Siehe zu, du bist gesund geworden, sündige hinfort nicht mehr"[11]).

Dritter Teil

Der gute Samariter

In gewissem Ausmaß verlangt jeder nach dem Guten, ebenso wie man eine Kohle mehr aufs Feuer legt, wenn es kalt ist. Man erwartet keine Belohnung außer dem Guten, das aus der Handlung selbst entspringt. Aber nichts ist schwieriger zu verstehen, als das, was im Sinne der Evangelien „aus dem Guten handeln" bedeutet, obwohl die Bedeutung ebenso sachlich und unsentimental ist wie das Hinzulegen einer Kohle, wenn es kalt ist. Von der *Wahrheit*, vom Wissen her zu handeln, das ist leicht zu verstehen. Aber die Wahrheit an sich ist ohne Gnade, und jene, die aus der Wahrheit allein handeln, sind fähig, ihren Mitmenschen das größte Leid zuzufügen.

Wir wollen das Gleichnis vom guten Samariter betrachten, das vielleicht einen stärkeren Einfluß auf die Menschheit ausgeübt hat als irgendein anderes. Es ist am bekanntesten. Es kann, so wie es da steht, verstanden werden. Tatsächlich ist kein anderes Gleichnis so zum Allgemeingut geworden wie dieses. Bei diesem Gleichnis handelt es sich darum, vom *Guten aus zu handeln* und nicht von der Wahrheit aus. Ein Jude ist von Räubern verwundet worden und liegt auf der gefährlichen Straße zwischen Jerusalem und Jericho. Ein jüdischer Priester geht vorbei und ein Levit geht vorbei; und sie helfen ihm nicht. Dann kommt ein Samariter und, obwohl die Juden und die Samariter vom Gesetz, von der Wahrheit aus, nichts miteinander zu schaffen haben, hält er an und verbindet die Wunden des verletzten Mannes. Dieses Gleichnis wird mitgeteilt, nachdem

---
[11] Joh. 5, 14.

der Schriftgelehrte, der Christus versuchen wollte, ihn gefragt hatte, was er tun solle, um das ewige Leben zu ererben.

„Und siehe, da stand ein Schriftgelehrter auf, versuchte ihn und sprach: Meister, was muß ich tun, daß ich das ewige Leben ererbe? Er aber sprach zu ihm: Wie stehet im Gesetz geschrieben? Wie liesest du? Er antwortete und sprach: Du sollst Gott, deinen Herrn, lieben von ganzem Herzen, von ganzer Seele, von allen Kräften und von ganzem Gemüte, und deinen Nächsten als dich selbst. Er aber sprach zu ihm: Du hast recht geantwortet; tue das, so wirst du leben. Er aber wollte sich selbst rechtfertigen, und sprach zu Jesu: Wer ist denn mein Nächster? Da antwortete Jesus und sprach: Es war ein Mensch, der ging von Jerusalem hinab gen Jericho, und fiel unter die Mörder; die zogen ihn aus, und schlugen ihn, und gingen davon, und ließen ihn halbtot liegen. Es begab sich aber ohngefähr, daß ein Priester dieselbige Straße hinabzog; und da er ihn sah, ging er vorüber. Desselbigengleichen auch ein Levit, da er kam zu der Stätte, und sah ihn, ging er vorüber. Ein Samariter aber reiste, und kam dahin; und da er ihn sah, jammerte ihn sein, ging zu ihm, verband ihm seine Wunden, und goß drein Öl und Wein, und hub ihn auf sein Tier, und führte ihn in die Herberge, und pflegte sein. Des andern Tages reiste er, und zog heraus zween Groschen, und gab sie dem Wirte, und sprach zu ihm: Pflege sein; und so du was mehr wirst dartun, will ich's dir bezahlen, wenn ich wiederkomme. Welcher dünkt dich, der unter diesen Dreien der Nächste sei gewesen dem, der unter die Mörder gefallen war? Er sprach: Der die Barmherzigkeit an ihm tat. Da sprach Jesus zu ihm: So gehe hin und tue desgleichen" [12]).

Aus Mitleid, aus Barmherzigkeit handeln, bedeutet rein vom Guten her und nicht mit irgendeinem Gedanken an Belohnung handeln. Wahrheit an sich hat nichts mit Mitleid, nichts mit Barmherzigkeit zu tun. Die mitleidlosesten und scheußlichsten Taten sind im Namen der Wahrheit vollbracht worden. Denn wenn die Wahr-

---
[12] Luk. 10, 25—37.

heit vom Guten geschieden ist, hat sie nichts Wirkliches mehr an sich. Sie hat keinen inneren Halt und nichts, woran sie sich binden und was ihr einen wirklichen Gehalt geben könnte.

Vierter Teil

Die Arbeiter im Weinberg

Mehrmals benutzt Christus die Worte: *„Aber viele, die da sind die Ersten, werden die Letzten, und die Letzten werden die Ersten sein"* [13]). So gebraucht er sie, nachdem die Jünger gezeigt haben, daß ihre Vorstellung vom Himmelreich irdisch ist, da sie meinen, es stimme mit den äußeren Dingen, mit denen sie auf Erden vertraut sind, überein. Christus hatte davon gesprochen, wie schwierig es für einen Reichen sei, in das Himmelreich zu gelangen. Er stellt *Reichsein* dem Zustand kleiner Kinder gegenüber, die unschuldig sind, weil sie sich noch keine falschen Vorstellungen von sich selbst zu eigen gemacht haben. Die Jünger fassen seine Worte buchstäblich auf. Petrus ruft aus: „Siehe, wir haben alles verlassen und sind dir nachgefolgt; was wird uns dafür?" [14]). Und gerade diese Frage ist es, die jeder tut und immer wieder tun wird, der noch nichts *versteht. Was wird uns dafür?* fragte jeder, als ob er wirklich etwas zum Aufgeben hätte, als ob er tatsächlich reich wäre. Christi Antwort an seine Jünger entspricht der Stufe ihrer Aufnahmefähigkeit. Er verspricht ihnen, daß sie auf Stühlen sitzen und die zwölf Geschlechter Israels richten werden. Das ist ironisch gemeint; aber die Ironie wird in Anbetracht dessen, was er weiter sagen will, verschleiert. Er antwortet: „Wahrlich ich sage euch: Ihr, die ihr mir seid nachgefolgt, werdet in der Wiedergeburt, da des Menschen Sohn wird sitzen auf dem Stuhl seiner Herrlichkeit, auch sitzen auf zwölf Stühlen und richten die zwölf Geschlechter Israels". Dann fügt er, als wäre es ein nachträglicher Gedanke, hinzu: „Aber viele, die da sind die Ersten,

[13]) Matth. 19, 30.
[14]) Matth. 19, 27.

werden die Letzten, und die Letzten werden die Ersten sein"[15]). Und sofort widerspricht er dem, was er gerade zu seinen Jüngern gesagt hat, weil sie das, was das Himmelreich ist und was ein Mensch sein muß, um es zu erwerben, nicht verstehen. In der Form eines Gleichnisses zeigt er ihnen, daß es die irdischen Vorstellungen von „die Ersten-sein", von Lohn, von dem, was wir Gerechtigkeit nennen, von Rang und Würden auf der Ebene des Verstehens, die Himmelreich heißt, einfach nicht mehr gibt:

„Aber viele, die da sind die Ersten, werden die Letzten, und die Letzten werden die Ersten sein. Das Himmelreich ist gleich einem Hausvater, der am Morgen ausging, Arbeiter zu mieten in seinen Weinberg. Und da er mit den Arbeitern eins ward um einen Groschen zum Tagelohn, sandte er sie in seinen Weinberg. Und ging aus um die dritte Stunde und sah andere an dem Markt müßig stehen und sprach zu ihnen: Gehet ihr auch hin in den Weinberg; ich will euch geben, was recht ist. Und sie gingen hin. Abermal ging er aus um die sechste und neunte Stunde und tat gleich also. Um die elfte Stunde aber ging er aus und fand andere müßig stehen und sprach zu ihnen: Was stehet ihr hier den ganzen Tag müßig? Sie sprachen zu ihm: Es hat uns niemand gedingt. Er sprach zu ihnen: Gehet ihr auch hin in den Weinberg, und was recht sein wird, soll euch werden. Da es nun Abend ward, sprach der Herr des Weinbergs zu seinem Schaffner: Rufe die Arbeiter, und gib ihnen den Lohn, und heb an den letzten bis zu den ersten. Da kamen, die um die elfte Stunde gedingt waren, und empfing ein jeglicher seinen Groschen. Da aber die ersten kamen, meinten sie, sie würden mehr empfangen; und sie empfingen auch ein jeglicher seinen Groschen. Und da sie den empfingen, murrten sie wider den Hausvater und sprachen: Diese letzten haben nur eine Stunde gearbeitet, und du hast sie uns gleich gemacht, die wir des Tages Last und Hitze getragen haben. Er antwortete aber und sagte zu einem unter ihnen: Mein Freund, ich tue dir nicht unrecht. Bist du nicht mit mir eins worden um einen Groschen?

---
[15] Matth. 19, 28—30.

Nimm, was dein ist, und gehe hin! Ich will aber diesem letzten geben gleich wie dir. Oder habe ich nicht Macht, zu tun, was ich will, mit dem Meinen? Siehst du darum scheel, daß ich so gütig bin? Also werden die Letzten die Ersten, und die Ersten die Letzten sein. Denn viele sind berufen, aber wenige sind auserwählt" [16]).

Dieses Gleichnis ist die eigentliche Antwort auf des Petrus Frage: „Was wird uns dafür?" Das Himmelreich, sagt Christus, ist nicht so, wie ihr denkt; bezüglich des Himmelreichs geht es nicht an, daran zu denken, was man als Lohn haben werde. Es ist nicht etwas, an das man mit Begriffen von Belohnung, wie die Menschen sie auffassen, denken kann. Man kann es sich nicht als einen Ort denken, an dem einem Menschen ein Thron und Macht und Herrschaft über andere gegeben würde als Belohnung für etwas, was er in diesem Leben aufgegeben hat. Das alles sind Vorstellungen, die nichts mit ihm zu tun haben. Das Himmelreich ist von allem Irdischen völlig verschieden, verschieden von allem, was der Mensch durch seine Sinne erfassen, verschieden von allem, was er denken kann. Neues Verstehen ist nötig, das aus Vorstellungen erwächst, die ein Mensch, der auf der Ebene der „Erde" steht, nicht besitzt. Deshalb beginnt Christus seine Gleichnisse immer wieder mit den Worten: „Das Himmelreich ist gleich . . . " Und in jedem Gleichnis wird eine neue Vorstellung entwickelt, eine Vorstellung, die niemand auf Erden natürlicherweise besitzt, noch von sich aus entwickeln könnte. Denn um von der Ebene des Verstehens, die in der Sprache der Evangelien „Erde" genannt wird, auf die Ebene, die „Himmel" heißt, zu gelangen, muß sich die gesamte gedankliche Grundlage verändern. Aber keines Menschen Gedanken können sich ändern, wenn er nicht neue Vorstellungen gewinnt, denn er denkt aus seinen Vorstellungen heraus. Niemand kann mit alten Vorstellungen auf neue Weise denken. Und es kann keine *Gesinnungswandlung,* keine „Reue" geben, wenn die Vorstellungen des Menschen auf der Ebene „Erde" stehen bleiben, wo sie von den Erscheinungen, von den sichtbaren

---
[16]) Matth. 19,30 — 20,16.

Dingen abgeleitet sind. Um irgend etwas vom „Himmelreich" zu verstehen, ist es nötig, die natürlichen Vorstellungen zu verlassen; vielmehr, sie in höhere zu verwandeln. Denn wenn der Mensch auch mit seinen natürlichen Vorstellungen die Welt und ihre Reiche verstehen kann, so reichen sie ihm für die höhere Stufe, für das Himmelreich, nicht aus. Er kann nicht einmal anfangen, die geringste Spur davon zu verstehen, denn die niedere Entwicklungsebene kann die höhere nicht begreifen.

Was ist nun der Grundgedanke des schwierigen Gleichnisses von den Arbeitern im Weinberg, das ganz neu und seltsam ist und mit unsern natürlichen Vorstellungen nicht übereinstimmt? Es ist die *Ungerechtigkeit* in diesem Gleichnis, die uns, auf unserer Ebene des Verstehens, trifft. Nach unserer Art des Denkens müßten die, die länger gearbeitet haben, natürlich auch höheren Lohn erhalten. Und zweifellos war das auch das Empfinden einiger Jünger, da sie glaubten, als Erste zur Arbeit im Weingarten der Lehre Christi auf Erden berufen worden zu sein; die Lehre war zuerst den Juden und im besonderen den Jüngern gegeben worden. Für diese war es naheliegend, den höchsten Lohn zu erwarten. Es war eine natürliche Vorstellung. Wenn man jedoch die *psychologische Bedeutung* des Gleichnisses verstehen will, muß der Grundgedanke erfaßt werden; denn jedem Gleichnis liegt ein Gedanke zugrunde, der nicht natürlich ist, der sogar jeder natürlichen Vorstellung, die wir hegen, widersprechen mag. Die Vorstellung der Jünger über das Himmelreich ist leicht zu verstehen. Es war eine natürliche, vom Leben abgeleitete Vorstellung, und Christus wußte das und antwortete ihnen mit den Worten des täglichen Lebens, indem er ihnen sagte, sie würden auf Stühlen sitzen und Gericht über andere halten. Das Gleichnis jedoch, das er daran anschloß, knüpft an keine natürliche Vorstellung an. Unsere natürlichen Vorstellungen über Gerechtigkeit und Ungerechtigkeit gehören zu den Vorstellungen, die am wirksamsten in uns sind. Sie erregen uns mehr als irgend etwas anderes. Der menschliche Standpunkt wird im Gleichnis durch die zuerst herbeigerufenen Arbeiter dargestellt, die mehr zu erhalten

erwarten, gegen den Hausvater murren und sagen: „Diese letzten haben nur eine Stunde gearbeitet, und du hast sie uns gleich gemacht, die wir des Tages Last und Hitze getragen haben." Die Antwort lautet: „Mein Freund, ich tue dir nicht Unrecht. Bist du nicht mit mir eins geworden um einen Groschen?" Zweifellos würden sie sagen: „Jawohl – aber wir wußten nicht, was geschehen würde; es ist eine grobe Ungerechtigkeit!"

Wo liegt der Schlüssel zu diesem Gleichnis? Er ist in den vorhergehenden Abschnitten und im Gleichnis selbst zu finden. Er ist zu finden in der Erklärung des Hausvaters, in dessen Weinberg die Arbeiter nacheinander gerufen worden waren. Wer ist der Hausvater, der an der Spitze steht? Der Hausvater ist das *Gute*. Er wird näher gekennzeichnet durch die Worte: *„Ich bin gütig."* Der Hausvater sagt: „Oder habe ich nicht Macht zu tun, was ich will mit dem Meinen? Siehst du darum scheel, daß *ich so gütig bin?"* Das ganze Gleichnis dreht sich darum, vom Guten her zu handeln und nicht aus dem Gedanken an Belohnung. Denn der Mensch, der allein vom Guten her handelt, sucht keine Belohnung, da er nicht aus Eigenliebe oder dem Gedanken an Verdienst handelt. Aus reiner Güte zu handeln, macht alle, die es tun, gleich. Wenn man bei seinen Handlungen das Gute sieht und danach handelt, kann kein Gefühl von Rivalität oder Neid aufkommen. Es kann auch nicht das Gefühl aufkommen, daß man Lohn zu erwarten hätte; denn eine Handlung, die um des Guten willen geschieht, trägt ihren Lohn in sich selbst. Und wenn die Handlung aus der Einsicht des Guten, das man tut, entspringt, so verliert die Länge des Dienstes oder irgendeiner Zeitspanne jede Bedeutung; denn das *Gute* steht über der Zeit. Gott ist das Gute, und Gott steht außerhalb der Zeit. Die Quelle des Guten liegt außerhalb der Zeit in der Ewigkeit. Das Gleichnis dreht sich um ewige Werte; es handelt nicht von der Zeit. Es hat nichts mit unsern natürlichen Vorstellungen über Zeit und Ewigkeit zu tun. In einem früheren Abschnitt, wo der reiche Mann zu Christus kommt und sagt: „Guter Meister, was soll ich *Gutes* tun, daß ich das ewige Leben möge haben?", lautet die Antwort: „Was heißest du mich *gut?*

Niemand ist gut, denn der einzige Gott"[17]). Nur Gott ist gut. Kein Mensch ist gut. Alle Güte, alles, was gut ist, die allem innewohnende Güte, was es auch sei, ist von Gott. Der reiche Mann ist reich, weil er fühlt, daß er alle Gebote gehalten hat. Er fühlt seine Verdienste; er fühlt sich selbst gerechtfertigt und somit reich, weil er von der *Wahrheit* her gehandelt und alle Gebote gehalten hat; und doch zeigt er Spuren von Unsicherheit; denn nun beginnt er nach dem *Guten* zu fragen und wie man vom Guten aus handelt. „Was soll ich Gutes tun?" Deshalb wird in einem der Evangelien gesagt, daß Jesus ihn ansah und ihn liebte[18]). Die Wahrheit steht an erster Stelle und das Gute an zweiter Stelle. Sobald aber der Mensch aus dem Guten heraus handelt, wird die Ordnung umgekehrt: das Gute tritt an die erste Stelle und die Wahrheit an die zweite. Der reiche Mann wird aufgefordert, alles zu „verkaufen" und Jesu nachzufolgen. Um vom Guten anstatt von der Wahrheit her handeln zu können, muß der Mensch alle seine Gefühle von Verdienstlichkeit, alle Selbstschätzung, jedes Gefühl, *er sei gut,* jedes Gefühl, er stände an erster Stelle, „verkaufen". Denn wenn er sich einbildet, gut zu sein, wird er aus sich selbst heraus, aus seiner Eigenliebe, handeln; und darum wird gesagt, daß Gott allein gut sei. Im Lukas-Evangelium heißt es: „Niemand ist gut, denn der einige Gott"[19]). Alles Gute stammt von Gott, nicht von den Menschen. Wenn ein Mensch denkt, *er sei gut,* wird er unvermeidlich nach Belohnung für das, was er tut, streben; denn er wird das Gute sich selbst zuschreiben. Er wird das Gute nicht als eine allen Dingen innewohnende Kraft erkennen. Er wird fühlen, als habe *er selbst* gut gehandelt, besonders dann, wenn er etwas aufgegeben hat, um eine gute Tat zu vollbringen. Er wird sein wie Petrus, der sagt: „Siehe, wir haben alles verlassen und sind dir nachgefolgt; was wird uns dafür?" Wenn man nun an das Gleichnis von den Arbeitern im Weinberg denkt, wird klar, daß die Jünger es nicht verstanden haben; denn einige Verse später, nachdem das Gleichnis erzählt wird und die Jünger ihm zugehört haben, werden

---
[17]) Matth. 19, 16—17.
[18]) Mark. 10, 21.
[19]) Luk. 18, 19.

sie unwillig, weil die Mutter der Söhne des Zebedäus kommt und Jesus bittet, ob ihre Söhne im Himmelreich, der eine zu seiner Rechten und der andere zu seiner Linken sitzen könnten. Sie denken noch immer in Begriffen von Belohnung und Macht. Christus ruft seine Jünger zu sich und spricht:

„Ihr wißt, daß die weltlichen Fürsten herrschen und die Oberherrn haben Gewalt. So soll es nicht sein unter euch. Sondern so jemand will unter euch gewaltig sein, der sei euer Diener"[20]).

Und er hat die Erklärung, was dies bedeutet, bereits gegeben – nämlich, daß ein Mensch, sobald er beginnt vom Guten her und aus der Liebe zum Guten zu handeln, dem Guten dienen und ein Diener des Guten sein wird. Alle Gedanken an Vorherrschaft, an Rang und Stellung, und alle Gedanken der Überlegenheit über andere, jede Rivalität, jede persönliche Mißgunst, Neid und alle menschlichen Begriffe von Gerechtigkeit und Ungerechtigkeit werden für ihn verschwinden. Denn das Gute haftet nicht an der Person. Zu handeln, weil man das Gute in seinem Tun sieht und Freude daran empfindet, heißt jenseits aller persönlichen Beweggründe handeln.

---

[20]) Matth. 20, 25—27.

V

DER BEGRIFF DER RECHTSCHAFFENHEIT

Erster Teil

Wir wollen jetzt einige Beispiele aus Christi Lehre betrachten, die davon handeln, was zur Erreichung einer höheren Entwicklungsstufe nötig ist; zugleich werden wir die Bedeutung einiger Aussprüche Christi, die nicht ganz klar sind, zu verstehen suchen. Christus sagt an einer Stelle:

„Es sei denn eure Rechtschaffenheit besser als die der Schriftgelehrten und Pharisäer, so werdet ihr nicht in das Himmelreich kommen"[1]).

Das ist eine eindeutige Feststellung, die eindeutige Bedeutung hat. Was ist Rechtschaffenheit und was bedeutet es, daß sie *besser* als die der Schriftgelehrten und Pharisäer sein muß? Das Wort, das in der oben angeführten Stelle mit „besser" übersetzt ist, besagt im Original „darüber und höher stehend", also ungewöhnlich und bemerkenswert. Es ist nicht *dieselbe* Art Rechtschaffenheit wie die der Schriftgelehrten und Pharisäer, die nur zu steigern wäre. Ein Mensch muß eine andere, bemerkenswerte oder ungewöhnliche Art der Rechtschaffenheit besitzen, die über der Gerechtigkeit der Schriftgelehrten und Pharisäer steht, über sie erhaben ist. Der Ausdruck „der Gerechte" wurde ursprünglich auf einen Menschen angewendet, der die Regeln oder Gewohnheiten der Gesellschaft, in der er lebte, beobachtete. Er betrug sich recht, wenn er die Gesetze hielt. Unter den Juden bedeutete Rechtschaffenheit die Befolgung aller Einzelheiten des Mosaischen Gesetzes, die Befolgung aller vorgeschriebenen Zeremonien, Abgabe der Zehnten, äußere Reinigungen und so weiter. Diese Form äußerer Rechtschaffenheit wurde oft von Chri-

---
[1]) Matth. 5, 20.

stus angegriffen. Nach Christi Lehre war es falsche Rechtschaffenheit, weil sie „vor den Leuten" geübt wurde. Sie wurde vollzogen, lediglich um gerecht zu erscheinen, äußerlich, in den Augen der Leute. Christus sagt:

„Habt acht auf eure Almosen, daß ihr nicht gebet vor den Leuten, daß ihr von ihnen gesehen werdet; ihr habt anders keinen Lohn bei eurem Vater im Himmel. Wenn du nun Almosen gibst, sollst du nicht lassen vor dir posaunen, wie die Heuchler tun in den Schulen und auf den Gassen, auf daß sie von den Leuten gepriesen werden. Wahrlich ich sage euch, sie haben ihren Lohn dahin. Wenn du aber Almosen gibst, so laß deine linke Hand nicht wissen, was die rechte tut, auf daß dein Almosen verborgen sei; und dein Vater, der in das Verborgene sieht, wird dir's vergelten"[2]).

In der angeführten Stelle sagt Christus, daß die Ausübung dieser Art äußerer Rechtschaffenheit den Menschen dort festhält, wo er ist – in seiner eigenen Eitelkeit und Selbst-Bewunderung. Christi Lehre handelt davon, wie ein Mensch sich entwickeln kann, wie er ein Neuer Mensch werden kann. Indem er die Art der Rechtschaffenheit, die den Schriftgelehrten und Pharisäern eigen ist, angreift, greift er die Ebene an, auf der der Mensch alles, was er tut, nur um seiner eigenen Verdienstlichkeit, nicht aber um der Rechtschaffenheit selbst willen tut. Ein solcher Mensch rechtfertigt sich durch äußeres Tun und Benehmen. Sich rechtfertigen, heißt erweisen, daß man schuldlos ist. In jedem Menschen geht ohne Unterlaß ein sehr komplizierter geistiger Prozeß vor sich, der ihm zu dem Gefühl verhelfen soll, er sei im Recht, er sei schuldlos. Solange sich in ihm nicht ein verfeinertes Gewissen zu entwickeln beginnt, solange er sich mit der Angleichung an äußere Gewohnheiten und Gesetze, mit der Aufrechterhaltung des Scheins oder damit „das Gesicht nicht zu verlieren", wie man sagt, begnügt, ist es ihm gleichgültig, was er in Wirklichkeit getan hat. Er wird sich rechtfertigen, damit seine *äußere* Rechtschaffenheit in den Augen der Welt aufrechterhalten bleibt – das heißt

---
[2]) Matth. 6, 1—4.

„vor den Leuten". Dies hält ihn auf einer bestimmten Entwicklungsstufe fest. Und darum greift Christus diese Art, sich im Recht zu fühlen, an. Das Anliegen der Lehre der Evangelien ist es, daß der Mensch sich innerlich entwickle und eine höhere Ebene erreiche. Deshalb wird gesagt, daß der Mensch diese höhere Ebene, die das Himmelreich genannt wird, nicht erreichen kann, wenn seine Rechtschaffenheit nicht von ganz anderer Art ist als die der Schriftgelehrten und Pharisäer. Himmel bedeutet stets diesen höheren inneren Zustand, diese Ebene, die zu erreichen dem Menschen möglich ist. Man beachte, daß die Evangelien nur von einer dem inneren Menschen erreichbaren Entwicklung sprechen. „Schriftgelehrte und Pharisäer" bezieht sich nicht auf Menschen lange vergangener Zeiten, sondern auf heutige Menschen einer bestimmten Entwicklungsstufe, die bei allem, was sie tun, sich Verdienstlichkeit zuschreiben, die von sich selbst begeistert sind und sich selbst mehr als alles andere lieben. In ihrer Gefühlsentwicklung haben sie nur „Eigenliebe" statt „Liebe zum Nächsten". Jede Eigenliebe verachtet die andern. Anzuerkennen, daß ein anderer ein eigenes, von einem selbst und den eigenen Wünschen unabhängiges Dasein hat, bedeutet, über die Ebene der Gefühlsentwicklung, die „Eigenliebe" genannt wird, hinauszugelangen. Was soll also damit gesagt werden, daß die Rechtschaffenheit diejenige der Schriftgelehrten und Pharisäer übertreffen muß? Es wird davon abhängen, wodurch sich der Mensch rechtfertigt. Es wird darauf ankommen, auf welchem Boden ein Mensch zu leben trachtet, d. h. welchem Rang von Wahrheit er nachstrebt. Wenn er sich lediglich in den Augen der Welt rechtfertigt, verkörpert er innerlich eine bestimmte Art Mensch. Der Begriff von Wahrheit, der in den Evangelien gelehrt wird, ist anders als der der Welt und der Wirklichkeit der Sinne. Die Lehre Christi wurde unter denen, die sie hörten, viel erörtert. Davon zeugt das Evangelium des Johannes: „Etliche sprachen: Er ist fromm; die andern aber sprachen: Nein, sondern er verführt das Volk"[3]). Der springende Punkt ist, daß Christus die Mehrheit des Volkes, das ihn hörte, verletzte.

---
[3]) Joh. 7, 12.

Seine Worte waren nicht nur zu fremdartig, sondern zu gewaltig für sie, und deshalb waren sie beleidigt. Jeder fühlt sich beleidigt, wenn man ihm das nimmt, womit er sich rechtfertigt. Christus lehrte eine andere Art der Wahrheit, eine andere Art dessen, was dem Menschen zum Gefühl seiner eigenen Rechtfertigung verhelfen kann. Seine Lehre drehte sich um den Übergang von einer Entwicklungsebene des Menschen zu einer anderen. Er sprach die ganze Zeit über von dieser höheren Ebene, die das Himmelreich genannt wird; doch selbst seine Jünger dachten, er spräche über die Welt und ein Reich auf Erden. Wenn Christus also sagt, daß die Rechtschaffenheit des Menschen völlig anders als die der Schriftgelehrten und Pharisäer sein müsse, so spricht er von dem, was Rechtschaffenheit, von dieser höheren Ebene aus begriffen, bedeutet, und wie ein Mensch sich in bezug auf sie verhalten muß. Angesichts dieser höheren, inneren Ebene kann sich ein Mensch nicht länger so wie sonst verhalten oder seine Belohnung aus denselben Quellen schöpfen, noch auch sich mit denselben Mitteln schuldlos fühlen. Er muß einsehen, daß angesichts des Himmelreichs seine ganze Selbstgerechtigkeit nutzlos war und zu nichts führen konnte. Wenn ein Mensch die Lehre über innere Entwicklung annimmt, kann er sich nicht länger in derselben Weise rechtfertigen wie bisher. Im Lichte des neuen Begriffes von Wahrheit, den er gelernt hat, kann ihm seine frühere Selbstgerechtigkeit nicht länger zur Verhüllung seines wirklichen Wesens verhelfen. In der angeführten Stelle wird gesagt:

„Wenn du aber Almosen gibst, so laß deine linke Hand nicht wissen, was die rechte tut"[4].

Dies bezieht sich auf die höhere Art Rechtschaffenheit, durch die allein die Möglichkeit gegeben ist, ins Himmelreich zu gelangen. Was bedeutet das? Es wird nachdrücklich betont, daß die Menschen ihre Almosen nicht geben sollen, „auf daß sie von den Leuten gepriesen werden" nach der Art der Schriftgelehrten und Pharisäer. „Almosen" bezeichnet, was man aus Barmherzigkeit tut. Es bedeutet nicht nur Wohltätigkeit; es bedeutet innerliche Vergebung, innerliche Tilgung

---

[4] Matth. 6, 3.

von Forderungen gegen andere. In der uralten Gleichnissprache bezeichnet die linke Hand das Schlechte und die rechte Hand das Gute. In dem Gleichnis, das von der Absonderung der Böcke von den Schafen handelt, wenn die Zeit erfüllet ist (nicht am Ende der Welt), heißt es, daß Christus die Schafe zu seiner Rechten und die Böcke zu seiner Linken stellen werde. In der oben angeführten Stelle beziehen sich die Worte: „Laß deine linke Hand nicht wissen, was die rechte tut" auf zwei Entwicklungsebenen im Menschen, die getrennt werden müssen. Man beachte, daß man die *linke* Hand nicht wissen lassen soll, was die rechte tut, nicht anders herum. Der Mensch auf seiner gewöhnlichen Ebene ist „böse", und das bedeutet hier einen Menschen, der tief in Eigenliebe und Eitelkeit verstrickt ist, ein Geschöpf der Sinne. Die Sinne sind die Welt. Die rechte Hand bedeutet eine höhere oder den Beginn einer höheren Ebene des Verstehens. Diese beiden Ebenen dürfen nicht vermengt werden, das heißt, man darf seine linke Hand nicht wissen lassen, was die rechte tut. Die linke Hand ist die tiefere Ebene, die von der Eigenliebe beherrscht wird. Was man von der höheren Ebene aus tut, muß von der niederen Ebene ferngehalten werden. Wenn man innere Barmherzigkeit übt, indem man Almosen gibt, darf man nicht nach Lohn begehren, denn sonst handelt man von einer Ebene aus, die „Schriftgelehrte und Pharisäer" genannt wird – von der Ebene der irdischen Welt, von der niederen Ebene aus. Man soll von einer höheren Ebene aus handeln, das Gute um des Guten willen tun und nicht, um es zum Gegenstand der Lobpreisung werden zu lassen, wodurch nur Eitelkeit, Eigenliebe und Selbstgerechtigkeit genährt werden. Ja noch mehr: man darf nicht einmal über das nachsinnen, was man getan hat, nicht mit sich zu Rate gehen und sich für sein vornehmes Betragen gratulieren, sonst wird das, was man getan hat, zur Verdienstlichkeit, selbst wenn niemand davon weiß. Es wird auf die niedere Ebene des Menschen zurückfallen. Er wird sich selbst beglückwünschen, er wird sozusagen auf seine Verdienstlichkeit zurückfallen. Er muß wissen, was es heißt, *in sich selbst* Stillschweigen zu bewahren. Er muß sich nicht vorhalten, was er getan hat. Der Regel nach

verlangt ein Mensch, der Gutes irgendwelcher Art getan hat, nach Anerkennung, und so kann er weder sich selbst noch andern gegenüber stillschweigen. Er handelt vor einer Zuhörerschaft, innerlich wie äußerlich. Christus spricht zuerst davon, daß man nicht vor einer *äußeren* Zuhörerschaft handeln soll, und dann davon, daß man nicht vor einer *inneren* Zuhörerschaft handeln soll, die hier die *linke* Hand genannt wird – das bedeutet die niedere Ebene im Menschen, die des gewöhnlichen Lebens. Wenn wir einmal verstanden haben, daß es sich bei allem in den Evangelien Gesagten um die Erreichung einer höheren – erreichbaren – Entwicklungsstufe im Menschen handelt, wird die Bedeutung der linken und der rechten Hand klar: links bedeutet die niedere Ebene, rechts die höhere Ebene. Wer auf der niederen Ebene steht, wer von der linken Hand aus handelt, fühlt Verdienstlichkeit, er will sich selbst durch seine Barmherzigkeit rechtfertigen und Lohn dafür erhalten. Das ist *eine Art der Rechtschaffenheit*. Ein Mensch jedoch, der von der höheren Ebene aus zu handeln beginnt, von der rechten Hand her, will dafür keinen Lohn, denn er handelt so, weil er innerlich sieht, daß es so gut ist; er handelt um des Guten selbst willen. Damit gelangt er, da er keinen Lohn weder innerlich noch äußerlich erstrebt, zu einer Rechtschaffenheit, die über derjenigen der „Schriftgelehrten und Pharisäer" steht. Er erzählt den andern nicht, was er getan hat, noch hält er sich selbst vor, wie gut er gehandelt hat. Er ist sowohl der äußeren wie der inneren Zuhörerschaft gegenüber schweigsam. Das ist es, was mit den Worten gemeint ist: „Es sei denn eure Rechtschaffenheit *besser* als die der Schriftgelehrten und Pharisäer, so werdet ihr nicht in das Himmelreich kommen". Wenn die Rechtschaffenheit des Menschen in diesem Sinne nicht *besser* ist, wird er unweigerlich auf einer niederen Stufe seines Wesens festgehalten. Betrachtet man diese Lehre im Hinblick auf die niedrigere und höhere Entwicklungsebene in einem Menschen, so bekommt sie praktische Bedeutung, ebenso wie der Begriff der linken und rechten Hand. Vielleicht ist jetzt auch in gewissem Ausmaß zu verstehen, daß ein anderer „verborgener" Lohn gegeben werden kann, von dem in dem Satz gesprochen wird:

„Und dein Vater, der in das Verborgene sieht, wird dir's vergelten im Verborgenen". Der Sinn dieser Worte Christi ist in der „Autorisierten Fassung" der Bibel völlig mißverstanden worden, wo gesagt wird: „Und dein Vater, der in das Verborgene sieht, wird dir's vergelten öffentlich". Es ist klar, daß der Übersetzer, der diese Worte abänderte, keine Ahnung von ihrer Bedeutung hatte und keinen andern Grund für das Geben von „Almosen" im Verborgenen verstehen konnte, als um äußerlichen Lohnes und um des Gefühls der Verdienstlichkeit und Selbstzufriedenheit willen. So konnte er sich nicht enthalten hinzuzufügen, daß im Verborgenen gegebene Almosen öffentlich belohnt werden würden.

Vielleicht können wir jetzt dem Verständnis dafür näherkommen, warum die Menschen, die nicht erkennen, daß es sich in den Evangelien um *Wiedergeburt* und Erreichung einer höheren Entwicklungsebene handelt, alles Gesagte von ihrer eigenen Ebene her auffassen und damit zwei Ordnungen oder Ebenen der Wahrheit vermengen. Wenn man die Evangelien nicht von ihrem beherrschenden Gedanken der Wiedergeburt her versteht – was innere Entwicklung bedeutet und das Vorhandensein einer höheren Ebene einbegreift –, so geht man völlig an ihrer wirklichen Bedeutung vorüber. Dann werden die Menschen nur daran denken, sich selbst zu rechtfertigen, mit eigenen Mitteln, so wie sie und die ihnen bekannte Welt nun einmal sind, nicht ahnend, daß eine neue Geburt ihrer selbst gefordert wird, eine neue Wesensart, und nicht lediglich eine Steigerung dessen, was sie schon jetzt sind. Und obwohl das Himmelreich – d. i. die höchstmögliche Entwicklungsstufe des Menschen – als *in einem selbst* liegend und als letzterreichbares Ziel bezeichnet wird, denken sie, daß es sich dabei um einen Zustand *nach dem Tode,* in der Zukunft, handelt, und nicht um einen Zustand, der in *diesem Erdenleben* erreicht oder wenigstens erstrebt werden kann – um einen neuen inneren Zustand, der tatsächlich als Möglichkeit *in der Gegenwart* besteht, *etwas Höheres, als das, was man jetzt ist:* wie ein Raum, der in einem höheren Stockwerk jenes Hauses liegt, das man *selbst* darstellt und auf das so oft in den

Gleichnissen Bezug genommen wird. Infolge dieses Mißverständnisses können die Menschen die linke Hand nicht von der rechten trennen, und folglich fließt alles, was sie tun, sozusagen auf die niedrigere Ebene zurück und nimmt falsche Gestalt an; und oft ist dies der Grund für sinnwidrige, enttäuschende oder selbst böse Beispiele im religiösen Leben, als Folge davon, daß das Höhere dem Niederen zugeschrieben wird, und daß zwei verschiedene Ordnungen von Vorstellungen vermengt werden. Das ist vergleichbar einer Eichel, die alles Wissenswerte über die Entwicklung eines Eichbaums kennenlernt und sich nun einbildet, so wie sie ist, bereits ein Eichbaum zu sein.

Aus alledem ergibt sich, daß niemand fortfahren kann, sich in alter Weise zu rechtfertigen, und gleichzeitig erwarten darf, ein anderer, ein Neuer Mensch zu werden. Das Gefühl seiner eigenen Rechtschaffenheit muß sich wandeln, denn solange er mit sich selbst, *so wie er ist,* zufrieden ist, kann er sich nicht ändern. Seine ganze Vorstellung von dem, was es heißt, rechtschaffen zu sein, muß sich ändern; denn es ist ja gerade das Gefühl, rechtschaffen zu sein, *im Recht zu sein,* das den Menschen hindert, sich zu wandeln. Nur die andern sind im Unrecht, nicht man selbst. Auch bestimmt das Gefühl, bereits rechtschaffen, im Recht zu sein, die besondere Art der Selbstrechtfertigung eines jeden Menschen. Hiervon leitet er das Gefühl seines Wertes und Verdienstes ab, und das ist der Punkt, wo er am leichtesten außer Fassung gerät, am leichtesten sich *beleidigt* fühlt. Nichts ist leichter, als beleidigt zu werden oder zu beleidigen. So steht es um den Menschen. Die außerordentlich strenge Lehre der Evangelien fordert, daß mit diesem Gefühl des Verdienstes und der Selbstzufriedenheit gebrochen wird, welches jeder öffentlich oder im Verborgenen hegt und das die Quelle des Beleidigtseins ist. Angesichts der Vorstellung vom Himmelreich und dieser möglichen inneren Entwicklung, dieser höheren Ebene, muß der Mensch begreifen lernen, daß er in seinem jetzigen Zustand fast *nichts* bedeutet und daß seine ganze Eitelkeit, Wertvorstellung, Eigendünkelei, Selbstachtung, Selbstbewunderung, Selbstzufriedenheit

und Eigenliebe, ja alle Vorstellungen von sich selbst nichts als Einbildungen sind. Tatsächlich ist es nur dann möglich, die harte Lehre Christi zu verstehen, wenn man ihr Ziel im Auge hat, und das ist dies: die gesamte Vorstellungswelt des Menschen, so wie ihn das Leben geformt hat und wie er sich selbst vorkommt, aufzubrechen, ihn auf neue Weise denken, fühlen und handeln zu lehren, so daß er anfängt, sich in Richtung einer höheren Ebene zu bewegen, in Richtung eines anderen Zustands, der in ihm als Möglichkeit besteht. Denn um von einer Ebene auf eine andere zu gelangen, vom Zustand der Eichel zu dem des Eichbaums, muß alles neu geordnet und verwandelt werden. Seine gesamten Beziehungen zu den verschiedenen Seiten seines Wesens müssen sich ändern. Sein Wesen muß sich in allen Teilen wandeln. Der ganze Mensch muß sich wandeln. Deshalb sagt Christus:

„Ihr sollt nicht wähnen, daß ich gekommen sei, Frieden zu senden auf die Erde. Ich bin nicht gekommen, Frieden zu senden, sondern das Schwert. Denn ich bin gekommen, den Menschen zu erregen wider seinen Vater und die Tochter wider ihre Mutter und die Schwiegertochter wider ihre Schwiegermutter. Und des Menschen Feinde werden seine eigenen Hausgenossen sein" [5]).

Diese Worte darf man nicht äußerlich, buchstäblich auffassen. Es handelt sich um einen inneren Aufstand, eine Wandlung des gesamten Seelenzustandes eines Menschen, eine innere Wandlung in allem, was psychologisch in ihm „Vater", „Mutter", „Tochter", „Schwiegermutter", „Schwiegertochter" und so weiter ist. Alle seine Beziehungen zu sich selbst müssen sich wandeln. Seine „Hausgenossen" bedeutet alle Seiten *seines Wesens*, – nicht körperlich, sondern psychologisch – alles, was in ihm selbst lebt. Alle seine Vorstellungen, seine ganze Haltung gegenüber dem, was „Vater" und „Mutter" seiner Gedanken, Ansichten und Meinungen war, und alle aus ihnen entstehenden Verhaltensweisen müssen sich wandeln angesichts des *Schwertes*, das heißt der Macht der Wahrheit höherer Ordnung. Wenn ein Mensch einmal dieser höheren Ordnung der Wahrheit be-

---
[5] Matth. 10, 34—36.

gegnet ist, kann er mit seinem jetzigen Zustand nicht länger zufrieden sein. Er muß in neuer Weise denken – aber niemand kann in neuer Weise denken, wenn er dem, was er denkt, nur ein weiteres Wissen hinzufügt. Der ganze Mensch muß sich wandeln – das heißt zu allererst muß sich sein Geist wandeln. Die angeführte Stelle bezieht sich auf den Ausgangspunkt der Lehre Christi, auf μετάνοια (μετά-νοῦς) – auf einen Menschen, der anfängt, von einem höheren Standpunkt aus, in gänzlich neuer Weise über sich, seine Bedeutung und sein Ziel nachzudenken. Es handelt sich nicht um *Buße* oder *Reue*, wie in der Übersetzung steht, sondern um ein *neues Denken*, das höher steht als alles bisherige. Auch die Rechtschaffenheit, von der Christus spricht, steht weit höher und jenseits alles dessen, womit der Mensch sich bisher gerechtfertigt hat, was er als seine Rechtschaffenheit, seine Vorstellung, im Recht zu sein, betrachtet hat. Es ist in der Tat *Meta*-Rechtschaffenheit.

Zweiter Teil

In der Bergpredigt spricht Christus durchgehend von dem, was den Menschen mit einer anderen Stufe des Lebens verbindet und auf welche Weise Kraft, oder *Seligkeit,* ihm von dieser höheren Ebene aus zufließen kann. In den Seligpreisungen sagt er an einer Stelle: „Selig sind, die da hungert und dürstet nach der Rechtschaffenheit; denn sie sollen satt werden"[6]. „Selig sein" heißt Seligkeit empfangen. Es bedeutet einen tatsächlichen Zustand, der erreicht werden kann, und nicht einen abstrakten Verdienst, eine Gutschrift in einem moralischen Rechnungsbuch. Ursprünglich wurde das Wort von den Griechen verwendet, um einen Zustand der Götter zu bezeichnen. An der angeführten Stelle bezieht sich „hungern und dürsten nach der Rechtschaffenheit" auf eine Rechtschaffenheit, die anders ist als Selbstgerechtigkeit, die stets nur sich selbst und ihre eigenen Anliegen im Auge hat. Um diese andere Rechtschaffenheit

---
[6] Matth. 5, 6.

zu erlangen, muß der Mensch „sich selbst verlieren", das heißt seine Vorstellungen von sich selbst, von eigenem Wert und Verdienst aufgeben.

Wir wollen eine Stelle über diesen Gedanken des „Sich-selbst-Verlierens" näher betrachten. Sie steht in der Beschreibung der Begebenheit, wo Christus sich plötzlich zu Petrus umwendet und sagt: „Du bist mir ärgerlich", weil dieser alles, was Christus sagt, vom irdischen Standpunkt aus auffaßt. Petrus vermengt die Dinge aus verschiedenen Ebenen. Er hat die Bedeutung des Satzes: „Laß deine linke Hand nicht wissen, was die rechte tut", nicht begriffen. Er vermengt die Wahrheit, die Christus lehrte, in seinem Geist mit dem „was menschlich ist". Als Christus zu seinen Jüngern von seinem bevorstehenden Tode spricht, sagt Petrus: „Herr, schone deinselbst; das widerfahre dir nur nicht!" Darauf antwortet Christus: „Mach' dich, Satan, hinter mich! Du bist mir ärgerlich; denn du meinst nicht, was göttlich, sondern was menschlich ist"[7]. Dies zeigt, warum Petrus „Satan" genannt wird. Hier ist eine der Erklärungen für das, was in der Bibel mit „Satan" gemeint ist. Es ist die Vermengung verschiedener Ebenen des Denkens – denn „du meinst" bedeutet hier „du denkst". Christus fährt fort: „Will mir jemand nachfolgen, der verleugne sich selbst und nehme sein Kreuz auf sich und folge mir. Denn wer sein Leben erhalten will, der wird's verlieren; wer aber sein Leben verliert um meinetwillen, der wird's finden"[8]. Hier bedeutet „Leben" ursprünglich „Seele". Ein Mensch muß seine Seele verlieren. Wenn gesagt wird, der Mensch müsse sein Leben verlieren, so ist hier etwas weit Komplizierteres gemeint als physischer Tod. Im Evangelium des Johannes sagt Christus: „Niemand hat größere Liebe denn die, daß er sein Leben lässet für seine Freunde"[9]. Ursprünglich jedoch finden wir „Seele", nicht „Leben". Der Mensch muß seine Seele lassen: das ist die tiefste Bedeutung von *bewußter Liebe*. Er muß seine Freunde (im Griechischen wörtlich: die, die er liebt) über sich oder an seine eigene Stelle setzen. Christus

---

[7] Matth. 16, 22—23.
[8] Matth. 16, 24—25.
[9] Joh. 15, 13.

erklärt hier, was das im Sinne der Befolgung seiner Lehren bedeutet. Ein Knecht, sagt er, gehorcht, aber er weiß nicht, was sein Herr im Sinn hat. Ein Freund jedoch ist jemand, der versteht und kraft dieses Verstehens gehorcht. Deshalb sagt Christus: „Ihr seid meine Freunde"[10]). Sie sind seine Freunde, wenn sie der Art Wahrheit gehorchen, von der Christus spricht. Gehorchen bedeutet, jenseits der eigenen Interessen handeln, über sie etwas Höheres stellen. Man kann seine Seele nicht lassen, wenn man nur an menschliche Dinge denkt.

Die Seele des Menschen kann einer niederen oder einer höheren Ebene verbunden sein. Der Mensch muß seine Seele lassen in bezug auf die niedere Ebene seines Wesens, um sie auf der höheren Ebene wiederzufinden. Nur wenn man diese doppelte Bedeutung des Wortes „seine Seele verlieren" versteht, werden viele Aussprüche über die Seele in den Evangelien verständlich. Zum Beispiel: „Was hülfe es dem Menschen, so er die ganze Welt gewönne und nähme doch Schaden an seiner Seele?"[11]). Wer die ganze Welt gewinnt, wer sich nur um menschliche Dinge kümmert, der verliert seine Seele hinsichtlich einer möglichen inneren Entwicklung. Man bedenke, daß alles in den Evangelien Gesagte sich auf innere Entwicklung bezieht, die zur Erlangung des Himmelreichs führt. Die „Seele" einer Raupe steht auf anderer Stufe als die eines Schmetterlings, darum muß die Seele verlorengehen, um wiedergefunden zu werden. Bleibt die Raupe eine Raupe, so rettet sie ihre Seele als Raupe, verliert sie aber in anderem Sinn – das heißt, sie verliert die Möglichkeit der Wandlung und verpaßt, indem sie sich an ihren gegenwärtigen Zustand klammert, die Möglichkeit weiterer Entwicklung. Und da auch der Mensch der Wandlung oder Wiedergeburt fähig ist, ist seine Seele im gleichen Sinne doppelt. Er kann sie bewahren und bleiben, wie er ist; doch wenn er das tut, verliert er sie in Hinsicht auf seine wirkliche Bestimmung. Oder er kann sie verlieren, wenn er nicht bleibt, wie er ist, und dann wird er sie auf einer anderen Ebene

---

[10]) Joh. 15, 14.
[11]) Matth. 16, 26.

seiner eigenen inneren Entwicklung wiederfinden. Deshalb ist „Seele" eine Möglichkeit. Das bedeutet, sie ist nicht fest bestimmt, sondern sowohl das, was der Mensch ist, wie das, was er werden kann. Die Übersetzung des Wortes „Seele" mit „Leben" in der Stelle: „Niemand hat größere Liebe denn die, daß er sein Leben lässet für seine Freunde"[12], ist richtig, wenn wir unter dem Wort „Leben" nicht das physische Leben – das Leben des Körpers – verstehen, sondern die Entwicklungsstufe des Menschen, auf der er steht. Man muß begreifen, daß das Leben eines Menschen nicht nur das äußere Leben seines physischen Körpers ist, sondern alles, was er denkt, wünscht und liebt. Das ist das Leben des Menschen, und das ist seine Seele. Die Seele ist das Abbild seines Lebens. Doch der Mensch kann beginnen, innerlich anders zu leben. Er kann anfangen, anders zu denken und anders zu fühlen, anders zu begehren und anders zu lieben. Das heißt, sein Verhältnis zu sich selbst kann sich wandeln, so daß die Gedanken, denen er nachging, und die Wünsche, die er hegte, kurz alles, von dem er einst dachte, es sei wahr, und fühlte, es sei gut, sich wandelt. Wenn das eintritt, hat der Mensch innerlich eine andere Beziehung zu sich selbst gewonnen. Damit beginnt die Wandlung seines inneren Lebens. Wie schon gesagt, ist es dies, was Christi Worte bedeuten: „Ich bin nicht kommen, Frieden zu senden, sondern das Schwert. Denn ich bin kommen, den Menschen zu erregen wider seinen Vater ... Und des Menschen Feinde werden seine eigenen Hausgenossen sein". Ein Mensch, der durch die Lehre des *Wortes* – das heißt durch Wahrheit, die einer höheren Ebene angehört – auf neue Weise zu denken und zu fühlen und sein Ziel und die Bedeutung seines Lebens anzusehen beginnt, kann seinen früheren Gedanken, Gefühlen, Begehren und Zielen nicht länger beipflichten; denn was man innerlich bejaht, macht das Leben aus, es ist die Seele des Menschen. Seine Hausgenossen – das sind die verschiedenen Seiten seines Wesens – müssen einen Umsturz über sich ergehen lassen. Er kann nicht länger mit sich in Frieden leben. Er muß sein früheres Verhältnis zu sich selbst verlieren, und das heißt, seine

---
[12] Joh. 15, 13.

Seele verlieren, denn die Seele ist des Menschen Leben als Ganzes, und sein Leben besteht aus allem, dem er innerlich verbunden ist; er ist das, was er für wahr und recht und wünschenswert hält – das, dem er innerlich dient, was er denkt, es sei recht, und was er fühlt, es sei gut. Nun kann man begreifen, was „sein Leben hingeben" bedeutet: man muß aufhören, so zu leben wie bisher; man muß anfangen, in anderer Weise zu leben; und das bedeutet nicht, getötet zu werden. Es bedeutet vielmehr gerade das Gegenteil – *ein neues Leben zu beginnen*. Zu gleicher Zeit aber bedeutet es, daß die Seele *verloren werden muß*, denn sonst ist Wandlung nicht möglich, weil die Seele das ist, woran der Mensch sich im Geist und in seinen Wünschen klammert und was er bislang als *sein Ich* betrachtet hat. Als Christus seinen Jüngern von den Leiden sprach, denen sie ausgesetzt sein würden, wenn sie das Wort Gottes lehrten, sagte er zu ihnen: „Fasset eure Seelen mit Geduld"[13]). Das griechische Wort für Geduld bedeutet „zurück bleiben", was als „seinen Wünschen nicht folgen", „sich selbst nicht folgen" zu deuten ist. Das aber heißt, daß der Mensch auf einer Ebene seine Seele verlieren und auf einer höheren Ebene sie wiederfinden kann.

Somit können wir verstehen, daß die Seele des Menschen die Möglichkeit hat – und zwar durch eigene Kraft –, sich entweder mit einer niedrigeren oder mit einer höheren inneren Ebene zu verbinden. Um von einer niedrigeren zu einer höheren Ebene aufzusteigen, muß sich die Seele des Menschen darin, wie er sich zu sich selbst stellt, wandeln. Wenn der Mensch seine Stellungnahme zu sich selbst ändert, verändert er sein Verhältnis zu sich selbst und damit wandelt sich seine Seele.

Aus alledem können wir anfangen zu begreifen, daß die *Seele* des Menschen nicht etwas Herrliches oder vollkommen Fertiges ist, sondern etwas, das sich in ihm formt, seinem Leben entsprechend, und daß sie tatsächlich *sein gesamtes Leben* darstellt, daß sie das Abbild alles dessen ist, was er gedacht, gefühlt und getan hat.

---
[13]) Luk. 21, 19.

VI

DER BEGRIFF DER KLUGHEIT

Erster Teil

In vielen Gleichnissen und Reden Christi wird ein Wort gebraucht, welches mit „klug" übersetzt worden ist. Zum Beispiel sagt er einmal zu seinen Jüngern: „Seid klug wie die Schlangen und unschuldig wie die Tauben"[1]. „Unschuldig" bedeutet „harmlos", „kein Leid zufügend" und hat nicht die moralisch gefühlsbetonte westliche Bedeutung von „nichts wissend": es wäre in der Tat unmöglich, zu gleicher Zeit „klug" zu sein und nichts zu wissen. Das mit „klug" übersetzte Wort jedoch bedeutet nicht buchstäblich „klug" im Sinne praktischer Intelligenz. Das griechische Wort ist φρόνιμος, und bezeichnet in seiner frühesten Bedeutung jemanden, der *bei Sinnen ist, der geistesgegenwärtig ist oder seine fünf Sinne beieinander hat*. Christus sagt an einer Stelle: „Die Kinder dieser Welt sind klüger denn die Kinder des Lichts in ihrem Geschlechte"[2]. Die Bedeutung des Wortes „klug" wird hier vielleicht klarer als sonst irgendwo. Weltliche Menschen sind in ihrer Art oder auf ihrer Ebene praktischer, schlauer und geschäftstüchtiger, scharfsinniger und erfahrener hinsichtlich dessen, was sie anstreben, als die „Kinder des Lichts" in bezug auf das, was ihr Ziel ist. Sie sind geistesgegenwärtiger und sind im täglichen Leben nicht töricht oder dumm. Zu wissen, was man tun soll, und das Richtige zur richtigen Zeit zu tun, bedeutet φρόνιμος. Man erinnere sich, daß der unrechtschaffene Haushalter (fälschlich mit „ungerechter Haushalter" übersetzt) von seinem Herrn „klug", das ist φρόνιμος, genannt wird, weil er erkannte, was in einer äußerst schwierigen Lage zu tun war, und weil er mit großer Geistesgegenwärtigkeit handelte.

---

[1] Matth. 10, 16.
[2] Luk. 16, 8.

Das Wort φρόνιμος hat also eine kräftige, belebende, praktische Bedeutung. In den Evangelien wird es benutzt, um die richtige Handlungsweise eines verständigen Menschen zu bezeichnen, der in sich eine höhere Ebene durch innere Entwicklung anstrebt. Christus spricht von Menschen, die in dieser Beziehung unnütz sind. Er vergleicht sie mit Salz, das „dumm" wird und nicht einmal mehr für den Mist taugt: „Das Salz ist ein gutes Ding; wo aber das Salz dumm wird, womit wird man's würzen? Es ist weder auf das Land noch in den Mist nütze, sondern man wird's wegwerfen"[3]. Und hier bedeutet das mit „dumm" übersetzte Wort buchstäblich „töricht". Der Mist ist das Leben. Wer sich einbildet, daß nichts weiter nötig ist, als gefühlsmäßig an die Evangelien zu glauben, ist „töricht". Er ist wie der „törichte" Mensch, der sein Haus auf Sand baute, im Gegensatz zum „klugen" Mann, der als φρόνιμος bezeichnet wird und sein Haus auf den Fels baute – das heißt, an sich selbst arbeitete –, und „es fiel nicht, denn es war auf Felsen gegründet"[4]. Das bedeutet, daß dieser Mensch φρόνιμος war, weil er sein Leben auf die bleibende Lehre innerer Entwicklung gründete, die das *Wort* in den Evangelien genannt wird, und weil er bestrebt war, sich selbst in dieser Richtung zu entwickeln, sein eigenes Haus, das Haus seines Wesens, auf diese Grundlage zu stellen. *Er tat das Wort;* er handelte danach. Er wendete das, was er verstanden hatte, auf sein eigenes Leben an. Damit gründete er sich auf den Fels der Wahrheit und nicht auf den veränderlichen Sand des Lebens.

Wir wollen hierauf hin das Gleichnis der zehn Jungfrauen betrachten, von denen fünf klug, φρόνιμος, und fünf töricht oder albern waren. Das Gleichnis behandelt die Erreichung jener höheren Ebene durch innere Entwicklung, die hier unmittelbar als „Himmelreich" bezeichnet wird.

„Dann wird das Himmelreich gleich sein zehn Jungfrauen, die ihre Lampen nahmen und gingen aus, dem Bräutigam entgegen. Aber fünf unter ihnen waren töricht, und fünf waren klug. Die

---
[3]) Luk. 14, 34—35.
[4]) Matth. 7, 25.

törichten nahmen ihre Lampen; aber sie nahmen nicht Öl mit sich. Die klugen aber nahmen Öl in ihren Gefäßen samt ihren Lampen. Da nun der Bräutigam säumte, wurden sie alle schläfrig und entschliefen. Zur Mitternacht aber ward ein Geschrei: Siehe, der Bräutigam kommt, gehet aus, ihm entgegen! Da stunden diese Jungfrauen alle auf und schmückten ihre Lampen. Die törichten aber sprachen zu den klugen: Gebt uns von eurem Öle, denn unsere Lampen verlöschen. Da antworteten die klugen und sprachen: Nicht also, auf daß nicht uns und euch gebreche; gehet aber hin zu den Krämern und kaufet für euch selbst. Und da sie hingingen zu kaufen, kam der Bräutigam; und welche bereit waren, gingen mit ihm hinein zur Hochzeit; und die Tür ward verschlossen. Zuletzt kamen auch die andern Jungfrauen und sprachen: Herr, Herr tu uns auf! Er antwortete aber und sprach: Wahrlich, ich sage euch: Ich kenne euer nicht. Darum wachet; denn ihr wisset weder Tag noch Stunde, in welcher des Menschen Sohn kommen wird" [5]).

Die klugen Jungfrauen unterscheiden sich von den törichten dadurch, daß sie Öl in ihren Lampen haben. Beachtenswert ist, daß sie sich weigern, den andern von ihrem Öl abzugeben, ihnen vielmehr raten, hinzugehen und es im Laden zu kaufen. Alle hatten Lampen, doch nur die Hälfte hatte Öl in ihnen, und diese werden „gescheit" oder „nicht albern" genannt. Sie sind praktisch klug. Sie erfaßten, was nötig war, um die höhere Ebene zu erreichen, die hier der „Bräutigam" genannt wird. Was bedeutet es, daß sie Öl hatten? Sie sind Menschen, die in bezug auf Christi Lehre etwas verstanden haben, was die anderen nicht verstanden haben, und das ist hier das Öl in ihren Lampen. Das Gleichnis muß völlig seiner buchstäblichen Bedeutung entkleidet werden. Eine Lampe ist dazu da, Licht zu geben. Aber psychologisch gesehen bedeutet das, daß sie Licht verbreiten kann, aber nicht im physikalischen, sondern in dem Sinn, in dem „Licht" in den Evangelien gebraucht wird – Licht, das in der Finsternis des Geistes leuchtet, Licht des neuen Verstehens, das vom

---

[5]) Matth. 25, 1—13.

Wort ausstrahlt. Christus kam, um den Menschen, die auf Erden in Finsternis wandeln, Licht zu bringen. Sie leben im Licht der Sonne, doch hier handelt es sich um Finsternis in bezug auf das andere Licht, das vom „Verstehen" ausgeht. Christus nannte sich selbst das Licht der Welt. Er meinte jenes andere Licht, das den Geist erhellen und Verständnis vermitteln kann. Solange ein Mensch nur durch seine Sinne lebt und den Ablauf des Lebens, wie er sich im Licht der Sonne darstellt, als sein einziges Ziel auffaßt, wandelt er in Finsternis. Johannes sagt: „Das Licht scheinet in der Finsternis, und die Finsternis hat's nicht begriffen!" [6]). Die niedere Ebene versteht die höhere nicht. Sobald ein Mensch gewahr wird, daß er innerlich unvollkommen und verloren ist und daß der gesamte Sinn seines Daseins einer Wandlung, einer inneren Entwicklung, unterzogen werden muß, sobald er ein neues Verständnis für sich selbst und seine Aufgabe gewinnt, beginnt er auch schon dieses Licht, das ist die wahre Bedeutung seiner Menschwerdung, zu sehen. Das *Wort* handelt von diesem wahren Sinn, diesem Licht. Christus lehrte das *Wort,* und so ist er das Licht. Das *Wort* ist die Lehre über den Weg, der zu einer neuen Ebene führt, auf der dieses Licht leuchtet, eine Ebene, die höher ist als die des Menschen, aber gleichzeitig *in ihm selbst* liegt. Da das Himmelreich im Menschen selbst liegt, kann er nur innerlich mit ihm in Berührung kommen. Der *Weg* liegt in ihm selbst, nicht außerhalb. Er kann das Aufblitzen eines anderen Bewußtseins erfahren; er kann Augenblicke haben, in denen alles einen völlig neuen Sinn bekommt, die ihm zeigen, daß in ihm eine höhere Ebene vorhanden ist. Das ist ein Aufleuchten dieses Lichts. Um jedoch dauernd auf dieser Ebene bleiben zu können, muß der Mensch das *Wort* empfangen, und zwar muß es ihn erst von außen her durch die Sinne gelehrt werden. Er muß es hören: das will aber nicht heißen, es nur äußerlich zu hören, er muß vielmehr anfangen, es zu verstehen, es mit dem Geist zu hören, darüber nachzudenken, seiner Bedeutung nachzusinnen, es in sein inneres Bewußtsein aufzunehmen und sich selbst im Lichte dessen, was es lehrt, zu betrachten. Denn der Geist

---
[6]) Joh. 1, 5.

des Menschen muß langsam vorbereitet werden, wenn er sich wandeln soll; die höhere Ebene ist anders als die niedere Ebene, daher sind auch die Gedanken, die der niederen Ebene angehören, nicht derselben Art wie die der höheren. Etwas Neues muß sich im menschlichen Geist bilden, um „Licht" empfangen zu können – er muß schrittweise dahin gelangen, „in neuer Weise zu denken" (oder „Buße zu tun", wie so fälschlich übersetzt worden ist). Aus dieser schrittweisen Wandlung des Denkens entsteht die *Lampe* in ihm. Sie bildet sich durch die Lehre des *Wortes*. Aber die Lampe allein genügt nicht. Sie allein kann kein Licht geben; aber sie ist notwendig als erste Stufe der inneren Entwicklung. Die zweite Stufe im Gleichnis ist erreicht, wenn man *Öl* in seiner Lampe hat. Das heißt, daß der Mensch das Gewußte und als neue Wahrheit Erkannte auf sich selbst anwendet. Christus sagt: „Darum, wer diese meine Rede hört und *tut* sie, den vergleiche ich einem *klugen* Mann, der sein Haus auf einen Felsen baute... und wer diese meine Rede hört und tut sie nicht, der ist einem *törichten* Mann gleich, der sein Haus auf den Sand baute"[7]. Hier erscheinen die beiden Worte: *klug* und *töricht* im gleichen Sinn wie im Gleichnis der klugen und törichten Jungfrauen. Innerlich nach der Lehre Christi handeln, anfangen nach ihr zu leben, aus dem Verständnis für ihren Sinn heraus arbeiten, sie benutzen und praktisch auf sich selbst anwenden – das bedeutet *klug* sein. Das heißt, das *Wort* verständnisvoll anwenden. Das heißt, praktisch vernünftig sein. Und dadurch versorgt man seine eigene Lampe mit Öl.

Nun geschieht es, daß Leute die Wahrheit dieser höheren Art annehmen und doch weiterhin lediglich von der Ebene des Lebens aus handeln. Innerlich gehorchen sie nicht der neuen Wahrheit, dem neuen Wissen, das sie gelernt haben und das von einer höheren Ebene stammt; sie fahren vielmehr fort, dem Leben und seinen Werten zu dienen, sobald es darauf ankommt. Sie haben Lampen, aber kein Öl. Sie werden die *Törichten* genannt, die hingehen und Öl von den Krämern kaufen müssen. Das will sagen, daß sie fort-

---

[7] Matth. 7, 24—26.

fahren müssen, sich mit der Art Öl zu versorgen, die aus verdienstlichen Taten des Lebens, der einzigen von ihnen geschätzten Art des Guten, gewonnen wird. „Die Krämer" sind jene, die einem sagen, was verdienstvoll ist, was sich am meisten bezahlt macht. Um des Verdienstes und Lohnes willen zu handeln, bringt eine Art Öl. Wenn man von der Lehre des Wortes und seiner innerlich verstandenen Bedeutung aus handelt, so bedeutet das, von einer höheren Ebene aus als der des Lebens zu handeln, und nichts im äußeren Leben wird einen dafür belohnen. Die törichten Jungfrauen mit Lampen, aber ohne Öl, sind die, die verstandesmäßig auf einer Ebene der Wahrheit und des Wissens stehen – einer höheren Ebene –, die aber *leben* und *handeln* entsprechend einer anderen Ebene. Sie wissen etwas; aber sie leben und handeln nicht danach. Es liegt in der Natur der Sache, daß sie sich dadurch selbst vom Himmelreich ausschließen – das heißt von der Erreichung dieser für den Menschen möglichen höheren Ebene, dem wahren Sinn seines Lebens. Es ist nicht so, als sei die Tür gegen sie verschlossen. Die Tür ist nicht verschlossen; sie selbst schließen die Tür gegen sich. Die Art Öl, die sie durch „Verkaufen und Kaufen" erhalten, das Öl des Verdienstes, ist nicht die Art Öl, die den Zugang zu einer anderen Ebene im Menschen eröffnet. Deshalb wird von ihnen gesagt, daß sie „unverständig" seien. Sie sind unverständig, weil sie nicht einsehen, daß sie selbst es sind und die von ihnen dargestellte Art Mensch, an die sich die Lehre Christi wendet. Es genügt nicht, daß sie dem *Wort* folgend in neuer Weise denken; sie müssen eine ganz andere Art Mensch werden. Es mag sein, daß sie die Wahrheit einer höheren Ebene wissen, ja auch glauben, und doch leben sie auf einer anderen Ebene und beziehen die Wahrheit nicht auf sich selbst. Da liegt ihre Schwierigkeit: ihr tatsächliches Verhalten wird nicht von ihrem Wissen gelenkt. Sie wissen etwas, aber sie wollen etwas anderes. Im Gleichnis sind die klugen Jungfrauen diejenigen, die aus innerem Verstehen der empfangenen Lehren tatsächlich zu handeln suchen; die das *Gute* in dem, was sie gehört haben, aus eigenen freien Stücken auf sich selbst anzuwenden und auszuüben suchen. Die Tö-

richten andererseits fahren fort, obwohl sie die Lehre kennen, das Gute vom Leben selbst zu erwarten, durch Belohnung und Ansehen, dadurch, die ersten zu sein, höhere und höhere Stellungen einzunehmen, moralisch besser zu sein als die anderen; dadurch, daß man gut von ihnen denkt, daß sie äußerlich den Gesetzen und ihrer gesellschaftlichen Lage entsprechend handeln, während sie doch innerlich völlig anders sind und nur durch Furcht in Schranken gehalten werden. Das ist das einzige „Gute", das sie kennen, und daher müssen sie ihm folgen. Und da es sich bei der ganzen Frage darum dreht, was ein Mensch als das Gute ansieht, wird den törichten Jungfrauen gesagt, sich dem zuzuwenden, was sie für das Gute halten, um wenigstens diese Art Öl zu bekommen, denn das ist alles, was sie tun können. Sie werden aufgefordert, zu denen zu gehen, die dieses Gute kaufen und verkaufen. Die törichten Jungfrauen kommen wieder. Aber selbst jetzt finden sie sich ausgeschlossen, und ihnen wird gesagt: „Wahrlich, ich sage euch: Ich kenne euer nicht". Sie haben keine Vorstellung davon, wie man aus einem jenseits der irdischen Vorstellung und jenseits von Belohnung in diesem Leben liegenden Begriff des Guten handeln kann, lediglich um des Guten willen, das man im Lichte einer höheren Lehre über Wahrheit und Güte erkannt hat. So schließen sie sich selbst aus, weil sie zwei verschiedene Ebenen des Wissens – gleich zwei verschiedenen Ebenen des Guten – miteinander vermengen. Wenn man dem Begriff des „Guten" in den Evangelien genau nachgeht, wird man erfassen, was gemeint ist. Die Lehre über den höheren Menschen auf die Ebene, auf der man steht, herniederziehen, dem Begriff des „Guten" vom Standpunkte des Lebens und seiner Belohnungen, seiner Verdienste, seiner Werte, seinem Bestehen auf Ansehen und äußere Erscheinung und so weiter folgen – das heißt sich selbst vom Himmelreich ausschließen; denn wer sich auf die Ebene des „Himmelreichs" hinbewegt, tut das Gute ohne Anspruch auf Lohn im Leben, vielmehr aus seiner inneren Anschauung des Guten im Lichte der Wahrheit des ihn gelehrten *Wortes*. Und es hat keinen Zweck – für niemanden unter uns – vorzugeben, wir kennten bereits diese Art des Gu-

ten und handelten danach. Wir handeln vom Leben und seiner Vorstellung des Guten aus, wenn wir auch noch soviel wissen.

Will man ein Christ sein, muß man wollen, was Christus lehrte, und danach tun. Wenn man das „Gute" in dem, was einen gelehrt ist, nicht erkennt, wird man nicht danach handeln. Ganz gleich, wieviel Wissen einem vermittelt ist und wieviel Wahrheit es enthält, man wird nicht danach handeln, wenn man nicht durch eigenes inneres Verstehen erkennt, daß es begehrenswert und gut ist, und anfängt, dieses Gute wirklich zu wollen. Wesentlich für den Menschen ist nicht allein, zu verstehen, sondern das Verstandene zu wollen; dann tut er es und dann ist er ein vollentwickelter Mensch. Das *Wort* – das ist die psychologische Lehre der Evangelien – führt zu einer Veränderung des Menschen, erst im *Denken,* dann im *Wesen,* so daß er ein Neuer Mensch wird. Lediglich zu wissen vom *Wort,* und sein Öl – sein Gutes – aus den Vorteilen, Kämpfen und Verdiensten des Lebens zu bereiten, bedeutet nicht, das Öl zu haben, das zu der Lampe Christi nötig ist. Nach dem *Wort* handeln, nach dieser Lehre über innere Entwicklung, über die höhere Stufe des Menschen, handeln, einige wenige Dinge im Sinne der Worte Christi tun, indem man erkennt, was sie bedeuten, und die Gedanken *lieben* und dadurch fähig werden, sie auch zu *wollen,* ohne jedes Begehren nach Lohn – das ist etwas anderes. Eine einzige Handlung, die getan wird, weil man etwas von der Wahrheit will, die zu der das *Wort* genannten Lehre gehört, wird den Menschen schon für einen Augenblick weit über seine gewöhnliche Ebene hinausheben. Bei einer solchen Handlung geht es nicht um einen Handel; man fragt nicht: „Wieviel?", man fragt nicht: „Was habe ich davon?" und man prahlt nicht hinterher damit. Eine solche Handlung, aus reinem Verständnis getan, aus der Erkenntnis ihrer Notwendigkeit und Wirklichkeit und damit des *Guten* in ihr, eine solche Handlung, getan aus innerem Wollen, kann etwas in Bewegung setzen, das bisher still und bewegungslos war. Der Keim beginnt zu leben. Der Mensch, als ein Samenkorn, das vom *Wort* befruchtet wird, beginnt zu erwachen. Licht fällt in seine Dunkelheit. Wahrheit ist eines, der Geist ein anderes – und der

Mensch muß wiedergeboren werden aus *Wasser* und *Geist,* ehe er ein Neuer Mensch werden kann. *Wasser* ist die Wahrheit, das Wissen und die Lehre über eine höhere Entwicklungsstufe; und *Geist* ist der Wille des Menschen, der sich diesem Wissen zuneigt und es sich zu eigen macht, indem er das Gute und Wertvolle im Wissen erkennt. Keine äußere Lehre, in welchem Ausmaß sie auch geboten wird, kann dieses Ergebnis haben. Der Mensch mag eine Lampe besitzen – aber nur durch eigenen innersten Willen, nur durch unbedingte Zustimmung und durch stillen Gehorsam gegen das Wissen, durch das die Lampe in ihm entstand, wird er das Öl für sie bereiten. Das ist der Punkt, an dem jeder frei ist. Das ist der Punkt, an dem jedem die innere Entscheidung freisteht, sich zu entwickeln oder nicht zu entwickeln.

VII

SIMON PETRUS

Simon Petrus ist einer der wenigen unter den Jüngern Christi, von dem die Evangelien Genaueres berichten. Sein Charakter ist klar umrissen, doch tritt das nur zutage, wenn man die innere Bedeutung des über ihn Gesagten versteht. Hierzu ist es nötig, etwas von der Sprache der Gleichnisse zu verstehen.

Petrus hieß ursprünglich Simon. Er und sein Bruder Andreas waren die ersten Jünger, die Christus berief. Ihre Berufung wird folgendermaßen geschildert:

> „Da er aber an dem Galiläischen Meer ging, sah er Simon und Andreas, seinen Bruder, daß sie ihre Netze ins Meer warfen; denn sie waren Fischer. Und Jesus sprach zu ihnen: Folget mir nach; ich will euch zu Menschenfischern machen. Alsobald verließen sie ihre Netze und folgten ihm nach"[1]).

Ich werde später von dem seltsamen Ausdruck „Menschenfischer" sprechen. Hier sei jedoch schon bemerkt, daß die Voraussage, sie würden zu Menschenfischern werden, im Lukas-Evangelium noch stärker hervortritt. Dort wird erzählt, daß die Fischer, nachdem sie die ganze Nacht auf dem Meer gearbeitet und nichts gefangen hatten, dem Gebot Christi an Simon folgend die Netze noch einmal auswarfen. „Und da sie das taten, beschlossen sie eine große Menge Fische, und ihr Netz zerriß." Und Jesus sprach nun zu Simon: „Fürchte dich nicht; denn von nun an wirst du Menschen fangen"[2]). Es ist deutlich, daß in der hier angewendeten Sprache zwischen „Fisch" und „Mensch" eine analoge Verbindung besteht.

Das nächste Ereignis, von dem Markus berichtet, ist Jesu Heilung der Schwiegermutter des Simon. Diese Begebenheit, die so, wie sie

---
1) Mark. 1, 16—18.
2) Luk. 5, 6. 10.

da steht, allzu geringfügig anmutet, hat eine tiefere Bedeutung:
„Und die Schwiegermutter Simons lag und hatte das Fieber; und alsbald sagten sie ihm (Jesus) von ihr: und er trat zu ihr und richtete sie auf und hielt sie bei der Hand; und das Fieber verließ sie, und sie diente ihnen" [3].

Alles, was in dem stark zusammengedrängten Bericht über die Lehre Christi wiedergegeben ist, hat einen besonderen Sinn. Es gibt keinen Satz, kein einziges Wort in den Evangelien, das nicht eine weit tiefere als die buchstäbliche Bedeutung hat. Man beachte, daß Christus „sie aufrichtete" – das heißt, sie lag danieder – und daß sie darauf „ihnen diente". Das hat seine eigene Bedeutung. „Daniederliegen" bedeutet in der Gleichnissprache soviel wie geistig hingestreckt sein, als ob man schliefe, und „aufstehen" soviel wie geistiges Erwachen. Wir können nun die Art des Fiebers erraten, unter der die Schwiegermutter des Petrus litt, und was es bedeutet, daß sie geheilt wurde und die Lehre Christi anzunehmen begann. Die Begebenheit hat jedoch eine noch weitere, tiefere Bedeutung, die mit der Schwiegermutter selbst nichts mehr zu tun hat; denn Mutter, Vater, Schwiegermutter, Schwiegervater, Ehefrauen und Ehemänner, Brüder und Schwestern und so weiter zeigen, *psychologisch* gesehen, verschiedene Seiten im Menschen selbst an, verschiedene Gemütszustände, verschiedene innere Beziehungen des *eigenen Ichs zu sich selbst*, zu den verschiedenen Ebenen in sich selbst. Genau so kann ein neugeborenes Baby oder ein kleines Kind in der Gleichnissprache einen neuen wertvollen Aufbruch im Menschen darstellen, zum Beispiel ein neues Verstehen, neues Fühlen oder neue Denkweise – etwas, was gerade beginnt, sich in ihm zu entfalten, und das nicht verletzt und nicht geschädigt werden darf. Man erinnere sich, daß die Sprache der Gleichnisse sich auf Gegenstände, auf körperhafte Dinge in der natürlichen, sichtbaren Welt der Sinne stützt, aber daß ihre Bedeutung jenseits von Gegenständen und Dingen liegt, die die *psychologische Bedeutung* – das heißt die über der wörtlichen Ebene liegende Bedeutung – lediglich widerspiegeln.

---
[3] Mark. 1, 30—31.

Im Evangelium des Markus wird erzählt, daß Jesus die zwölf Jünger zu sich rief und „gab Simon den Namen Petrus"[4]). Petrus, im Griechischen πέτρος, ist Fels oder Stein. Im Matthäus-Evangelium wird die Namensgebung genauer beschrieben. Simon hat Christus als „Sohn des lebendigen Gottes" erkannt, und Christus sagt zu ihm:
„Du bist Petrus, und auf diesen Felsen will ich bauen meine Gemeinde, und die Pforten der Hölle sollen sie nicht überwältigen. Und ich will dir des Himmelreichs Schlüssel geben"[5]).
Die Schlüssel des Himmelreichs werden Petrus versprochen, und das bedeutet, daß er die Lehre zu verstehen vermochte, die Christus der Menschheit auf Erden brachte, die Lehre über eine mögliche innere Entwicklung des Menschen zu einem inneren Zustand, der *Himmel* im Unterschied zu *Erde* genannt wird. Doch vorerst vermag Petrus das nur mit dem Verstand zu tun, denn *Fels* oder *Stein* weist immer nur auf *Wissen* — das Wissen um die Wahrheit, die Christus lehrte. Seine geistigen Fähigkeiten reichen aus; aber bisher ruht sein Glaube an Christus noch auf *der Gegenwart Christi* und wurzelt nicht in ihm selbst. In diesem Sinne ist er der zweiten Gruppe im Gleichnis vom Sämann vergleichbar, wo der Samen, „der auf das Steinige gesäet ist"[6]), als ein Mensch zu deuten ist, der das Wort vom Himmelreich — die Lehre einer möglichen inneren Entwicklung des Menschen — mit Freuden aufnimmt, aber keine *Wurzeln in sich hat*, so daß er strauchelt, wenn Trübsal und Verfolgung sich erheben. Er nimmt das *Wort* rein verstandesmäßig auf — daher der Hinweis auf steinigen Grund. Er nimmt es als Wissen auf. Das kommt auch darin zum Ausdruck, daß Petrus Christus verleugnet, als er sieht, daß dieser, den er für einen König und Gründer eines irdischen Königreichs gehalten hatte, zur Kreuzigung geführt wird. Petrus wird stets als leidenschaftlich, gewaltsam und in seinem Gefühlsleben unentwickelt gezeigt. Mit dem Gefühl konnte er die Lehre noch nicht verstehen, obwohl er sie mit dem Verstand offenbar erfaßt hatte. Man muß ihn sich als einen heißblütigen, begeisterten

[4]) Mark. 3, 16.
[5]) Matth. 16, 18—19.
[6]) Matth. 13, 20.

Mann vorstellen, der allem begierig zuhörte, was Christus im engeren Kreise seiner Jünger lehrte, und behielt, was gesagt wurde – unduldsam gegen andere und mit seinem ganzen Gefühl an den *tatsächlich sichtbaren Christus* gebunden. Er glaubte sich einer unverbrüchlichen Treue zur Person Christi fähig. Er ergriff seine Lehre auf einer bestimmten Ebene, konnte jedoch nicht so tief in sie eindringen wie wahrscheinlich einige der anderen Jünger. Voreilig, schnell, mit glänzendem Verstand begabt, heftig, voll Eigenliebe, war er ein Mensch, den Christus für fähig hielt, nach schwerem Leiden die Lehre dann auch *von sich aus* zu ergreifen. Christus sah ihn als einen Menschen, der gegenwärtig noch keine *Wurzeln in sich selbst* hatte, wohl aber fähig war, tiefe Wurzeln in sich zu entwickeln, sofern seine Natur den ihr nötigen Erschütterungen ausgesetzt würde. Und die Erschütterung der Kreuzigung war die denkbar größte Erschütterung für ihn – und für die Jünger im allgemeinen. Man stelle sich nur vor, was sie gefühlt haben müssen, als sie Christus zu dem gemeinsten, nur Verbrechern bestimmten Tode geführt sahen! Wie viele der Schüler Christi müssen gedacht haben, die Lehre, die sie gehört hatten, könne keine wirkliche Wahrheit oder Bedeutung besitzen, wenn ein solches Schicksal den Verkünder erwarte. Da Petrus die Lehre unabhängig von der *Person* des Lehrers nicht würdigen konnte – und das besagt, daß er *keine Wurzeln in sich selbst* hatte, sondern äußerlich abhängig war –, hält Christus ihm seine Unfähigkeit, unabhängig vom Lehrer an der Lehre festzuhalten, vor. Das geschieht, als Christus seinen Tod voraussagt:

„Von der Zeit an fing Jesus an, und zeigte seinen Jüngern, wie er müßte hin nach Jerusalem gehen und viel leiden von den Ältesten und Hohenpriestern und Schriftgelehrten und getötet werden und am dritten Tage auferstehen. Und Petrus nahm ihn zu sich, fuhr ihn an und sprach: Herr, schone dein selbst; das widerfahre dir nur nicht! Aber er wandte sich um und sprach zu Petrus: Mach' dich, Satan, hinter mich! du bist mir ärgerlich; denn du meinst nicht, was göttlich, sondern was menschlich ist" [7]).

---

[7]) Matth. 16, 21—23.

Dabei muß man im Auge behalten, daß alle diese Begebenheiten sich auf Petrus als eine bestimmte Art Mensch beziehen und von da her ihre Bedeutung bekommen. In gewisser Weise war er wie Nikodemus, der nur durch die Wunder, die er sah, glauben konnte, und zu dem Jesus sagte, daß es sich ausschließlich um *innere* Wiedergeburt handele und nicht um etwas, was durch die Sinne bestätigt werden könne. Es ist richtig, daß Petrus ein größeres Format als Nikodemus hatte, doch sagt Jesus ihm ausdrücklich, er habe *keinen wirklichen Glauben:*

„Simon, Simon, siehe, der Satanas hat euer begehrt, daß er euch möchte sichten wie den Weizen; ich aber habe für dich gebeten, daß dein Glaube nicht aufhöre. Und wenn du dermaleinst dich bekehrst, so stärke deine Brüder. Er sprach aber zu ihm: Herr, ich bin bereit, mit dir ins Gefängnis und in den Tod zu gehen. Er aber sprach: Petrus, ich sage dir, der Hahn wird heute nicht krähen, ehe denn du dreimal verleugnet hast, daß du mich kennst" [8]).

Im Johannes-Evangelium wird die Begebenheit etwas anders dargestellt:

„Spricht Simon Petrus zu ihm: Herr, wo gehst du hin? Jesus antwortet ihm: Wo ich hingehe, kannst du mir diesmal nicht folgen; aber du wirst mir nachmals folgen. Petrus spricht zu ihm: Herr, warum kann ich dir diesmal nicht folgen? Ich will mein Leben für dich lassen. Jesus antwortet ihm: Solltest du dein Leben für mich lassen? Wahrlich, wahrlich, ich sage dir: Der Hahn wird nicht krähen, bis du mich dreimal habest verleugnet" [9]).

Hier sagt Christus die Wandlung, die sich in Petrus vollziehen wird, mit den Worten voraus: „du wirst mir nachmals folgen". Der Hahn bedeutet Erwachen, und *dreimal* bedeutet Verleugnung in vollstem Ausmaß. Petrus konnte nicht erwachen, ehe nicht sein eigenes Selbstgefühl gegenüber Christus vernichtet war. Erst als ihm klar wurde, daß er fähig war, Christus vollständig zu verleugnen,

---
[8]) Luk. 22, 31—34.
[9]) Joh. 13, 36—38.

wachte er auf. Da krähte der Hahn. Im Evangelium des Lukas wird gesagt, daß Petrus *bitterlich weinte*, als der Hahn krähte: und Jesus wandte sich zu ihm und „sah Petrus an". Dieser weinte, weil er die Lehre Christi in diesem Augenblick gefühlsmäßig erfaßte. Er sah sich selbst im Licht der Lehre, die ihn gelehrt worden war. Er sah die Kluft zwischen dem, was er wußte, und dem, was er war. Statt nur zu wissen, fing er an zu *verstehen*. Bis dahin glaubte Petrus nur durch Christus. Und solange ein Mensch nur durch einen anderen Menschen glaubt, hat er nicht den *wahren* Glauben, denn er glaubt durch seine Sinne und nicht durch sein inneres Verstehen – das heißt die Wurzeln liegen nicht *in ihm selbst*. Wenn die Dinge schlecht gehen, hört er auf zu glauben. Und ein Mensch, der glaubt wie Petrus vor seiner Erneuerung, kann nur andere am Glauben hindern. Leidenschaftlich und gewaltsam an jemanden zu glauben, hält andere vom Verstehen ab. Ein solcher Mensch benutzt seine Wahrheit, sein Wissen um die Wahrheit, gewaltsam und schneidet damit, sozusagen, das Verstehen anderer Menschen ab. Der Grund ist, daß sein Gefühlszustand, nur auf Wahrheit und Wissen beruhend, falsch ist. Er ist Parteigänger. Er hat keine Geduld. Das ist die Bedeutung der Begebenheit, in der Petrus dem Knecht des Hohenpriesters das Ohr abhaut:

„Da hatte Simon Petrus ein Schwert und zog es aus und schlug nach des Hohenpriesters Knecht, und hieb ihm sein rechtes Ohr ab... Da sprach Jesus zu Petrus: Stecke dein Schwert in die Scheide!"[10])

In einem anderen Evangelium heißt es von Christus: „Und er rührte sein Ohr an und heilte ihn"[11]). *Schwert* bedeutet die kämpfende Wahrheit, und *Ohr* wird in den Evangelien immer für gefühlsmäßiges Verstehen gebraucht, so in: „Selig sind eure Ohren, daß sie hören"[12]), wo auch „Ohren", psychologisch gesehen, die Fähigkeit des Hörens durch das Gefühl bedeuten. Jesus rügte Petrus und forderte ihn auf, sein Schwert einzustecken, und heilte das Ohr

---
[10]) Joh. 18, 10—11.
[11]) Luk. 22, 51.
[12]) Matth. 13, 16.

des Knechtes. All das hat eine Bedeutung, die von der wörtlichen, auf *den Sinnen fußenden* völlig verschieden ist; um solche Dinge verstehen zu können, muß man sich völlig von der geschichtlichen Erzählung und dem tatsächlichen Bild der in der Beschreibung dargelegten Ereignisse abwenden. Die geschichtliche Erzählung ist dazu da, einen psychologischen Vorgang darzustellen, nicht andersherum. *Hinter dem ganzen Drama Christi steht ein anderer Sinn,* und die geschichtliche Erzählung ist der psychologischen Bedeutung angepaßt. Es ist jedoch auf lange hinaus sehr schwierig, von dem wörtlichen, natürlichen Sinn solcher Berichte ganz abzusehen und sich eine andere Ebene des Verstehens zu eröffnen.

Petrus ist der gewalttätige Mensch des Wissens, hier der Mensch, den die Wahrheit über die mögliche innere Entwicklung des Menschen gelehrt worden ist, und der diese Lehre nur als Wissen aufnimmt und logische Folgerungen aus ihr zieht. Es gibt aber nichts Erbarmungsloseres als die rein verstandesmäßige Betrachtung der Wahrheit. Alle Verfolgungen in der Kirche entstammen der *Wahrheit allein,* irgendeiner umstrittenen Einzelheit des Wissens. Wenn ein Mensch vom Verstand aus denkt, denkt er folgerichtig; Denken vom Gefühl her ist psychologisch. Der Mensch, der nur folgerichtig denkt, kennt kein Erbarmen, denn ihm fehlt das Verständnis. Er ist der Mensch des Dogmas. In der Wissenschaft ist er derjenige, der seine Wissenschaft zum Mord verwendet. Man denke daran, daß Christus die Liebe zu Gott und die Liebe zum Nächsten als den Inbegriff seiner Lehre hinstellte:

„,Du sollst lieben Gott, deinen Herrn, von ganzem Herzen, von ganzer Seele und von ganzem Gemüte.' Dies ist das vornehmste und größte Gebot. Das andere aber ist ihm gleich: ,Du sollst deinen Nächsten lieben wie dich selbst.' In diesen zwei Geboten hanget das ganze Gesetz und die Propheten"[13]).

Petrus, ein Mann des Wissens, dessen Gefühlsleben noch nicht erwacht war, konnte nicht vergeben. Erst durch Entwicklung des Gefühlslebens wird Vergebung möglich. Erst dann kann man die

---
[13]) Matth. 22, 37—40.

Schulden der andern streichen. Gefühlsentwicklung bedeutet eine Entwicklung über die Eigenliebe und alle ihre Eigeninteressen hinaus und führt zur „Nächstenliebe". Es entspricht ganz der Natur des Petrus, Christus zu fragen: „Herr, wie oft muß ich denn meinem Bruder, der an mir sündigt, vergeben? Ist's genug siebenmal?" Jesus antwortete ihm: „Ich sage dir, nicht siebenmal, sondern siebzigmal siebenmal"[14]). Nun wendet er sich mit diesem Gleichnis an Petrus:

„Darum ist das Himmelreich gleich einem Könige, der mit seinen Knechten rechnen wollte. Und als er anfing zu rechnen, kam einer vor, der war ihm zehntausend Pfund schuldig. Da er's nun nicht hatte, zu bezahlen, hieß der Herr verkaufen ihn und sein Weib und seine Kinder und alles, was er hatte, und bezahlen. Da fiel der Knecht nieder, und betete ihn an und sprach: Herr, habe Geduld mit mir, ich will dir's alles bezahlen. Da jammerte den Herrn des Knechtes, und er ließ ihn los, und die Schuld erließ er ihm auch. Da ging derselbe Knecht hinaus und fand einen seiner Mitknechte, der war ihm hundert Groschen schuldig; und er griff ihn an und würgte ihn und sprach: Bezahle mir, was du mir schuldig bist! Da fiel sein Mitknecht nieder, und bat ihn und sprach: Habe Geduld mit mir, ich will dir's alles bezahlen. Er wollte aber nicht, sondern ging hin, und warf ihn ins Gefängnis, bis daß er bezahlte, was er schuldig war. Da aber seine Mitknechte solches sahen, wurden sie sehr betrübt und kamen und brachten vor ihren Herrn alles, das sich begeben hatte. Da forderte ihn sein Herr vor sich und sprach zu ihm: Du Schalksknecht, alle diese Schuld habe ich dir erlassen, dieweil du mich batest; solltest du denn dich nicht auch erbarmen über deinen Mitknecht, wie ich mich über dich erbarmt habe? Und sein Herr ward zornig und überantwortete ihn den Peinigern, bis daß er bezahlte alles, was er ihm schuldig war. Also wird euch mein himmlischer Vater auch tun, so ihr nicht vergebet von eurem Herzen, ein jeglicher seinem Bruder seine Fehler"[15]).

---

[14]) Matth. 18, 21—22.
[15]) Matth. 18, 23—35.

Vergebung muß aus dem Herzen kommen. Sie entstammt dem Gefühl.

Wenn ein Mensch die Liebe innerer Güte besitzt, folgt er nicht einzig seiner Liebe zur Wahrheit. Der Mensch der Wahrheit ist mürrisch und düster. Er sieht alles vom Verstand her. Und wenn es nach der Wahrheit allein geht, werden wir alle gerichtet und alle verdammt. Nur Barmherzigkeit kann einen Ausweg finden, und diese Barmherzigkeit muß gegenüber den andern anfangen: „Vergib uns unsere Schulden, wie wir vergeben unsern Schuldigern"[16]), wie es im Gebet des Herrn heißt.

Petrus war vom Gefühl her ein heftiger Mensch. Seine Gefühle waren mechanische Gefühle. Mechanische Liebe und bewußte Liebe sind sehr voneinander verschieden. Im Leben lieben die Menschen mechanisch. Diese mechanische Liebe kann sich leicht in Haß verwandeln und damit in Verleugnung. Das kann bewußte Liebe nicht. Mechanische Liebe bringt Leiden: bewußte Liebe heilt. Die Liebe des Petrus zu Christus war mechanische Liebe, nicht bewußte Liebe. Deshalb versuchte Christus, ihm die Natur der Liebe klarzumachen. In der Stelle, die ich gleich anführe, werden im Griechischen zwei verschiedene Worte gebraucht, um die verschiedenen Arten der Liebe, mechanische Liebe und bewußte Liebe, kenntlich zu machen; in der Übersetzung wird kein Unterschied gemacht, und das Wort „lieben" dient für beide Arten, für das griechische φιλέω und das griechische ἀγαπάω. In seinen Worten an Petrus braucht Christus zweimal das Wort ἀγαπάω, das bewußte Liebe darstellt; Petrus jedoch gebraucht das Wort φιλέω, das gewöhnliche, mechanische Liebe bezeichnet. Ich werde den Unterschied verdeutlichen, indem ich die Übersetzung entsprechend abändere:

„Jesus spricht zu Simon Petrus: Simon Jona, hast du mich (bewußt) lieber, denn mich diese haben? Er spricht zu ihm: Ja, Herr, du weißt, daß ich dich (mechanisch) liebhabe. Spricht er zu ihm: Weide meine Lämmer! Spricht er wieder zum andern Mal zu ihm: Simon Jona, hast du mich (bewußt) lieb? Er spricht zu ihm: Ja,

---
[16]) Matth. 6, 12.

Herr, du weißt, daß ich dich (mechanisch) liebhabe! Spricht er zu ihm: Weide meine Schafe! Spricht er zum dritten Mal zu ihm: Simon Jona, hast du mich (mechanisch) lieb? Petrus ward traurig, daß er zum dritten Mal zu ihm sagte: Hast du mich (mechanisch) lieb? Und sprach zu ihm: Herr, du weißt alle Dinge, du weißt, daß ich dich (mechanisch) liebhabe. Spricht Jesus zu ihm: Weide meine Schafe!"[17])

Petrus konnte nicht verstehen, was Christus meinte.

An früherer Stelle, im Matthäus-Evangelium, wird erzählt, wie Petrus auf dem Wasser wandelte und zu sinken begann. Die Jünger waren mit ihrem Schiff im Sturm und sahen Jesus über das Meer zu ihnen kommen und fürchteten sich.

„Aber alsbald redete Jesus mit ihnen und sprach: Seid getrost, ich bin's; fürchtet euch nicht! Petrus aber antwortete ihm und sprach: Herr, bist du es, so heiß mich zu dir kommen auf dem Wasser. Und er sprach: Komm her! Und Petrus trat aus dem Schiff und ging auf dem Wasser, daß er zu Jesu käme. Er sah aber, einen starken Wind; da erschrak er und hob an zu sinken, schrie und sprach: Herr, hilf mir! Jesus aber reckte alsbald die Hand aus und ergriff ihn und sprach zu ihm: O du Kleingläubiger, warum zweifeltest du?"[18])

Diese Stelle in ihrem tieferen Sinn zeigt deutlich, daß Petrus wenig oder keinen Glauben hatte. Wahrer Glaube entspringt aus der innerlichen Erkenntnis einer bestimmten Wahrheit, unabhängig von jeder Bestätigung durch die äußeren Sinne. Petrus glaubte durch die sichtbare Person Christi und nicht aus sich selbst heraus. Die Lehre, die Christus ihm brachte, war noch nicht losgelöst von dem sichtbaren Christus, dem er mit solch leidenschaftlicher Treue anhing, und daher hatte sie *in ihm* noch nicht die Ebene erreicht, die in den Evangelien *Glaube* genannt wird. Wahrer Glaube bedeutet nicht blinde Überzeugung, sondern die eigene Erkenntnis einer bestimmten Wahrheit. Glaube wird nicht durch sinnliche Eindrücke gewonnen. Die

---
[17]) Joh. 21, 15—17.
[18]) Matth. 14, 27—31.

Art Wahrheit, die Petrus besaß, war nicht stark genug, ihn zu stützen, denn ihr Ursprung lag nicht in ihm selbst, sondern außerhalb seiner, in der Person seines Lehrers. So konnte ihn seine Wahrheit, die noch nicht den Rang wahren Glaubens hatte, nicht stützen. Wasser bezieht sich in der Gleichnissprache auf eine bestimmte Art von Wahrheit – nicht auf Wahrheit im allgemeinen oder die Quelle der Wahrheit. Moses schlug Wasser aus dem Felsen. Wasser ist Wahrheit über den Menschen, die Wahrheit von innerer Entwicklung oder Wiedergeburt. Als solches ist es jedoch nicht lebendig, nicht „lebendiges Wasser". Erst der *Glaube* macht diese Wahrheit lebendig, oder besser: macht sie zum Ausgangspunkt für einen von den Sinnen unabhängigen Glauben und läßt den Menschen an anderer Stelle, in einem anderen Teil seines Wesens wachsen – nicht in dem Teil, der den begrenzten äußeren Hilfsmitteln der Sinne untersteht. Wissen und Wahrheit in Petrus wurzelten noch an falscher Stelle. Er sah noch nicht ihre innere Bedeutung, da er seine Augen begierig an die Person Christi heftete – an den geliebten Christus, den er leibhaftig vor sich sah. Bei dem Versuch, sich dieser Art Wahrheit anzuvertrauen, mußte er versagen. Solche Wahrheit konnte ihn nicht *tragen*, es sei denn einen Augenblick, und deshalb wird ihm gesagt, er habe keinen Glauben. Er hatte die Bedeutung von all dem, was ihn gelehrt worden war, bisher noch nicht wirklich verstanden. Das kam erst später. Er versuchte auf der Grundlage seiner Wahrheit zu wandeln und mußte, da er sank, Christus um Hilfe anrufen. Die äußere Welt hatte mehr Macht über ihn als die innere; das heißt äußere Anschauung hatte mehr Macht als innere Anschauung. Darum konnte sein Glaube ihn nicht tragen. Kaum daß Schwierigkeiten auftauchten, daß sich ein Wind erhob und die Wogen rollten, verlor er ihn aus den Augen, und er hub an zu sinken. Und all das bedeutet, daß *innerlich* – in ihm selbst – das äußere Leben und die Lehre Christi noch vermengt, noch nicht voneinander geschieden waren. In der tieferen Sprache der Gleichnisse gibt es mancherlei Übergänge; wenn wir an die Bemerkung Christi denken, seine Lehre sei nicht von dieser Welt, so können wir jedenfalls erkennen, daß Petrus durch die

von Christus gelehrte Art der Wahrheit noch nicht fähig war, über die Wahrheit, die dem Leben angehört, hinauszugelangen.

Die Wandlung, die in der Gefühlsentwicklung des Petrus eintritt, wird in der letzten, ihn betreffenden Begebenheit nach der Auferstehung Christi deutlich. Es heißt da, daß Petrus zu den andern Jüngern sagte: „Ich will hin fischen gehen"[19]). Einige der andern Jünger gingen mit ihm; sie fischten die ganze Nacht, fingen aber nichts.

„Da es aber jetzt Morgen war, stand Jesus am Ufer; aber die Jünger wußten nicht, daß es Jesus war. Spricht Jesus zu ihnen: Kinder, habt ihr nichts zu essen? Sie antworteten ihm: Nein. Er aber sprach zu ihnen: Werfet das Netz zur Rechten des Schiffes, so werdet ihr finden. Da warfen sie und konnten's nicht mehr ziehen vor der Menge der Fische. Da spricht der Jünger, welchen Jesus liebhatte, zu Petrus: Es ist der Herr! Da Simon Petrus hörte, daß es der Herr war, gürtete er das Hemd um sich (denn er war nackt) und warf sich ins Meer. Die andern Jünger aber kamen auf dem Schiff (denn sie waren nicht ferne vom Lande, sondern bei zweihundert Ellen) und zogen das Netz mit den Fischen. Als sie nun austraten auf das Land, sahen sie Kohlen gelegt und Fische darauf und Brot. Spricht Jesus zu ihnen: Bringet her von den Fischen, die ihr jetzt gefangen habt! Simon Petrus stieg hinein und zog das Netz auf das Land voll großer Fische, hundertdreiundfünfzig. Und wiewohl ihrer so viel waren, zerriß doch das Netz nicht. Spricht Jesus zu ihnen: Kommt und haltet das Mahl! Niemand aber unter den Jüngern wagte, ihn zu fragen: Wer bist du? Denn sie wußten, daß es der Herr war. Da kommt Jesus und nimmt das Brot und gibt's ihnen, desgleichen auch die Fische"[20]).

Diese Begebenheit ist voller Gedanken. Hinter ihrer äußeren Form liegen viele Bedeutungen. Nimmt man sie buchstäblich, so sieht man nur eine Seite. Kann man annehmen, daß genau einhundertdreiundfünfzig Fische gefangen wurden? Kann man annehmen,

---
[19]) Joh. 21, 3.
[20]) Joh. 21, 4—13.

daß es wörtlich gemeint ist, wenn berichtet wird, daß Petrus nackt war und dann sein Hemd gürtete, ehe er sich in das Meer warf? Warum sollte eine so triviale und zugleich so sonderbare Einzelheit berichtet werden? Petrus hatte Christus verleugnet, indem er die Lehre nur äußerlich für wahr hielt, und war damit des wahren Glaubens entkleidet; deshalb wird er hier als nackt hingestellt. Die „Rüstung des Glaubens" – die schützende Hülle des Geistes, die den Menschen befähigt, klar jenseits der Sinneseindrücke zu denken, und unberührt von den Ereignissen der Welt zu leben, indem er an einer anderen Deutung des Lebens festhält – die fehlte ihm. Deshalb war Petrus nackt. Als er jedoch von Johannes hörte, daß Christus gegenwärtig sei, nahm er den Mantel des Glaubens, den er abgelegt hatte, und nahte sich Christus von neuem. Im ganzen gesehen bedeutet das, daß Petrus fähig wurde, Menschen zu fangen, nachdem ihm geholfen worden war. In der früheren Griechisch-Orphischen Religion findet sich ein ähnlicher Gedanke vom Menschen als einem Fisch, der gefangen und aus dem Meer gezogen wird. Von der Sonne zum Beispiel wird gesagt, daß sie nach Menschen fischt.

Hinter dem Auf und Ab der äußeren Religionsformen in der Welt hat es stets einen breiten, vollentwickelten Strom des Wissens gegeben, der immer der gleiche ist und bei dem es sich immer um die gleichen Dinge dreht – nämlich innere Belebung, inneres Wachstum und die Entwicklung des Menschen zu einer höheren Ebene in sich selbst. Daher tauchen auch die gleichen Gedanken in weit auseinanderliegenden geschichtlichen Zeiträumen auf, stets aus dieser Quelle stammend. So erscheint Jahrhunderte später in der Legende des Heiligen Gral (angeblich dem Gefäß, in dem Christi Blut von Josef von Arimathia aufgefangen wurde) der *Fischer-König*. Menschen aus dem Meer fangen, das heißt, sie aus der Knechtschaft der Natur befreien und ihnen zu der Erreichung einer höheren Bewußtseinsstufe verhelfen, auf der sie eine andere Art Wahrheit zu atmen lernen müssen. Petrus war zum Menschenfischer geworden. Er erfüllte die Vorhersage Christi: „Von nun an wirst du Menschen fangen"[21]).

---
[21]) Luk. 5, 10.

VIII

DAS GEBET

Einführung

In den Evangelien werden so viele Hinweise auf das Gebet gegeben, daß es von Nutzen ist, einige davon zusammenzustellen und zu untersuchen, was Christus über den Sinn des Gebets und die Bedingungen, die seine Erhörung ermöglichen, gelehrt hat. Das Gebet wendet sich an etwas Höheres, an etwas, was auf höherer Ebene steht als der Mensch selbst. Wir haben schon gesehen, daß die Sprache der Gleichnisse, wie sie in den Evangelien gebraucht wird, den geistigen Gehalt einer höheren Ebene auf eine niedere herabführt. Beten heißt, geistigen Gehalt von der niederen Ebene auf die höhere hinaufsenden. Das eine bedeutet, daß sich der Himmel der Erde mitteilt, und das andere ist der Versuch der Erde, sich dem Himmel mitzuteilen. Und da wir bereits gesehen haben, daß es schwierig ist, eine Verbindung des Höheren mit dem Niederen herzustellen, wird es uns nicht wundern, wenn wir finden, daß die Verbindung des Niederen mit dem Höheren ähnlich schwierig ist. Die beiden Ebenen berühren sich nicht.

Erinnern wir uns noch einmal daran, was die *Grundvorstellung über den Menschen* in den Evangelien ist: nämlich, daß er eine unfertige Schöpfung ist, ihm aber die Erreichung einer höheren Ebene durch eine bestimmte, vermittels eigener Anstrengung herbeizuführende Entwicklung möglich ist. Bei der ganzen Lehre handelt es sich darum, was geschehen muß, damit dies erreicht wird. So betrachtet, sind die Evangelien lediglich eine Reihe von Anweisungen, die eine mögliche und genau vorbestimmte psychologische Entwicklung, deren der Mensch fähig ist, betreffen, und zwar eine, die ihm, falls er sich ihre Erreichung zur Aufgabe setzt, die Augen öffnet und ihn

erkennen läßt, in welcher Richtung die tiefste Bedeutung seines Lebens liegt. Und auch das wollen wir uns ins Gedächtnis zurückrufen, daß die Erreichung dieser höheren, für den Menschen möglichen Ebene in den Evangelien *Himmel* oder *Himmelreich* genannt wird und dieses im Menschen selbst liegt, als eine Möglichkeit seiner eigenen inneren Entwicklung oder Wiedergeburt; und daß der Mensch auf der Ebene, auf der er steht, als unerwachtes Wesen, als unvollendeter Mensch, *Erde* genannt wird. Das sind die beiden Ebenen – die höhere und die niedere –, und ein gewaltiger Unterschied besteht zwischen ihnen, so gewaltig wie der Unterschied zwischen einem Samenkorn und einer Blume. Deswegen ist Verständigung zwischen diesen beiden Ebenen schwierig. Die Sendung Christi war es, die beiden Ebenen, die göttliche und die menschliche, in sich selbst zu überbrücken, zu verbinden und in Übereinstimmung zu bringen; davon wollen wir andernorts sprechen. Hier kann jedoch folgendes gesagt werden: wenn diese Verbindung nicht in bestimmten zeitlichen Zwischenräumen durch einige wenige vollzogen wird, hört jede Berührung mit der höheren Ebene auf, und der Mensch bleibt ohne irgendwelche Vorstellungen oder Lehren, die ihn emporzuheben vermöchten – das heißt, er bleibt seinen Instinkten, seinen Eigeninteressen, seiner Gewalttätigkeit und seinen tierischen Gelüsten verfangen und ermangelt jeden Einflusses, der ihn über die Ebene der Barbarei emporheben könnte.

Die Notwendigkeit der Beharrlichkeit im Gebet

Angesichts der Schwierigkeit, die niedere mit der höheren Ebene zu verbinden, kann man verstehen, daß eine unmittelbare Berührung mit *Gott* nicht so einfach ist, wie religiöse Menschen oft annehmen. Religiöse Menschen denken vielfach, daß sie mit der höheren Ebene, das heißt mit *Gott*, gerade so wie sie sind, in Berührung kommen könnten. Aber so, wie sie sind, geht das nicht; sie müssen erst anders werden, und das begreifen sie nicht. Sehen wir also zu, was

in den Evangelien über das Beten und insbesondere über die Notwendigkeit der *Beharrlichkeit* im Gebet geschrieben steht. Ein Jünger fragt Christus, wie man beten solle. Er sagt: „Herr, lehre uns beten, wie auch Johannes seine Jünger lehrte"[1]). (Übrigens gibt es keinen Bericht darüber, wie Johannes seine Jünger zu beten lehrte!) Christus antwortet ihm:

> „Wenn ihr betet, so sprecht: Unser Vater im Himmel, Dein Name werde geheiligt. Dein Reich komme. Dein Wille geschehe auf Erden wie im Himmel. Gib uns unser täglich Brot immerdar. Und vergib uns unsere Sünden; denn auch wir vergeben allen, die uns schuldig sind. Und führe uns nicht in Versuchung, sondern erlöse uns von dem Übel"[2]).

Man beachte, wie Christus fortfährt. Er sagt:

> „Welcher ist unter euch, der einen Freund hat und ginge zu ihm zu Mitternacht und spräche zu ihm: Lieber Freund, leihe mir drei Brote; denn es ist mein Freund zu mir kommen von der Straße, und ich habe nicht, was ich ihm vorlege; – und er drinnen würde antworten und sprechen: Mache mir keine Unruhe! Die Tür ist schon zugeschlossen, und meine Kindlein sind bei mir in der Kammer; ich kann nicht aufstehen und dir geben. Ich sage euch: und ob er nicht aufsteht, und gibt ihm, darum daß er sein Freund ist, so wird er doch um seiner Aufdringlichkeit willen aufstehen, und ihm geben, wieviel er bedarf"[3]).

Christus betont, daß Beharrlichkeit nötig sei und erläutert das durch eine Erzählung, die den Gedanken nahezulegen scheint, daß das Gebet an jemand gerichtet ist, der hört, aber nicht behelligt werden will, und nur durch genügende Beharrlichkeit gezwungen werden kann, etwas zu unternehmen. Und Christus weist darauf hin, daß nur durch Aufdringlichkeit Erhörung bewirkt wird. Das Wort, das hier mit Aufdringlichkeit übersetzt ist, bedeutet buchstäblich schamlose Frechheit. Derselbe Gedanke, nämlich, daß Gebete nicht leicht Erhörung finden, wird an anderer Stelle wie folgt ausgedrückt:

---

[1]) Luk. 11, 1.
[2]) Luk. 11, 2—4.
[3]) Luk. 11, 5—8.

„Er sagte ihnen aber ein Gleichnis davon, daß man allezeit beten und nicht laß werden solle, und sprach: Es war ein Richter in einer Stadt, der fürchtete sich nicht vor Gott und scheute sich vor keinem Menschen. Es war aber eine Witwe in derselbigen Stadt, die kam zu ihm und sprach: Rette mich von meinem Widersacher! Und er wollte lange nicht. Danach aber dachte er bei sich selbst: Ob ich mich schon vor Gott nicht fürchte noch vor keinem Menschen scheue, dieweil aber diese Witwe mir so viel Mühe macht, will ich sie retten, auf daß sie nicht immer wieder komme und mich erschöpfe"[4].

Eine Parallele wird hier gezogen zwischen der Witwe, die von einem Richter ihr Recht verlangt, der aber nur aus Zwang handelt, um sich selbst Unannehmlichkeiten zu ersparen, und einem Menschen, der zu Gott betet. Alles das bedeutet, daß Gebete nicht leicht erhört werden. Es gibt Widerstände. Hilfe ist nicht leicht zu erlangen. Christus fordert seine Jünger oftmals auf, ohne Unterlaß zu beten; er sagt ihnen jedoch nicht, daß Gebete leicht erhört werden. Es ist nicht einfach, von einer höheren Ebene eine Antwort auf Bitten zu erhalten, die von einer niederen Ebene stammen. Nur Beharrlichkeit und Anstrengung können die höhere Ebene zu einer Antwort veranlassen. Die Schwierigkeit wird mit der Schwierigkeit verglichen, einen im Bett liegenden Menschen zum Aufstehen zu veranlassen, oder einen weltlichen Richter dazu zu bringen, einer Witwe Recht widerfahren zu lassen. Christus lehrte, daß in bezug auf das Gebet und seine Erhörung durch Gewährung von Hilfe die Dinge genau so liegen wie im irdischen Leben, wie bei den Menschen, die unwillig sind, Hilfe zu leisten, wenn sie darum angegangen werden. Im Falle des Gebets jedoch handelt es sich nicht wirklich um Unwilligkeit, sondern um eine Schwierigkeit, die in der Natur der Dinge selbst begründet ist. Was niedriger ist, steht nicht in Berührung mit dem, was höher ist. Das muß klar verstanden werden: das Niedere steht nicht in unmittelbarer Berührung mit dem Höheren. Gott und Mensch befinden sich nicht auf derselben

---
[4] Luk. 18, 1—5.

Ebene. Die Grundauffassung der Evangelien von der unsichtbaren Seite des Weltalls, der geistigen Welt, besagt, daß es höhere und niedrigere Ebenen gibt, die deutlich voneinander unterschieden sind, und daß das, was oben ist, und das, was unten ist, in Rängen angeordnet ist, die *höher* oder *tiefer* liegen, das heißt also in verschiedenen Ebenen. Das Niedere ist nicht in unmittelbarer Berührung mit dem Höheren, wie das Erdgeschoß eines Hauses nicht in unmittelbarer Berührung mit dem Dachgeschoß steht. Und so gibt es viele Schwierigkeiten, das, was oben ist, zu erreichen, wodurch es dann scheint, als ob die höhere Ebene nicht willig wäre, der niederen zu antworten. Es handelt sich aber nicht um Widerwilligkeit; nur dem menschlichen Geist erscheint es so und wird deshalb von Christus in den obigen Vergleichen, die die Notwendigkeit starker Bemühungen zur Erhörung eines Gebets zeigen, in dieser Weise beschrieben. Es ist, als ob ein Mensch bei einem ernsthaften Gebet durch die Stärke seines Vorhabens etwas *in eine bestimmte Höhe* hinaufzuwerfen habe, ehe er erwarten kann, daß ihn jemand hört oder daß er eine Antwort bekommt; solange er die Höhe nicht erreicht, solange er die Bitte nicht richtig stellen, sie nicht auf eine genügend hohe Ebene hinaufwerfen kann, erscheint es ihm, als betete er vergeblich zu jemand, der widerwillig sei, irgend etwas zu tun. Und er wird kleinmütig. Er muß jedoch ausharren. Der Mensch muß auf seinem Gebet, auf seinem Ziel, auf seiner Bitte bestehen, er muß damit fortfahren, auch wenn er nicht erhört wird. Er muß *schamlose Frechheit* haben. Wie Christus sagt: „Man muß allzeit beten, und nicht laß werden"[5]. Dieser Ausdruck „nicht laß werden" bedeutet ursprünglich „sich nicht falsch verhalten". Man muß allzeit beten und sich gegenüber den vielen Schwierigkeiten, die mit dem Beten verbunden sind, nicht falsch verhalten.

---

[5] Luk. 18, 1.

Die Notwendigkeit der Aufrichtigkeit im Gebet

Christus spricht manchmal von der Haltung, aus der heraus ein Mensch betet. Nichts ist gewonnen, wenn die innere Haltung verkehrt ist, und deshalb muß der Mensch in sich hineinschauen und sehen, von welcher Seite seines Wesens er betet; denn vom Unaufrichtigen oder Falschen her ist keinerlei Verbindung mit der höheren Ebene möglich; nur was aufrichtig und echt in ihm ist, kann eine höhere Ebene berühren. Zum Beispiel hebt jede Spur von *Eitelkeit*, *Eigendünkel* oder *Anmaßung* die Verbindung mit der höheren Ebene auf. Deshalb wird so viel über die *Läuterung der Gefühle* in den Evangelien gesprochen; denn die größte Unlauterkeit im Menschen, auf die dauernd in den Gleichnissen und Reden Christi hingewiesen wird, entstammt den Gefühlen der Selbstgerechtigkeit, Selbstherrlichkeit, Verdienstlichkeit, Überlegenheit usw. Dies wird im folgenden Gleichnis gezeigt, das an „etliche, die sich selbst vermaßen, daß sie fromm wären, und verachteten die andern", gerichtet ist:

„Es gingen zwei Menschen hinauf in den Tempel, zu beten, einer ein Pharisäer, der andere ein Zöllner. Der Pharisäer stand und betete bei sich selbst also: Ich danke dir, Gott, daß ich nicht bin wie die andern Leute, Räuber, Ungerechte, Ehebrecher oder auch wie dieser Zöllner. Ich faste zweimal in der Woche, und gebe den Zehnten von allem, was ich habe. Und der Zöllner stand von ferne, wollte auch seine Augen nicht aufheben gen Himmel, sondern schlug an seine Brust und sprach: „Gott sei mir Sünder gnädig! Ich sage euch: Dieser ging hinab gerechtfertigt in sein Haus vor jenem. Denn wer sich selbst erhöht, der wird erniedrigt werden; und wer sich selbst erniedrigt, der wird erhöht werden"[6]).

Um zu beten – um in Berührung mit einer höheren Ebene zu gelangen – muß der Mensch seine *Nichtigkeit* gegenüber dem, was über ihm ist, kennen und fühlen. Aber er muß sie in Wahrheit er-

---
[6]) Luk. 18, 10–14.

kennen und nicht nur fühlen wie jemand, der zu den Sternen aufschaut, fühlt, wie klein die Erde ist. Dies bedeutet, seine Kleinheit durch physische Größe fühlen: der Mensch muß seine Kleinheit durch seelische Größe fühlen. Solange der Mensch nicht fühlt, daß er nichts ist, ist sein Gebet nutzlos, genau in dem gleichen praktischen Sinn, wie ein nasses Streichholz nutzlos ist. Die Reinheit des Herzens erlangt er in dem Umfange, wie er seine eigene Nichtigkeit, seine Unwissenheit und seine Hilflosigkeit fühlt. Und genau dieser Gedanke ist es, den Christus ausspricht, wenn er sagt, daß man die Dinge aus sich selbst heraus und nicht aus Eitelkeit tun solle:

„Und wenn du betest, sollst du nicht sein wie die Heuchler, die da gern stehen und beten in den Schulen und an den Ecken auf den Gassen, auf daß sie von den Leuten gesehen werden. Wahrlich, ich sage euch: Sie haben ihren Lohn dahin. Wenn aber du betest, so gehe in dein Kämmerlein und schließ die Tür zu, und bete zu deinem Vater im Verborgenen; und dein Vater, der in das Verborgene sieht, wird dir's vergelten" [7]).

„Geh in dein Kämmerlein und schließ die Tür zu" bedeutet, sich in das Haus seines Innern zurückziehen, in die innerste Kammer, und, die Türen gegen alles Äußere verschlossen, von jenem inneren Selbst aus zu beten, das nicht ein Diener der öffentlichen Meinung, keine gesellschaftliche Erfindung ist, das nicht nach Lohn, Erfolg und äußerer Lobpreisung strebt. Es bedeutet die Überwindung jeder Spur von Eitelkeit oder Eigendünkel. Allein *der innere Mensch* im Menschen kann Antwort auf sein Gebet erhalten und mit einer höheren Ebene in Verbindung treten. Die äußere, weltliche Seite des Menschen, der vorgegebene Mensch, kann nicht beten.

Alle diese und viele ähnliche Unterweisungen handeln davon, wie man *einer höheren Ebene eine Mitteilung zukommen lassen kann.* Sie sind praktische Anweisungen in der Methode der Übermittlung, der Telepathie, die nur durch *echte* Gefühle ermöglicht wird. Nur echte Gefühle können weitergeleitet werden; nur echte Gefühle sind telepathisch. Falsche Gefühle, die auf Eitelkeit und Dünkel fußen,

---
[7]) Matth. 6, 5—6.

sind der Übertragung unfähig. Nur das Gebet, das eine bestimmte Gütebeschaffenheit besitzt, kann erhört werden. Es muß bestimmte Bedingungen erfüllen, und eine davon ist, daß es aus einer absolut reinen und echten Gefühlsregung stammt, sonst kann es sein Ziel nicht erreichen. Darum muß sich der Mensch von jeder Selbstsucht in seinem Gefühlsleben reinigen, und das bedeutet, er muß sein Gefühlsleben entwickeln. Das heißt, er muß anfangen, seinen Nächsten zu lieben. Das ist die erste Stufe der Gefühlsentwicklung, die Christus lehrt. Aber wie schwierig ist das! Wie schwierig ist es, sich andern gegenüber bewußt zu verhalten, selbst denen gegenüber, die man schon zu lieben meint. Wer kann sagen, er liebte jenseits seiner Eigenliebe? Nur Gefühle, die jenseits von Eigenliebe und Eigensucht liegen, können sich mit etwas jenseits des eigenen Wesens Liegendem berühren. Und schließlich ist das nicht anders zu erwarten, wenn man über die Frage nachdenkt. Wie könnte man durch eigensüchtige Gefühle eine Beziehung zu andern Menschen herstellen, sind sie doch nur auf einen selbst bezogen! Nun ist zu verstehen, warum „Nächstenliebe" eine so unerläßliche Bedingung ist.

Erhörung des Gebets

Über das Beten sagt Christus: „Bittet, so wird euch vergeben"[8]). Man muß jedoch wissen, was *bitten* heißt. Das Gebet ist ein Mittel, Antwort von einer höheren Ebene des Weltalls zu bekommen, so daß die Einflüsse dieser Ebene herniederkommen und unmittelbar in das eindringen können, was auf niederer Ebene steht. Wir wollen überlegen, was *bitten* heißt. Richtig gesehen, ist das Weltall die *Antwort auf Fragen*. Der Wissenschaftler arbeitet vertrauensvoll; er glaubt, daß er als Ergebnis seiner Versuche, Theorien und Bemühungen, aus denen seine Fragen entstehen, eine *Antwort* vom physischen Weltall erhalten wird. Das ist eine Form von *Gebet*. Er bekommt die Antwort, wenn er in rechter Weise *bittet,* und das heißt, wenn seine

---
[8]) Luk. 11, 9.

Frage richtig gestellt ist. Eine Frage richtig stellen, erfordert jedoch Zeit, Mühsal und Anstrengung; nicht nur „schamlose Frechheit", sondern auch das Gefühl vertrauensvoller Gewißheit im Unbekannten – das heißt *Glauben.* Zum Beispiel hat der Wissenschaftler durch sein beharrliches Suchen die allgemeinen Kräfte der Elektrizität und des Elektromagnetismus, die einer anderen Welt angehören – einer „infra"-Welt, der Welt der Elektronen –, entdeckt und mit dem menschlichen Leben in Verbindung gebracht. Das ist Antwort auf seine Frage. Das ist in gewissem Sinn Berührung mit einer andern Welt. Wenn wir auch sehen, daß wir in einem fertigen Weltall von großer Vielfältigkeit leben, das weit über unser Auffassungsvermögen hinausgeht, sind wir doch sicher, daß es auf unsere Bemühungen antworten wird. Das ist tatsächlich unsere Haltung dem Weltall gegenüber, und wir stellen sie nicht in Frage. Wir sind sicher, daß wir zu einem Ergebnis kommen werden, wenn wir herauszufinden suchen, wie etwas zu machen ist. Wenn man Essen kocht, bekommt man eine Antwort, die ganz genau der Form der Frage entspricht. Wenn das Ergebnis anders als erwartet ausfällt, ist die falsche Antwort nicht ein Fehler des Weltalls, sondern beruht darauf, daß falsch gefragt worden ist. Du verstehst nicht, richtig zu *bitten;* du mußt daher besser zu kochen lernen – das heißt besser zu *bitten* lernen. Bitten, heißt fragen. Wenn wir nicht in einem – sichtbaren und unsichtbaren – Weltall lebten, das auf *richtige Fragen richtige Antworten* gibt (mögen sie gut oder schlecht ausfallen), dann würde weder der Wissenschaftler noch der um innere Hilfe betende Mensch je eine Antwort erwarten können. Nichtsdestoweniger ist es nicht immer leicht, eine Antwort zu erhalten. Bestimmte Bedingungen müssen erfüllt sein. Ein Gebet als Frage oder Bitte darf nicht mechanisch oder nur eine Angelegenheit unaufhörlicher Wiederholung sein, man darf nicht denken, daß „viel Reden" ein Ergebnis zeitigen kann; nicht die Menge, sondern die *Beschaffenheit* des Gebets ist ausschlaggebend. Lediglich Worte zu wiederholen, ist nutzlos. Christus sagt: „Und wenn ihr betet, sollt ihr nicht viel plappern" [9]). Und man

---
[9]) Matth. 6, 7.

muß, wie wir schon gesehen haben, ausharren beim Gebet. Der Mensch muß ungefähr eine Vorstellung von dem haben, was er erbittet, und muß auf seiner Bitte beharren und von der Möglichkeit überzeugt sein, ein Ergebnis zu erzielen. Und gerade wie der Wissenschaftler, in seiner besonderen Art des Gebets zum natürlichen Weltall, eine Frage erst tut, wenn ihm eine Entdeckung vorschwebt und möglich erscheint, gerade wie er die Frage wieder und wieder durch Versuch und Scharfsinn anders stellt, bis er durch die gefundene richtige Frage eine Antwort erhält, – so muß auch der Mensch, der zum geistigen Weltall betet, denselben Glauben, dieselbe Geduld, dieselbe Einsicht und Erfindungsgabe aufbringen. Er muß arbeiten und sich mühen und zu seiner eigenen Entwicklung im gleichen Maße Wege ersinnen wie der Wissenschaftler das für eine Entdeckung tut, die er machen will. Der Wissenschaftler wird eine Antwort bekommen, wenn die Dinge der Frage entsprechend richtig sind, und ebenso wird der betende Mensch Antwort bekommen, wenn seine Frage in bezug auf ihn selbst richtig gestellt ist. Aber er muß sich selbst kennen und zu fragen verstehen. Etwas zu *erbitten*, was unmöglich ist, oder etwas zu erbitten, was einen nur schädigt, heißt falsch bitten.

Bitten im Gebet

Um was sollen wir im Gebet bitten? In dem Gebet, das Christus seine Jünger lehrte, als sie ihn fragten, wie sie beten sollten, sind alle gewöhnlichen eigenen Wünsche scheinbar ausgeschlossen. Aber da es sich bei allem in den Evangelien Gesagten um die Erreichung einer höheren Ebene in der inneren für den Menschen möglichen Entwicklung handelt, ist es nicht verwunderlich, daß das Gebet nicht irdischer Art ist. In Anbetracht seines Zweckes konnte es nicht persönlicher sein. Das Vaterunser handelt von Selbstentwicklung. Der erste Satz kennzeichnet die höhere Ebene: „Vater unser, geheiliget werde dein Name, dein Reich komme"[10]. Das bedeutet: möge eine

---
[10] Matth. 6, 9.

Verbindung zwischen dem Höheren und dem Niederen hergestellt werden. Es wird um Berührung zwischen Erde und Himmel gebeten. Das ist die erste Bitte, und es ist klar, daß man sich in einem bestimmten Gefühlszustand befinden muß, um diese Worte in der Fülle ihrer Bedeutung sagen zu können. Eine andere Fassung lautet: „Unser Vater im Himmel". Ein Mensch mag eine Minute, eine Stunde oder sein Leben brauchen, um die Bedeutung dieser Eröffnungsworte, die bewußt gesagt werden müssen, gefühlsmäßig voll zu erfassen. Es folgt die Bitte um das tägliche Brot, das nicht wörtlich „Brot" bedeutet, sondern „verwandeltes" Brot. Die Bedeutung des ursprünglichen Wortes ist nicht bekannt; sein Sinn aber ist „geistiges" Brot, oder Nahrung, die das Verständnis des Menschen in seinem Kampf um Erreichung einer höheren Ebene stärkt. Dann kommt die Bitte um Vergebung, wie wir den anderen vergeben; und das besagt, daß es zur Erreichung der höheren Ebene völlig unerläßlich ist, zu allererst die im Rechnungsbuch unserer Erinnerung verzeichneten Schulden der andern zu streichen, die Erinnerung an das zu tilgen, was, wie wir meinen, die andern uns durch schlechtes Verhalten uns gegenüber oder durch mangelnde Berücksichtigung unserer selbst schuldig geblieben sind. Wenn man andern nicht vergeben kann, so bedeutet das, sich selbst herabzudrücken und an die „Erde" gefesselt zu halten. Wir kerkern uns selbst ein, wir ketten uns im Niedrigen fest, wir bleiben willentlich da, wo wir sind, wenn wir Schulden nicht streichen können; aber sobald wir den andern vergeben, werden auch uns unsere zahllosen Fehler, unser Versagen im Wachstum eigenen Verständnisses – das heißt in unserer eigenen Entwicklung – vergeben werden. Darauf folgt die seltsame Bitte, nicht in Versuchung geführt zu werden. Aber man muß sich klar sein, daß kein Mensch eine innere Entwicklung und ein Wachstum seines Verstehens ohne Versuchung durchmachen kann, daß die Natur dieser Art von Versuchung jedoch eine ganz andere ist als die, die von den Menschen gewöhnlich unter Versuchung verstanden und ausschließlich mit dem Fleisch und seiner Schwachheit in Verbindung gebracht wird. Zum Beispiel treffen wir immer auf die Versuchung, mißzuverstehen oder falsch auszulegen.

Wenn ein Mensch den Weg der Selbstentwicklung beschritten hat, der in den Evangelien gezeigt wird, wird er durch allerhand Zweifel, durch Ungläubigkeit und außerordentliche innere Schwierigkeiten des Verstehens versucht; Versuchungen, die er durchkämpfen muß, bei denen ihn *menschliche* Vernunftgründe, die auf der Zeugenschaft der Sinne beruhen, vollständig verlassen, und in denen ihm nur die Gewißheit, *daß da etwas ist,* nur die Überzeugung, daß der Pfad, dem er folgt, ihn *irgendwohin führt,* kurz, nur sein Glaube helfen kann. Denn Glaube bedeutet nicht nur *Gewißheit* jenseits aller durch die Sinne gegebenen Beweise, sondern die Überzeugung, daß Möglichkeiten vorhanden sind, noch ehe man sie begriffen hat, und deshalb sagt Christus einmal: „Alles, was ihr bittet in eurem Gebet, glaubet nur, daß ihr's empfangen habet, so wird's euch werden"[11]). Man muß also haben, ehe man empfangen kann, man muß handeln, als ob man habe, was man noch nicht hat, dann wird man es bekommen. Das erscheint sehr seltsam; aber alles, was damit zu tun hat, die Verbindung mit einer höheren Ebene herzustellen, und alle Anweisungen, die die Art der erforderlichen Bemühungen betreffen, erscheinen seltsam. Man denke — würde ein Samenkorn nicht alle Anweisungen, wie es zu einer Blume werden könne, als seltsam ansehen? Von einer Ebene auch nur zum Beginn einer neuen Ebene hinüberzugelangen, heißt durch sehr schwere Versuchungen hindurchschreiten zu müssen, von denen der, der mit sich, so wie er ist, zufrieden ist, gar keine Ahnung hat. Der Schlüssel aber zum Verständnis des Gebets des Herrn liegt im Eröffnungssatz. Es ist das Gebet um Erreichung einer höheren Ebene. „Dein Reich komme": Möchte ich in dein Reich kommen! Möchte der Wille des Himmels, der höheren Ebene, an mir als Erde geschehen! Und die letzte Bitte, nicht zu stark, nicht über die eigenen Kräfte hinaus versucht zu werden, betrifft jenes Bestreben; denn viel steht im Wege, und, wie es in den Allegorien des Alten Testament ausgedrückt wird, Gott ringt mit dem Menschen und sucht ihn zu überwinden, ja selbst zu erschlagen. So wird der Kampf beschrieben, der nötig ist, um sich von der

---
[11]) Markus 11, 24.

Ebene, auf der man steht, zu einer neuen Ebene emporzuheben. Es ist, als ob genau das, um was man bittet und was man ersehnt, zum Feind wird, der jedem getanen Schritt Widerstand entgegensetzt. Wenn wir uns aber vergegenwärtigen, daß die Erreichung einer höheren Ebene die eigene Umwandlung und Wiedergeburt bedeutet, wird der Gedanke klar. Der Mensch, *so wie er ist,* kann die höhere Ebene nicht erreichen. Er kann sich Gott nicht nähern, so wie er ist. Die höhere Ebene muß ihm Widerstand entgegensetzen, solange er sich nicht wandelt.

Nun handeln alle diese Bitten von der Erreichung eines neuen Zustandes. Das Vaterunser dreht sich nur um dieses Ziel. Es handelt nicht vom Leben. Es zeigt, kurz gesagt, daß die Bedeutung des Gebets, abgesehen von allem andern, was in den Gleichnissen und Lehren über denselben Gegenstand gesagt wird, wesentlich darin liegt, eine höhere Ebene zu erreichen, und daß jedes Gebet davon handeln sollte; es zeigt, daß der Mensch, wenn er betet, vornehmlich hieran denken sollte und mehr als um irgend etwas anderes um das beten sollte, was zur Erreichung dieses Zieles nötig ist. Denn es ist das *oberste Ziel.* Christus erläutert es: „Trachtet am ersten nach dem Reich Gottes"[12] – das heißt der höchsten Ebene. Das ist es, um was der Mensch tatsächlich bitten sollte, wenn er betet. Und da dies das oberste Ziel des Gebets ist, sollte der Mensch im Gebet alles, was *kleineren Zielen dient,* mit diesem *obersten Ziel* in Einklang bringen. Denn in ihm liegt die Grundbedeutung des Menschen, und es führt ihn zu der höchsten, für ihn erreichbaren Ebene.

---

[12] Matth. 6, 33.

IX

DIE BERGPREDIGT

Einleitung

Die Lehre der Bergpredigt steht zwischen der Lehre Johannes des Täufers und der Lehre, die Christus in den Gleichnissen über die Geheimnisse des Himmelreichs gibt. Es handelt sich hier um drei Stufen der Lehre, die auf verschiedenen Ebenen liegen. Die erste und äußerlichste Lehre ist die von Johannes dem Täufer, von der uns im Lukas-Evangelium ein Bruchstück überliefert ist. Dann kommt in einer Zwischenstellung die Lehre der Bergpredigt, und schließlich folgt die innerlichste, in die Form von Gleichnissen gefaßte Lehre über das Himmelreich. In diesem Kapitel werden wir zunächst die Lehre Johannes des Täufers, wie sie im Lukas-Evangelium mitgeteilt wird, und danach die Lehre der Bergpredigt gemäß der Überlieferung im Matthäus-Evangelium und in Verbindung mit der Predigt auf dem Felde im Lukas-Evangelium vornehmen.

Erster Teil

Unter den vielen seltsamen Gestalten, die in den Evangelien erscheinen, ist Johannes der Täufer eine der seltsamsten. Und doch wird *zu seiner Wesensbestimmung* mehr gesagt als über irgendeinen anderen. Zum Beispiel bezeichnet ihn Christus als den Größten unter denen, die von Weibern geboren sind, fügt aber hinzu: „der aber der kleinste ist im Reich Gottes, ist größer denn er"[1]). Was also stellt Johannes der Täufer dar? Was bedeutet er in den Evangelien? Und warum wird seine Lehre gegeben, bevor Christus kommt? Wir müssen die Lehre genauer betrachten, um sie mit der

---
[1]) Matth. 11, 11.

später von Christus in der Bergpredigt verkündeten vergleichen zu können. Johannes' Lehre handelt vom Wandel des Geistes (der Buße) und vom Himmelreich. Er ruft: „Tut Buße, das Himmelreich ist nahe herbeikommen"[2]). Hatte er aber selbst eine Vorstellung von der Natur des inneren Wandels, der im Geist des Menschen, ja, in seinem ganzen Wesen vor sich gehen muß, ehe er die Ebene des Himmelreiches erreichen kann? Offenbar nicht, denn Christus sagt, er gehöre nicht zum Himmelreich. Die Bruchstücke der Lehre Johannes des Täufers sind im 3. Kapitel des Lukas-Evangeliums zu finden. Das Volk strömt zu ihm hinaus, um sich taufen zu lassen. Wir müssen ihn uns in seinem rauhen Fellkleid vorstellen, wie er die Menge mit den folgenden rauhen Worten anredet:

„Ihr Otterngezüchte, wer hat denn euch gewiesen, daß ihr dem zukünftigen Zorn entrinnen werdet? Sehet zu, tut rechtschaffene Früchte der Buße; und nehmet euch nicht vor zu sagen: Wir haben Abraham zum Vater. Denn ich sage euch: Gott kann dem Abraham aus diesen Steinen Kinder erwecken"[3]).

Es ist zu beachten, daß Johannes der Täufer seinen Zuhörern einen Hinweis darüber gibt, was Wandlung des Geistes bedeutet: sie sollten nicht zu sich selbst sagen, daß sie Abraham „zu ihrem Vater" hätten. Nachdem er sie unterschiedslos mit seinen Worten gegeißelt hat, fragen ihn die Leute natürlich, was sie tun sollen:

„Und das Volk fragte ihn und sprach: Was sollen wir denn tun? Er antwortete und sprach zu ihnen: Wer zwei Röcke hat, der gebe dem, der keinen hat; und wer Speise hat, tue auch also. Es kamen auch die Zöllner, daß sie sich taufen ließen, und sprachen zu ihm: Meister, was sollen wir denn tun? Er sprach zu ihnen: Fordert nicht mehr, denn gesetzt ist. Da fragten ihn auch die Kriegsleute und sprachen: Was sollen denn wir tun? Und er sprach zu ihnen: Tut niemand Gewalt noch Unrecht und lasset euch genügen an eurem Solde"[4]).

Man beachte, daß die Frage: *Was sollen wir tun?* dreimal wieder-

---

[2]) Matth. 3, 2.
[3]) Luk. 3, 7—8.
[4]) Luk. 3, 10—14.

holt wird. Und als ob Johannes der Täufer die Unzulänglichkeit seiner Antworten fühle und nichts anzugeben wisse, was sie tun sollen, und nicht verstehe, was das Himmelreich und eine Wandlung des Geistes zum Himmelreich in Wirklichkeit bedeuten, fährt er fort zu sagen, daß jemand kommen werde – weit größer als er selbst:

„Als aber das Volk im Wahn war, und dachten alle in ihren Herzen von Johannes, ob er vielleicht Christus wäre, antwortete Johannes und sprach zu allen: Ich taufe euch mit Wasser; es kommt aber ein Stärkerer nach mir, dem ich nicht genugsam bin, daß ich die Riemen seiner Schuhe auflöse; der wird euch mit dem heiligen Geist und mit Feuer taufen; in seiner Hand ist die Wurfschaufel, und er wird seine Tenne fegen und wird den Weizen in seine Scheuer sammeln, und die Spreu wird er mit ewigem Feuer verbrennen. Und viel anders mehr ermahnte er das Volk und verkündigte ihnen das Heil" [5]).

In der Bergpredigt nun sagt Christus seinen Jüngern nicht, *was der Mensch tun soll*, sondern *was er sein muß*, ehe er fähig ist, das Himmelreich zu erwerben. Die Bergpredigt beginnt mit den Worten: „Selig sind, die da geistlich arm sind, denn das Himmelreich ist ihr" [6]). Christus spricht davon, was der Mensch *sein* muß, was er zu allererst innerlich werden muß. Ein Mensch muß innerlich völlig anders werden, um das Himmelreich zu gewinnen. Er muß seinen Geist wandeln, sich selbst wandeln und „arm im Geiste" werden, was immer das heißen mag. Man stelle das der Lehre Johannes des Täufers gegenüber. Johannes lehrt äußere Pflichten, bürgerliche Tugenden: Christus spricht von innerer Wandlung. Johannes fährt seine Hörer hart an und fordert sie zur Buße auf. Christus spricht von dem Sinn der inneren Wandlung, die zuerst eintreten muß. Johannes sagt ihnen, *was sie tun sollen*, Christus, *wie sie sein sollen*. Ein Mensch nun, wie Johannes der Täufer, der an der äußeren Seite der Lehre vom Wort Gottes haftet, neigt dazu, alles buchstäblich aufzufassen. Das Wort Gottes aber darf nicht lediglich buchstäblich

---

[5]) Luk. 3, 15—18.
[6]) Matth. 5, 3.

aufgefaßt werden, denn es ist ein Mittel, die Ebene im Menschen, die „Erde" genannt wird, mit der erreichbaren Ebene in ihm, die „Himmel" genannt wird, zu verbinden. Seine „Erd-Bedeutung" ist daher ganz, ja völlig verschieden von der „Himmels-Bedeutung". Und wenn das Wort Gottes in seiner Bedeutung auf Erd-Ebene nicht wachsen und neuen und immer wieder neuen Sinn gewinnen kann, kann es die Verbindung mit der höheren Ebene nicht herstellen und bleibt damit tot. Der am Buchstaben haftende Mensch, der ganz in seinen Sinnen lebt und nur äußerliche Bedeutung kennt, ohne innerlich zu verstehen, der – falls er religiös ist – nur den Lehrsätzen und äußeren Formen seiner Religionsgemeinschaft folgt, kann sich nicht entwickeln. Wenn nun Johannes der Täufer nicht zum Himmelreich gehörte, wie Christus ausdrücklich sagt, was bedeutet es dann, dem Himmelreich *nahe* zu sein? Dies kann uns zum Verständnis verhelfen, warum die Lehre Johannes des Täufers nicht die Lehre des Himmelreichs war. Dem Himmelreich nahe sein, ist eine Frage inneren Verstehens: und es gibt dafür in den Evangelien ein ganz klares Beispiel. Einer der Schriftgelehrten fragt Jesus, welches Gebot an erster Stelle stehe. Jesus sagt: „Der Herr, unser Gott, ist ein einiger Gott; und du sollst Gott, deinen Herrn, lieben von ganzem Herzen, von ganzer Seele, von ganzem Gemüte und von allen deinen Kräften ... Und das andere ist ihm gleich: Du sollst deinen Nächsten lieben wie dich selbst". Der Schriftgelehrte antwortet: „Meister, du hast wahrlich recht geredet; denn es ist Ein Gott, und ist kein andrer außer ihm; und ihn lieben ... ist mehr denn Brandopfer und alle Opfer". Da Jesus aber sah, daß er *mit seinem eigenen Verstehen* (nicht ‚vernünftig', wie in der Übersetzung) antwortete, sprach er zu ihm: Du bist nicht ferne von dem Reich Gottes. Und es wagte ihn niemand weiter zu fragen"[7]). Versteht man, warum der Schriftgelehrte dem Himmelreich nahe ist? Es hat immer Menschen gegeben, die in der Religion viel Wert auf äußere Formen, auf das Innehalten von Regeln und Vorschriften gelegt haben. Wir hören, daß Johannes der Täufer in Verwirrung geriet, als er hörte, daß

---

[7]) Mark. 12, 29—34.

Christus und seine Jünger aßen und tranken und nicht vorschriftsmäßig fasteten. Und zweifellos würde er Einspruch dagegen erhoben haben, daß die Jünger am Sabbat Ähren sammelten oder daß Christus am Sabbat heilte; denn das verstieß gegen das Mosaische Gesetz. Am Ende seines Lebens wurde Johannes der Täufer (anscheinend) irre an Christus. Er sandte sogar eine Botschaft aus dem Gefängnis an Christus, die fragte: „Bist du, der da kommen soll, oder sollen wir eines andern warten?"[8]) Und was war Christi Antwort? Christus antwortete so, daß Johannes der Täufer ihn buchstäblich verstehen konnte. Er sagte: „Gehet hin und verkündiget Johannes, was ihr gesehen und gehört habt: die Blinden sehen, die Lahmen gehen, die Aussätzigen werden rein, die Tauben hören, die Toten stehen auf"[9]). Johannes der Täufer konnte nicht verstehen, daß hiermit die *psychologisch* Tauben, Blinden und so weiter gemeint waren. Aber *diese Ebene des Verstehens* in der Religion hat es immer gegeben – das Verstehen nur der herben, buchstäblichen Wahrheit, das Verstehen des äußerlichen Menschen, der die Lehre des Gotteswortes auf einer irdischen Ebene festhält und damit nicht nur seine Schönheit, sondern auch seinen eigentlichen Sinn vernichtet, wie man einen Vogel vernichtet, wenn man ihn seiner Flügel beraubt. Johannes der Täufer stellt die buchstäbliche Lehre des Gotteswortes *dar*. Er stellt die große Gruppe der alles buchstäblich auffassenden Menschen dar; aber Christus verteidigt sie in der Person Johannes des Täufers, weil sie den Ausgangspunkt für alles andere bilden, und spricht von ihnen mit großer und offensichtlicher Sorgfalt, als ob sie ein schwer zu lösendes Problem darstellten. Johannes der Täufer glaubte an Christus, als er ihm begegnete, erscheint aber, wie gesagt, am Ende seines Lebens als Zweifler. Und das ist das genaue *psychologische Abbild* jener Menschen, die, an der äußeren Seite des Wortes und seiner herben, buchstäblichen Bedeutung haftend, dem inneren oder höheren Sinn desselben begegnen, aber nicht fähig sind, ihn zu verstehen und so in Zweifel zurückfallen – und die sich in der Tat

---

[8]) Luk. 7, 19.
[9]) Luk. 7, 22.

verletzt fühlen, weil ihnen das Gefühl eigener Verdienstlichkeit genommen ist und sie sich nicht länger anderen überlegen fühlen können. Trotzdem muß wohl verstanden werden, daß auch der *buchstäbliche* Sinn des Gotteswortes bewahrt werden muß.

Zweiter Teil

Mit der ersten Seligpreisung, ebenso wie mit den acht übrigen, wendet sich Christus an *seine Jünger* und (wie es scheint) nicht an das Volk. Die Eröffnungsworte im fünften Kapitel Matthäus sind wie folgt:

„Da er aber das Volk sah, ging er auf einen Berg und setzte sich; und seine Jünger traten zu ihm. Und er tat seinen Mund auf, lehrte sie und sprach: Selig sind, die da geistlich arm sind; denn das Himmelreich ist ihr"[10].

Im Lukas-Evangelium sind die Seligpreisungen kürzer und etwas abweichend; nur vier werden erwähnt, und dies, nachdem Christus seine zwölf Jünger auf dem Berge erwählt hatte und in die Ebene herabgestiegen war. Von diesen vier Seligpreisungen ist die erste:

„Selig seid ihr Armen, denn das Reich Gottes ist euer"[11].

Da hier von den Armen gesprochen wird, ist oft angenommen worden, daß damit Arme im buchstäblichen Sinn gemeint seien. Im Matthäus-Evangelium heißt es jedoch: „Selig sind, die da *geistlich arm* sind; denn das Himmelreich ist ihr"[12]. Und niemand wird annehmen, daß die buchstäblich *Armen* ohne Eigendünkel seien – wenn man den Ausdruck nur in diesem wörtlichen Sinn auffassen will. Was sollen wir also in Wirklichkeit unter: „geistlich arm" verstehen? Die genaue Übersetzung lautet nicht: „Geistlich arm", sondern „Bettler im Geiste". Und was ist ein „Bettler im Geiste"? Der Gedanke, daß es sich buchstäblich um Bettler oder Arme handele, muß völlig ausscheiden. Es gibt in den Evangelien noch ein anderes Wort,

---
[10] Matth. 5, 1—3.
[11] Luk. 6, 20.
[12] Matth. 5, 3.

das mit „arm" übersetzt worden ist und das buchstäblich arm sein bedeutet, so in der Geschichte vom Scherflein der armen Witwe; dort ist die Witwe tatsächlich arm, gibt aber mehr als die anderen. Hier jedoch bedeutet der Ausdruck *etwas noch Armseligeres*. Er bezeichnet jemanden, der sich duckt und zittert wie ein östlicher Bettler, der an den Straßenecken um Geld bittet. Die psychologische Bedeutung des Wortes ist also stärker. Im Lukas-Evangelium werden, wie gesagt, nur vier Seligpreisungen erwähnt, denen vier ihnen genau entsprechende *Wehe*-Verkündigungen gegenübergestellt werden. Die entsprechende Wehe-Verkündigung zu der kurzen Fassung: „Selig seid ihr Armen" ist „Aber dagegen weh euch Reichen! Denn ihr habt euern Trost dahin"[13]). Da nun Matthäus sagt „geistlich Arme", kann „Reiche" im Lukas-Evangelium nichts anderes bedeuten als *„geistlich Reiche"* – das heißt, es müssen Menschen gemeint sein, die nicht im Geiste *betteln*, sondern sich in sich selbst reich und keineswegs als Bettler fühlen. Und sie haben ihren Trost dahin. Ein Mensch, der sich alles selbst zuschreibt, der reich ist in seiner eigenen Selbstzufriedenheit und Selbstschätzung, der seiner Eigenliebe folgt, seiner Eitelkeit und seinem Gefühl, besser als die andern zu sein, ist *reich im Geiste*. Ein Sieg über den Gegner, eine bessere Stellung, eine Belohnung, ein geschicktes Geschäft, das sind seine Tröstungen. Wenn aber ein Mensch in seinem innersten Wesen fühlt, daß er nichts weiß und nichts ist und nichts verdient, wenn er sich sehnt, mehr zu verstehen und anders zu werden, wenn er fühlt, daß er in Wirklichkeit nichts ist und sich sehnt, etwas zu sein, wenn er tatsächlich in seinem Gemüt, seinem Geist, seinem Verstehen seine eigene Unwissenheit, seine eigene Unzulänglichkeit fühlt, dann ist er „arm im Geiste". Er ist leer, und so kann er gefüllt werden. Er kennt seine Unwissenheit und ist daher fähig, die Lehre vom Himmelreich zu *hören*. Wenn aber ein Mensch nur von sich selbst eingenommen ist, wie kann er dann irgend etwas *hören?* Er hört immer nur sich selbst. Er hört alle die endlosen Stimmen seiner rastlos sich beklagenden Eitelkeit, seiner befriedigten oder unbefriedigten Eigenliebe. Bei seinen Angrif-

---

[13]) Luk. 6, 24.

fen auf die Pharisäer griff Christus die *Reichen im Geiste* an, und er sagte von ihnen, daß sie ihren Lohn dahin hätten. Wenn er den reichen Jüngling auffordert, alles, was er hat, zu verkaufen, dann spricht er nicht von Besitztümern im buchstäblichen Sinn, sondern von der Seite im Menschen, die ihn glauben läßt, daß er durch geistige, soziale und materielle Reichtümer besser als andere sei. Und gerade befriedigte Eigenliebe, befriedigte Eitelkeit, der dem Menschen vom Leben zugeschriebene Wert – das ist es, wodurch ein Mensch sich reich in sich selbst fühlt. Tatsächlich ist die Lust befriedigter Eigenliebe stärker als alles andere im Leben, und wir brauchen nur uns selbst zu beobachten, um das als wahr zu erkennen. Warum sollten wir auch in diesem aus Eigenliebe entspringenden Gleichgewichtszustand, der allerdings so leicht zu stören ist und jeden so leicht verletzlich macht, nach irgend etwas anderem suchen, oder wie sollte es uns in ihm offenbar werden, daß wir nichts sind, keinen festen Grund in uns selbst haben und wirklich im Hinblick auf die höhere Ebene des Himmelreichs nichts besitzen?

Christus spricht weiter von dem, was ein Mensch *sein muß*, wenn er sich der höheren Ebene in sich selbst, die das Himmelreich genannt wird, nähern will:

„Selig sind, die da Leid tragen, denn sie sollen getröstet werden"[14]).

Der Gedanke, daß ein Mensch innere Hilfe und Trost empfangen kann, wenn er gegen sich selbst angeht, ist nicht leicht zu erfassen. Wenn es jedoch eine höhere Ebene gibt, von der *Seligkeit* ausgeht und mit der eine Verbindung möglich ist, dann ist der Gedanke nicht so ungewöhnlich. „Selig sind, die da Leid tragen" bedeutet, daß Seligkeit oder Glück von der höheren Ebene des Himmelreichs jemanden erreichen kann, wenn er *Leid trägt* oder wenn er *geistlich arm* ist. Ist damit gemeint, daß man weinend herumlaufen oder öffentlich trauern oder Trauerkleidung tragen soll? Dieser Gedanke ist ganz unmöglich angesichts dessen, was Christus im nächsten – sechsten – Kapitel im Evangelium Matthäus lehrt, nämlich, daß

---
[14]) Matth. 5, 4.

der Mensch *alles im Verborgenen* tun soll – er soll seine Almosen im *Verborgenen* geben, im *Verborgenen* fasten und so weiter und nichts um seiner Eigenliebe oder um des Lobes oder Verdienstes in den Augen anderer willen tun. Die Toten betrauert man im buchstäblichen Sinn. Aber zu fühlen, daß man in sich selbst *tot* ist, heißt im psychologischen Sinn trauern. Christus sagt manches über die Toten – über jene, die im psychologischen Sinn tot sind, innerlich, in ihrem wirklichen, innersten Wesen, das allein sich zur Ebene des höheren Menschen entwickeln kann, die es aber nicht wissen und somit nicht darum trauern.

Die dritte Seligpreisung heißt:

„Selig sind die Sanftmütigen, denn sie werden das Erdreich besitzen" [15]).

Im Original steht das Wort πρᾶος, das mit „*sanftmütig*" übersetzt ist, im Gegensatz zu *zornig: ärgerlich*. Es hat die Bedeutung von *gezähmt* werden, wie ein wildes Tier gezähmt wird. „Das Erdreich besitzen" bedeutet hier, das Land zu besitzen, das dem Menschen des Himmelreichs gegeben ist. Es hat denselben Sinn wie „Du sollst deinen Vater und deine Mutter ehren, auf daß du lange lebest im Lande, das dir der Herr, dein Gott, gibt" [16]). Das Volk der Juden dachte, das versprochene Land wäre das Land Canaan. Die innere Bedeutung ist jedoch das Himmelreich. Das Land bedeutet also das Himmelreich, und der Mensch muß gegen seine natürlichen Empfindlichkeiten und Leidenschaften und seinen Ärger angehen, um dieses Reich erwerben zu können.

Die vierte Seligpreisung:

„Selig sind, die da hungert und dürstet nach Rechtschaffenheit, denn sie sollen satt werden" [17]),

bezieht sich auf die Menschen, die sich sehnen, zu verstehen, was Güte des Wesens und Wissen um Wahrheit ist, die zur höheren Ebene führen. Es sind jene, die ihre Unzulänglichkeit und ihre Unwissenheit fühlen, die fühlen, daß sie in ihrem innersten Wesen tot sind,

---

[15]) Matth. 5, 5.
[16]) 2. Mos. 20, 12.
[17]) Matth. 5, 6.

die sich nach Unterweisung sehnen über die Wahrheit, die der höhere Mensch wissen und befolgen muß, und über das, was das Gute auf der Ebene des Himmelreichs bedeutet. Sie hungern nach dem Guten und dürsten nach der Wahrheit, denn die Verbindung dieser beiden im Menschen bringt den Einklang hervor, der Rechtschaffenheit oder Gerechtigkeit genannt wird.

Die fünfte Seligpreisung lautet:

„Selig sind die Barmherzigen, denn sie werden Barmherzigkeit erlangen" [18]),

und das bedeutet, von einer Seite gesehen, daß wir nur dann Barmherzigkeit hinsichtlich unserer eigenen Entwicklung erwarten können, wenn wir bereit sind, den andern Menschen ihre Sünden zu vergeben. Barmherzigkeit heißt, zu wissen und zu sehen, daß das, was man an andern tadelt, in einem selbst vorhanden ist, den Balken im eigenen Auge zu sehen, *sich selbst in den andern und die andern in sich selbst zu sehen.* Das ist tätige Barmherzigkeit. Es gibt aber noch andere Bedeutungen – wie bei allem, was in den Evangelien gesagt wird – und eine davon ist, daß ein Mensch wissen muß, gegenüber welchen Seiten seines Wesens er Barmherzigkeit üben darf und gegen welche er unbarmherzig sein muß.

Die sechste Seligpreisung ist:

„Selig sind, die reinen Herzens sind, denn sie werden Gott schauen" [19]).

„Reinen Herzens sein" bedeutet im buchstäblichen Sinn *geläuterten* Herzens oder durch Läuterung gereinigten Herzens sein. Das heißt in erster Linie: kein Heuchler sein. Es handelt sich um die Beziehung des inneren zum äußeren Menschen. Es handelt sich um einen erreichbaren inneren Zustand, in dem die Existenz Gottes unmittelbar aus der Hellsichtigkeit des geläuterten Verstehens durch das Gefühl – denn wir verstehen nicht nur durch den Verstand – begriffen wird. Die Gefühlsseite des Menschen, soweit sie mit Selbstgefühl beladen ist, das heißt mit schlechten und bösen Empfindungen

---

[18]) Matth. 5, 7.
[19]) Matth. 5, 8.

gegen diejenigen, die einen nicht bewundern, oder mit Selbstbedauern, mit Haß- und Rache-Empfindungen und so weiter, ist verdunkelt und kann die ihr zukommende Aufgabe, die höhere Ebene zu spiegeln, nicht erfüllen. Wenn gereinigt, *sieht* – das heißt versteht – das Herz das Vorhandensein von einer höheren Ebene, von Gott, von der Wirklichkeit der Lehre Christi. Die Evangelien handeln mehrfach von der Läuterung der Gefühle. Und wir müssen uns darüber klar sein, daß ohne das Vorhandensein einer höheren Ebene es eine Läuterung der Gefühle jenseits der Selbstgefühle nicht geben könnte.

Die siebente Seligpreisung heißt:

„Selig sind die Friedfertigen, denn sie werden Gottes Kinder heißen"[20]).

Mit sich selbst Frieden schließen, heißt frei von innerer Zerrissenheit, innerer Unruhe, inneren Spannungen sein. Mit andern Frieden schließen, heißt immer vom Guten her handeln und nicht an Unterschieden der Meinungen haften oder verschiedene Standpunkte oder Theorien verfechten, was immer Uneinigkeit zur Folge hat. Wenn die Menschen vom Guten her handelten und nicht von den Abweichungen in Theorien und Gesichtspunkten – das heißt von ihrer verschiedenen Vorstellung der Wahrheit her –, würden sie Friedensstifter sein. Sie werden hier „Gottes Kinder" genannt, weil Gott als das *Gute* schlechthin genommen wird – in genau dem gleichen Sinn, in dem Christus das Wesen Gottes erklärte, als ihn jemand „Guter Meister" nannte und Christus zu ihm sagte: „Was heißest du mich gut? Niemand ist gut, denn der einige Gott"[21]). Der Haß trennt alles: Das Gute verbindet alles und ist somit das *Eine,* und das ist Gott.

Nun folgen zwei weitere Seligpreisungen, die in dieser kurzen Betrachtung zusammen behandelt werden können; denn sie befassen sich beide damit, was es bedeutet, *jenseits von Eigenliebe* und allen mit ihr verbundenen Verdienstgefühlen zu handeln:

„Selig sind, die um Rechtschaffenheit willen verfolgt werden,

---

[20]) Matth. 5, 9.
[21]) Luk. 18, 19.

denn das Himmelreich ist ihr. Selig seid ihr, wenn euch die Menschen um meinetwillen schmähen und verfolgen und reden allerlei Übles wider euch, so sie daran lügen. Seid fröhlich und getrost; es wird euch im Himmel wohl belohnt werden"[22]).

Im Lukas-Evangelium wird dieser Gedanke folgendermaßen ausgedrückt:

„Selig seid ihr, so euch die Menschen hassen und euch absondern und schelten euch und verwerfen euren Namen als einen um des Menschensohnes willen. Freuet euch alsdann und hüpfet; denn siehe, euer Lohn ist groß im Himmel",

und die entsprechende *Wehe*-Verkündigung heißt:

„Wehe euch, wenn euch jedermann wohl redet!"[23])

Hier wie in allen Seligpreisungen spricht Christus von einem Menschen, der nach langer innerer psychologischer Arbeit an sich selbst etwas zu *wünschen* beginnt, das jenseits seiner Eigenliebe liegt. Er spricht von jemandem, der nicht mehr in seiner Eigenliebe lebt, sondern aus ihr zu entkommen sucht. Und hier liegt das schwierigste psychologische Hindernis. Aber dieses selbst nur zu sehen, wenn wir auch noch nicht fähig sind, es zu überwinden, ist von unschätzbarem Wert. Denn wer unter denen, die ein gutes und ehrbares Leben führen und die etwa auf der Ebene der Lehre Johannes des Täufers stehen, wäre fähig, jedes Gefühl des eigenen Wertes abzuschütteln und gar sich zu freuen, wenn die Menschen übel von ihm redeten? Ein Mensch, ein im Leben tüchtiger Mensch – und von ihm handelte die Lehre Johannes des Täufers und dadurch wurde er der Ausgangspunkt für alles andere – kann sehr wohl empfinden, daß er sein Bestes tut, um richtig zu handeln; daß er überzählige Kleidung verschenkt; denen, die nichts haben, zu essen gibt; nicht mehr nimmt, als ihm rechtmäßig zusteht; keine Gewalt übt; nichts Unrechtes fordert und mit seinem Lohn zufrieden ist. Aber wie will er am Ende das Gefühl der *Verdienstlichkeit* bei alledem loswerden? Denn wo Eigenliebe im Spiel ist – und wie gut auch immer ein Mensch auf der

---

[22]) Matth. 5, 10—12.
[23]) Luk. 6, 22—23. 26.

Ebene der Eigenliebe, auf der jeder zunächst steht, sein mag – taucht ein schwieriges psychologisches Problem auf, auf das Christus immer wieder zurückkam und woran so viele, die er anredete, Anstoß nahmen. Die Eigenliebe, die alles sich selbst zuschreibt, kann die Ebene des Himmelreichs nicht erreichen, und aus den Seligpreisungen ist zu ersehen, was ein Mensch zuerst werden muß, was er in sich selbst *sein* muß – im Gegensatz zu dem Menschen der Eigenliebe, der Verdienstlichkeit und Tugend –, ehe das Himmelreich in Sicht kommt.

Es folgt die Zusammenfassung der Bedeutung der Seligpreisungen im ganzen mit den seltsamen Worten über *Salz* und *Salz haben* und über *das Salz, das dumm* wird. Christus fährt wie folgt fort: (Er spricht weiter zu seinen Jüngern.)

„Ihr seid das Salz der Erde. Wo nun das Salz dumm wird, womit soll man's salzen? Es ist zu nichts hinfort nütze, denn daß man es hinausschütte und lasse es die Leute zertreten" [24].

Salz ist, hier als fachlicher Ausdruck (aber auch in Wirklichkeit), eine Verbindung von zwei Stoffen, von zwei verschiedenen Elementen. Es stellt eine Verbindung dar. Wir haben schon andernorts gesehen, daß alles Wissen um Wahrheit, alle Wahrheit selbst nur das Ziel hat, zu der ihr innewohnenden Güte und ihrer Anwendung zu führen. Jede Wahrheit sucht die Vereinigung mit der ihr eigenen Güte. Wahrheit an sich ist nutzlos. Und das Gute ohne Wahrheit ist auch nutzlos... Die Seligpreisungen handeln von der Erreichung eines bestimmten inneren *Wunsch*zustandes, der zur Vereinigung führen kann; denn jeder Wunsch sucht Vereinigung als seine Erfüllung. Die Wahrheit der Lehre Christi oder das Wissen um das Wort Gottes, oder die Wahrheit über die innere Entwicklung des Menschen, das alles ist nichts, wenn es für sich allein steht, ohne Verwirklichung seines Ziels, und dieses Ziel ist allein das Gute, zu dem es führt: und die Vereinigung beider ist Seligkeit – nicht das gewöhnliche Glück, das wir im Leben kennen und das sich so schnell in sein Gegenteil verkehren kann –, sondern ein Zustand, der vollkommen und in sich erfüllt ist und damit durch eigene Kraft selbst-schöpfe-

---

[24] Matth. 5, 13.

risch wird, weil er die beiden Elemente, das Wahre und das Gute, in sich vereinigt. Das ist das *Hochzeitsfest* in den Evangelien – die Verbindung der beiden Dinge im Menschen, die die Ganzheit seines inneren Lebens herstellen. Das ist die Verwandlung vom Wasser der Wahrheit in Wein bei der Hochzeit von Kana in Galiläa. Das innere Wesen des Menschen, gesondert von seinem Körper und seiner äußeren Erscheinung, besteht zuerst aus seinem Wissen der Wahrheit und seiner Ebene des Guten: und wird im Laufe seiner Entwicklung schließlich zur Hochzeit dieser beiden. Er hat dann (jedenfalls in einem Sinn), was in den Evangelien „lebendiges" Leben genannt wird, weil ihm durch diese Verbindung Kräfte von einer höheren Ebene zuströmen. Man kann sich vorstellen, daß ein Mensch nur von der Seite der Wahrheit her handelt und gar nicht den Wunsch hegt, zu irgend etwas anderem als eigener Wertschätzung zu gelangen. Dann hat er kein Verlangen danach, daß die Wahrheit, der er folgt, zu dem sie erwartenden Guten führt. Er hat kein Verlangen nach dieser Vereinigung, nach diesem inneren Mysterium der Verschmelzung. Er wünscht gar nicht, daß sein *Wissen* sein *Wesen* umwandelt und sich mit dem Ziel, auf das es ausgerichtet ist, vereint, indem es das Gute findet, das zu ihm gehört. Dann hat er kein *Salz*. Und da er für das, was er tut, kein wirkliches Verständnis hat, wird er die Lehre, die er kennt, leicht mit seinem gewöhnlichen Leben und mit allen Reaktionen seines gewöhnlichen Lebens vermengen. Da er nicht weiß, wohin die Wahrheit führt oder was ihr Ziel ist, wird er sie auf seine eigene Ebene herabziehen, als Endpunkt an sich, ja sie wird ihm zu einer neuen Quelle von Widerwillen, Rivalität, Neid und Überlegenheit, ja oft von Grausamkeit gegen andere werden. Er wird gegen das wirkliche Ziel der empfangenen Lehre, das heißt gegen das Gute, blind sein. Das ist es, warum Christus an anderer Stelle, als seine Jünger stritten, wer der Größte von ihnen sei, sagte:

„Das Salz ist gut; so aber das Salz dumm wird, womit wird man's würzen? *Habt Salz in euch,* und *habt Frieden* untereinander"[25]).

---

[25]) Markus 9, 50.

Die Jünger streiten aus Eigenliebe und haben ihr Ziel vergessen. Und gerade deshalb, weil die Menschen vergessen, warum sie der Lehre über die Wahrheit zu folgen versuchen; weil sie nicht wirklich danach streben, anders zu werden und eine neue Güte in sich zu verwirklichen; und weil sie daher alles durcheinanderbringen, das Alte wie das Neue, sagt Christus: „Trachtet *am ersten* nach dem Reich Gottes und nach seiner Gerechtigkeit, so wird euch solches alles zufallen"[26]).

---

[26]) Matth. 6, 33.

X

GLAUBE

Erster Teil

Was ist Glaube? Viele vermeinen zu wissen, was Glaube ist. Aber *Glaube* ist nicht leicht zu verstehen. In den Evangelien wird er ein Samenkorn im Geist des Menschen genannt. Christus sagt: „So ihr Glauben habt wie ein *Senfkorn*, so möget ihr sagen zu diesem Berge: Heb dich von hinnen dorthin! So wird er sich heben", und er fügt die seltsamen Worte hinzu: „und euch wird nichts unmöglich sein". Christus sprach diese Worte zu seinen Jüngern, als es diesen mißlungen war, den epileptischen Knaben zu heilen, und als sie fragten, warum sie es nicht gekonnt hätten. Die unmittelbare Antwort auf ihre Frage lautet: „Um eures Unglaubens willen". Die Begebenheit wird wie folgt geschildert:

„Und da sie zu dem Volk kamen, trat zu ihm ein Mensch und fiel ihm zu Füßen und sprach: Herr, erbarme dich über meinen Sohn! Denn er ist mondsüchtig und hat ein schweres Leiden; er fällt oft ins Feuer und oft ins Wasser; und ich habe ihn zu deinen Jüngern gebracht, und sie konnten ihm nicht helfen. Jesus aber antwortete und sprach: O du ungläubige und verkehrte Art, wie lange soll ich bei euch sein? Wie lange soll ich euch dulden? Bringt mir ihn hierher! Und Jesus bedrohte ihn, und der Teufel fuhr aus von ihm, und der Knabe ward gesund zu derselben Stunde. Da traten zu ihm seine Jünger besonders und sprachen: Warum konnten wir ihn nicht austreiben? Jesus aber antwortete und sprach zu ihnen: um eures Unglaubens willen. Denn wahrlich ich sage euch: So ihr Glauben habt wie ein Senfkorn, so mögt ihr sagen zu diesem Berge: Hebe dich von hinnen dorthin! So wird er sich heben; und euch wird nichts unmöglich sein"[1]).

---
[1]) Matth. 17, 14—20.

Neben vielen anderen Einteilungen werden die Menschen in den Evangelien in solche, *die Glauben haben,* und solche, *die keinen Glauben haben,* eingeteilt. Es erscheint jedoch seltsam, daß gerade den Jüngern, die an Christus glauben und nur seinetwillen alles aufgegeben hatten, gesagt wird, sie gehörten zu denen, die keinen Glauben besäßen. Wir wollen zu verstehen suchen, was gemeint ist. Glaube ist nicht, wie die Menschen annehmen, ein *Für-wahr-halten.* Nikodemus glaubte an Christus, weil dieser Wunder vollbrachte; aber Christus ließ das nicht gelten und sagte zu ihm: „Es sei denn, daß jemand von neuem geboren werde, kann er das Reich Gottes nicht sehen"[2]). Glaube ist mehr als nur ein Für-wahr-halten; Christus nennt ihn ein *Samenkorn,* und ein Samenkorn ist etwas Organisches; es hat selbständiges Leben in sich und kann aus eigener Kraft wachsen. Wenn ein Mensch ein Samenkorn des Glaubens in sich hat, dann ist er in genau dem gleichen Sinn lebendig, in dem im Gleichnis vom verlorenen Sohn gesagt wird: „denn dieser mein Sohn war tot, und ist wieder lebendig worden"[3]). Es sei auch daran erinnert, daß in diesem Gleichnis der jüngere Sohn „in sich schlug" und sich umwandte und zu „seinem Vater kam" – das heißt, daß er in einer *bestimmten* Richtung ging. Wir wollen zunächst die Vorstellung von diesem „In-einer-Richtung-gehen" betrachten, müssen uns aber darüber klar sein, daß es nicht leicht zu erfassen ist, was *Glaube* bedeutet. Als bei der oben angeführten Begebenheit der Vater des epileptischen Knaben sagt, daß die Jünger ihn nicht heilen könnten, ruft Christus aus: „O du ungläubige und *verkehrte* Art". Es ist von größter Wichtigkeit, diese Worte zu verstehen, weil sie ein erstes Licht auf den Begriff „Glauben" fallen lassen. Was bedeutet dieses Wort *verkehrt,* und warum folgt es unmittelbar auf das Wort *ungläubig?* Auf den ersten Blick scheint eine Verbindung zwischen diesen beiden Eigenschaftswörtern nicht zu bestehen. Die Menschen werden ungläubig und *verkehrt* genannt. Welches ist die Verbindung? Im Griechischen bedeutet das mit „verkehrt" übersetzte Wort

---
[2]) Joh. 3, 3.
[3]) Luk. 15, 24.

„sich in viele Richtungen wenden". Also, *keinen Glauben* zu haben, der Glaubenseigenschaft zu entbehren, *ungläubig* zu sein, ist verknüpft mit dem Sich-in-viele-verschiedene-Richtungen-wenden, mit der Unfähigkeit, einer Richtung zu folgen. Was Christus sagt, ist: „O du Menschengeschlecht ohne Glauben, das sich in alle Richtungen dreht." Ein Mensch ohne Glauben, ein glaubensloser Mensch, ist *verkehrt* in diesem Sinn. Er dreht sich in viele verschiedene Richtungen, ohne je zu wissen, wohin er geht. Auch im gewöhnlichen Leben wenden sich die Menschen immer wieder in die verschiedensten Richtungen; im einen Augenblick glauben sie an etwas oder geben sich einer Stimmung hin, und im nächsten Augenblick glauben sie an etwas anderes oder geben sich einer anderen Stimmung hin. Man braucht nur *sich selbst* zu beobachten, um zu sehen, daß das so ist. Ist es nicht richtig, daß man fast durch jedes Buch, das man liest, durch jede Meinung, die man hört, durch jeden Wechsel der Umstände und der Mode in eine andere Richtung gedreht wird? Und malt nicht jede Stimmung das Leben in anderen Farben? Die Menschen aber glauben, eine andauernde innere Festigkeit zu haben, und es ist richtig, daß sie eine Art von Stabilität fühlen, solange die allgemeinen Bedingungen des Lebens sich nicht ändern; aber das ist kaum in ihnen selbst begründet. Wir brauchen bloß die Geschichte zu verfolgen, um zu sehen, wie im tiefsten Sinne ziellos das Leben ist.

Die Begebenheit mit dem epileptischen Knaben und das Versagen der Jünger bei der Heilung, auf Grund ihres Unglaubens, werden unmittelbar nach dem Bericht über die Verklärung Christi verzeichnet.

„Und nach sechs Tagen nahm Jesus zu sich Petrus und Jakobus und Johannes, seinen Bruder, und er führte sie beiseite auf einen hohen Berg; und ward verkläret vor ihnen; und sein Angesicht leuchtete wie die Sonne und seine Kleider wurden weiß als ein Licht"[4]).

Und wem begegneten sie, als sie vom Berge der Verklärung herabgestiegen waren? Sie begegneten der dunklen, bösen, ungesunden

---
[4]) Matth. 17, 1—2.

Welt dort unten, dargestellt durch den epileptischen Knaben, der sich bald ins Feuer und bald ins Wasser wirft und der umgeben ist von Volk, das keinen Glauben hat und sich nach jeder Richtung dreht! Das ist der Gegensatz, der gezeichnet wird. Die Menschheit ohne Glauben ist wie der epileptische Knabe – der Knabe, der tatsächlich als unter dem *Einfluß des Mondes* stehend geschildert wird, denn im Griechischen bedeutet das mit epileptisch übersetzte Wort buchstäblich „mondsüchtig", also „irre" oder „wahnsinnig". Und wir können in dieser Verknüpfung der erzählten Ereignisse mit den Worten Christi, als er vom Berge der Verklärung auf die Ebene des Lebens herniederstieg, einen wichtigen Hinweis auf die Bedeutung von *Glauben* erkennen. Wenn berichtet wird, daß Christus hinaufstieg, abseits, auf einen hohen Berg, und verklärt wurde – im Griechischen bedeutet das buchstäblich *Metamorphose* oder Umwandlung der Gestalt, eine Wandlung über alle gewöhnliche Gestalt hinaus, ebenso wie μετάνοια eine Wandlung über den gewöhnlichen Geisteszustand, über die gewohnten Formen des Denkens hinaus darstellt –, dann bedeutet das, daß es eine höhere Art Mensch als Möglichkeit gibt und daß Glaube zu dieser Vorstellung vom Menschen – zu der Vorstellung der möglichen Umwandlung des Menschen – gehört. Christus wurde in Gegenwart seiner drei Jünger verwandelt. Er zeigte ihnen etwas, was man unmöglich verstehen und nur mit den Worten „er bestieg einen hohen Berg" umschreiben kann – daß die Verwandlung des Menschen Wirklichkeit ist. Das bewies er ihnen auf seine Weise – wie, wissen wir nicht. Aber sie konnten es kaum verstehen und waren nicht nur erschreckt, sondern, wie es in einer Fassung heißt, so *schläfrig*, daß sie nichts von dem, was vor sich ging, auffassen konnten, bis sie voll *erwacht* waren. Im Lukas-Evangelium wird das mit den folgenden Worten ganz klar gesagt: „Petrus aber und die mit ihm waren, waren voll Schlafs. Da sie aber aufwachten, sahen sie seine Klarheit..."[5]. Es würde nun ein großer Fehler sein, zu denken, daß hier nur körperlicher Schlaf gemeint sei. Es war Tag. Warum sollten die Jünger bei Tage voll Schlafs sein? Und selbst, wenn

---

[5] Luk. 9, 32.

das der Fall wäre, warum sollte eine solche Einzelheit berichtet werden? Der Schlaf, der hier gemeint ist, ist kein gewöhnlicher Schlaf. In den Evangelien wird manches Wort nicht in seiner gewöhnlichen Bedeutung, sondern in einem besonderen Sinn verwendet und gewinnt dann eine ganz andere Bedeutung. Zum Beispiel bezieht sich das Wort „tot", wie es in den Evangelien gebraucht wird, nicht unbedingt auf körperlichen Tod. Tote Menschen, vom Standpunkt der Lehre über den Menschen in den Evangelien, sind nicht in den Gräbern, sondern auf Erden wandelnde Menschen. Wenn Christus sagt: „Laß die Toten ihre Toten begraben"[6]), meint er damit offensichtlich nicht buchstäblich tote Menschen. Wie könnten buchstäblich tote Menschen tote Menschen begraben? Die Einteilung in *tote* und *lebendige* Menschen hat einen besonderen Sinn. Der Ausdruck: „die Lebendigen und die Toten" bezieht sich auf Personen, die innerlich lebendig sind, und solche, bei denen das nicht der Fall ist, die also schon tot sind. Der Mensch, der ins äußere Leben versunken ist, den nichts berührt als die Interessen der Welt, der Macht, des Geldes, der Stellung und des Wettbewerbs, ist *tot*. Ebenso werden die Menschen in die *schlafenden* und die *wachenden* eingeteilt. Ein Mensch, der zu erwachen beginnt, ist ein Mensch, der nicht nur fähig ist, eine höhere Bedeutung des Lebens jenseits der gewöhnlichen zu verstehen, sondern ihrer Wirklichkeit gewiß ist: und verstehen und gewiß sein, daß es einen Sinn jenseits des Lebens gibt und daß das irdische Leben zur Erklärung des Menschen nicht ausreicht, bedeutet den Beginn des Erwachens aus dem Schlaf. Die Jünger waren im gewöhnlichen Sinn des Wortes nicht wirklich eingeschlafen, aber in einem anderen Sinn waren sie wirklich eingeschlafen. Sie waren eingeschlafen in bezug auf einen höheren Sinn. Sie waren geistig und gefühlsmäßig eingeschlafen in bezug auf die Vorstellung der letzten Bedeutung des menschlichen Lebens, die Christus ihnen durch seine Verklärung enthüllte. Sie schliefen in bezug auf die gesamte Vorstellung von der Verwandlung des Menschen; denn es wird oftmals gesagt, daß sie Christus nur als den vorbestimmten Messias, den Befreier eines

---
[6]) Matth. 8, 22.

unterdrückten Volkes, ansahen und glaubten, daß er ein wunderbares Königreich auf Erden gründen würde, in dem sie die höchsten Stellen einnehmen und die meisten Güter und die größte Macht haben würden. Und da sie blind waren gegenüber der Lehre Christi vom Himmelreich und schliefen gegenüber der Vorstellung von der Verwandlung des Menschen, als diese sich tatsächlich vor ihren Augen vollzog, wird von ihnen gesagt, sie wären „voll Schlafs". Die Beschaffenheit ihres Geistes, ihr Grad von *Bewußtheit*, ihre Ebene des Verstehens waren nicht entwickelt genug. Kein Mensch kann etwas erkennen oder das Vorhandensein von etwas bemerken, das eine höhere Entwicklungsstufe des Geistes oder des Bewußtseins erfordert, als er besitzt. Ein Mensch schläft gegenüber dem, was er nicht versteht. Denn für die große Mehrheit der Menschen gibt es das, was sie nicht verstehen, einfach nicht, und selbst die Möglichkeit seines Vorhandenseins wird lächerlich gemacht. Das gehört zu den gewöhnlichen Beschränkungen, die die Menschheit an ihren bestehenden Zustand fesseln. Aber es gibt noch besondere Umstände, die selbst den gebildeten Teil der Menschheit beschränken und auf die Qualität seines Verstehens und den Grad seines Bewußtseins zurückzuführen sind.

Glaube ist also mit der Vorstellung von *Verwandlung* verknüpft. Er ist nicht einfach ein Für-wahr-halten im gewöhnlichen Sinn, wie man von einem Menschen etwas hält oder, je nach den Umständen, auch nichts von ihm hält. Später werden wir in einer anderen den Glauben erläuternden Erzählung – bei dem Gespräch zwischen Christus und dem Hauptmann – sehen, daß *Glauben* im tiefsten Sinn die Überzeugung, die Gewißheit ist, daß es eine höhere Auslegung des Lebens gibt und daß als Folge eine Verwandlung des Menschen möglich ist. Die Eigentümlichkeit des *Glaubens* liegt in diesem Gedanken, daß die Lebensprobleme nur verstanden und gelöst werden können, wenn der Sinn dafür da ist, daß es etwas Höheres gibt als den Menschen, wie er ist, und daß der Mensch die Möglichkeit besitzt, sich zu verwandeln und völlig neue Ansichten über sein Leben auf Erden zu gewinnen. Es ist diese Eigentümlichkeit, die das Wesen des wahren

Glaubens ausmacht und die ihn vollkommen von dem unterscheidet, was man gemeinhin Glauben nennt. Wahrer Glaube unterhöhlt alle unsere alltäglichen und natürlichen Ansichten, denn er führt von den weltlichen Ansichten *fort,* und zwar in einer Richtung, in der natürliche Ansichten und die Aussagen der Sinne ihre Beweiskraft verlieren. Und deshalb wird er *Samen* im Geiste des Menschen genannt – das heißt er gibt die Möglichkeit des Wachstums des inneren Menschen, die dieser nicht haben kann, solange er annimmt, daß das Leben, so wie es ist, das Ziel des Menschen darstellt und nicht nur einen Weg zu etwas anderem. Denn wenn wir annehmen, daß das Leben ein Ziel in sich selbst ist, und zwar das einzige Ziel, können wir keinen Glauben haben und erwünschen ihn auch nicht. Wenn aber der Gedanke in uns erwacht, daß das Leben nicht in sich selbst Ziel sein kann, sondern nur Weg zu einem Ziel – und solch ein Gedanke steigt in jedem Menschen hin und wieder auf –, dann, gerade in diesem Augenblick *neuen Denkens,* erleben wir eine Andeutung von *Glauben.* Christus, im Augenblick der Verwandlung, stellt einen Menschen auf höherer innerer Ebene dar – auf einer weit höheren Ebene. Sein Abstieg vom Berg stellt sein Herniedersteigen auf die gewöhnliche Ebene des täglichen Lebens dar – eine Ebene des Wahnsinns und der Krankheit, die sozusagen vom Zunehmen und Abnehmen des Mondes beherrscht wird. Und alle diese Gedanken werden in der Szene auf dem Berge der Verklärung lebendig dargestellt, und weit unten war der epileptische Knabe, den die Jünger nicht heilen konnten.

Zweiter Teil

Wir haben schon gesehen, daß *Glaube* mit einem im Menschen lebendig wirksamen *Samen* verglichen wird und nicht nur passives Für-wahr-halten ist. Aber um vom Sinn des Glaubens noch mehr zu verstehen, wollen wir die Ergebnisse betrachten, die aus dem Besitz von Glauben entspringen. Christus sagt: „So ihr Glauben habt

als ein Senfkorn ... wird euch nichts unmöglich sein"⁷). Das Ergebnis des Glaubens ist, daß dem Menschen nichts unmöglich ist. Der Besitz von Glauben macht das Unmögliche möglich. An anderer Stelle – in dem im 9. Kapitel des Markus-Evangeliums gegebenen entsprechenden Bericht – heißt es: „Alle Dinge sind möglich dem, der da glaubet"⁸). Im ersten Augenblick kann es scheinen, als besäße der gläubige Mensch die *Macht, etwas zu tun*. Aber das trifft nicht genau das Gesagte. Der Besitz von Glauben macht Dinge *möglich,* und das hat einen anderen Sinn. Für den Menschen, der Glauben hat, werden Dinge möglich, die sonst unmöglich sind. Es ist nicht der Mensch selbst, sondern der Glaube in ihm, der die Dinge möglich macht. Für den Menschen, der Glauben hat, werden alle Dinge möglich, und nichts ist unmöglich. Unsere gewöhnliche Vorstellung von Macht ist mehr oder weniger mit Gewalttätigkeit verknüpft. Zum Beispiel können Menschen *gezwungen* werden, zu gehorchen. Aber die Macht, die einem durch Glauben zuteil wird, ist anders. In Gegenwart eines Menschen, der wirklich Glauben im Sinne Christi besitzt, werden Dinge *möglich*. Solch ein Mensch hat Macht, da die Dinge, eben weil er Glauben besitzt, keine eigene Macht mehr haben und dadurch für ihn möglich werden. Die Dinge werden ihrer gewöhnlichen, natürlichen Macht beraubt, und besonders ihrer schädigenden Macht. Diesem Gedanken kann man im Neuen Testament oft begegnen; an einer Stelle wird er mit folgenden Worten ausgedrückt: „Die Zeichen aber, die da folgen werden denen, die da glauben, sind die: In meinem Namen werden sie ... Schlangen vertreiben, und so sie etwas Tödliches trinken, wird's ihnen nicht schaden; auf die Kranken werden sie die Hände legen, so wird's besser mit ihnen werden"⁹). So werden die Dinge durch den Glauben ihrer gewöhnlichen Macht entkleidet. In dieser Hinsicht gleicht Glaube der Wahrheit. Wahrheit hat Macht über Lüge nur dadurch, daß sie die Lügen ihrer Macht entkleidet. Zum Beispiel, wenn ein Mensch, inmitten all seiner Lügen,

---

⁷) Matth. 17, 20.
⁸) Mark. 9, 23.
⁹) Mark. 16, 17—18.

der Wahrheit Einlaß gewährt, verlieren die Lügen alle Macht über ihn, und er wird geistig gesund.

Die Jünger hatten ihr Bestes getan, und sie konnten den epileptischen Kranken doch nicht heilen. Sie hatten sich auf ihre eigene Macht verlassen, aber, wie der Vater des Kranken sagt: „Sie können's nicht". Und Christus bricht in den Ausruf aus: „O du ungläubiges Geschlecht, wie lange soll ich bei euch sein?"[10]) Die Jünger fragten ihn nachher, warum sie versagt hätten. Die Antwort lautet: „Um eures Unglaubens willen". Die Heilung war für sie unmöglich, weil sie nicht das kleinste *Samenkorn des Glaubens* besaßen. Dennoch waren sie die Jünger Christi. Aber selbst nachdem sie die Heilung des epileptischen Knaben angesehen hatten, besaßen sie noch keinen *Glauben,* denn wahrer Glaube entspringt nicht äußerlich gesehenen Wundern und dem Für-wahr-halten derselben. Weil sie keinen Glauben hatten, war die Heilung des Knaben für sie unmöglich. Sie konnten nicht Herr der Lage werden. Das Mittel, das nötig war, um die Krankheit zur Aufgabe ihrer eigenen Macht zu veranlassen, fehlte ihnen. Der Vater des Knaben sagt zu Christus: „Kannst du aber was, so erbarme dich unser und hilf uns." Christus sagt: „Wenn du könntest glauben, alle Dinge sind möglich dem, der da glaubt." Der Vater in seiner Verzweiflung ruft: „Ich glaube, lieber Herr, hilf meinem Unglauben"[11]). Die Berichte über die Heilung sowohl bei Markus wie bei Matthäus werfen ein helles Licht auf den Glauben und die aus seinem Besitz entspringenden Kräfte. Glaube – πίστις – steht in Verbindung mit einer gewissen Kraft – δύναμις – d. h. Glaube ist in besonderer Art kraftgeladen. Aber die Kraft des Glaubens stammt nicht von außen, nicht von Stellung, von weltlicher Macht oder von irgend etwas Äußerem. Noch können sichtbare Dinge dem Glauben als Beweis dienen; aus solchen Quellen leitet er seine Kraft nicht her. Er bildet sich nicht in den nach außen gewandten Seiten des Menschen, die sich mit dem Leben oder den gegenständlichen Dingen befassen oder mit

---
[10]) Mark. 9, 18—19.
[11]) Mark. 9, 22—24.

den Pflichten und Sorgen des menschlichen Daseins. Auf *dieser Ebene* steht er nicht. Er gehört zu einer Ebene des Geistes, die über den gewöhnlichen, sichtbaren Dingen liegt. Er ist wie ein dem Menschen dargebotenes, weit *über ihm selbst* liegendes Ziel. Es ist gleichsam, als ob der Mensch durch den Glauben eine Verbindung auftun könnte von dem Raum, in dem er sich gewöhnlich aufhält, zu einem in einem höheren Stockwerk gelegenen Raum, wo die Menschen eine andere Art des Lebens leben, dessen Dasein zu fühlen und für sich selbst zu entdecken, ihm seine eigene Überzeugungskraft ermöglicht hat. Denn der Gedanke des Glaubens kann nicht verstanden werden, solange nicht der Gedanke verschiedener Ebenen im Menschen verstanden wird. Der Mensch lebt nicht auf der höchsten Ebene in sich selbst. Eine höhere Ebene erwartet ihn. Er ist nicht vollendet; und nur er selbst kann sich vollenden. Nichts Äußeres kann ihn vollenden – das heißt: kann ihn zu seiner höchsten Entwicklung bringen. Solange er nicht überzeugt ist, daß in dieser die wirkliche Erklärung seines Daseins liegt, bleibt sein Geist gegen diese Möglichkeit – und damit gegen alles Höhere – verschlossen. Das Höhere liegt *in ihm;* aber bislang ihm unbekannt und unerschlossen. Wenn er die Überzeugungskraft dieses Gedankens spürt, tut sich ihm ein neuer Sinn auf. Eine neue Geburt wird möglich. Eine andere Ebene des Denkens, Fühlens und Verstehens wird möglich. In jedem ist ein *Neuer Mensch* verborgen. Deshalb sprechen die Evangelien nicht vom Leben oder wie man im Leben vorankommt, sondern von diesem *Neuen Menschen,* der in jedem Menschen verborgen wartet. Ihre Lehre handelt von der höheren Ebene – das heißt von der *Entwicklung des Menschen.* Der Gedanke, daß der Mensch sich wandeln kann, ist nicht auf die Lehre in den Evangelien beschränkt. Er ist in vielen alten Lehren zu finden. Er ist die einzige wirkliche Grundlage für eine *Psychologie des Menschen.* Eine echte Psychologie der Eichel muß von der Tatsache ausgehen, daß sie zu einem Eichbaum werden kann; sonst kann ihr Dasein nur für verfehlt gehalten und können nur völlig falsche Ansichten über sie entwickelt werden. Im Bau des Nervensystems finden wir viele deutlich voneinander unterschiedene

Ebenen, eine über der anderen, auf denen alles in ganz verschiedener Art angeordnet und dargestellt ist. Die niedere Ebene kann die höhere nicht verstehen, und die niedere Ebene muß der höheren gehorchen, weil sie ihre Macht an die höhere abgetreten hat. Der Mensch braucht bloß den Gedanken zu fassen, seinen Arm zu bewegen, und er kann es tun. Alle niederen Ebenen gehorchen dem Gedanken. Ein Mensch, der sich auf seine Sinne stützt und von dieser geistigen Ebene aus denkt, kann Glauben nicht verstehen. Glaube ist bereits die absolute Gewißheit einer höheren Ebene und bringt damit schon den Einfluß dieser höheren Ebene zur Wirksamkeit im Menschen. Betrachten wir in dieser Verbindung eine andere Begebenheit, bei der die Bedeutung von Glauben behandelt wird – die Begegnung Christi mit dem Hauptmann.

„Und eines Hauptmanns Knecht lag todkrank, den er wert hielt. Da er aber von Jesus hörte, sandte er die Ältesten der Juden zu ihm und bat ihn, daß er käme und seinen Knecht gesund machte. Da sie aber zu Jesu kamen, baten sie ihn mit Fleiß und sprachen: Er ist es wert, daß du ihm das erzeigest; denn er hat unser Volk lieb, und die Schule hat er uns erbaut. Jesus aber ging mit ihnen hin. Da sie aber nun nicht ferne von dem Hause waren, sandte der Hauptmann Freunde zu ihm und ließ ihm sagen: Ach Herr, bemühe dich nicht; ich bin nicht wert, daß du unter mein Dach gehest. Darum habe ich auch mich selbst nicht würdig geachtet, daß ich zu dir käme; sondern sprich ein Wort, so wird mein Knecht gesund. Denn auch ich bin ein Mensch, der Obrigkeit untertan, und habe Kriegsknechte unter mir, und spreche zu einem: Gehe hin! so geht er hin; und zum andern: Komm her! so kommt er; und zu meinem Knecht: Tu das! so tut er's. Da aber Jesus das hörte, verwunderte er sich über ihn und wandte sich um und sprach zu dem Volk, das ihm nachfolgte: Ich sage euch: Solchen Glauben habe ich in Israel nicht gefunden! Und da die Gesandten wiederum nach Hause kamen, fanden sie den kranken Knecht gesund"[12].

---

[12] Luk. 7, 2—10.

Warum sagt Christus hier, er sei niemals größerem Glauben begegnet? Der Hauptmann drückte mit seinen Worten den wesentlichen Gehalt von Glauben aus. Er kannte aus eigener Erfahrung als Soldat, daß es Höheres und Niederes gibt – das heißt, das, was über einem, und das, was unter einem ist –, und daher, als Ergebnis seines eigenen Nachdenkens, war er zu der Überzeugung gekommen, daß es ein Höheres und ein Niederes geben muß – und zwar nicht nur in der äußeren sichtbaren Welt. Der Hauptmann sagt: „Darum habe ich auch mich selbst nicht würdig erachtet, daß ich zu dir käme." Hier bedeutet das Wort „würdig" im Griechischen „auf derselben *Ebene*". Der Hauptmann wußte um menschliche *Ebenen*. Er verstand, daß alles eine Frage von *Ebenen* ist – das heißt, er verstand *Höheres und Niederes als Ordnungsprinzip* und wußte, daß die niedere Ebene der höheren aus der Natur der Dinge heraus gehorchen muß. Er verstand vor allem, daß Christus auf einer höheren Ebene stand als er selbst. Es war ihm klar, daß alles, was Christus tat und sagte, von einer *höheren Ebene* aus geschah als die Ebene, von der aus er selbst handelte und sprach. Ebenfalls wußte er, daß auch Christus *einer höheren Ebene gehorchte*, gleich wie er, der Hauptmann, denen gehorchte, die über ihm standen und größere Autorität besaßen als er selbst. Und wie oft in den Evangelien weist Christus nicht mit deutlichen Worten auf diesen Gehorsam dem Höheren gegenüber hin! Er war nicht frei. Er gehorchte einem anderen Willen, und durch diesen besaß er Macht. Welche Macht könnte der Hauptmann haben, wenn er nicht denen, die über ihm standen, gehorchte? Durch Gehorsam gegen die, die über ihm standen, hatte er Macht über die, die unter ihm standen. Keiner der ihm untergeordneten Soldaten würde ihm gehorchen, wenn er selbst nicht seinen Vorgesetzten gehorchte. Das verstand er und erkannte daher die Quelle von Christi Macht, so daß Christus ausruft: „Ich sage euch, solchen Glauben habe ich in Israel nicht gefunden".

Da der Begriff Glaube mit der Fähigkeit verknüpft ist, Dinge zum Gehorsam zu bringen, ist es klar, daß er auch mit der Macht

verknüpft ist, die ein Mensch über sich selbst gewinnen kann, in dem Sinne, daß er alles, was in ihm ist, seine verschiedenen Wünsche, verschiedenen vorübergehenden Bestrebungen, Gedanken, Stimmungen und so weiter gegenüber einem gewissen Etwas in ihm zum Gehorsam zwingen kann, und zwar vermöge der Tatsache, daß dieses Etwas in ihm alle diese verschiedenen Dinge ihrer Macht, auf ihn einzuwirken, entblößt. Das griechische Wort für Glaube – πίστις – stammt von dem Tätigkeitswort πείθω – „überzeugen" oder „*zum Gehorchen* bringen". Was im Menschen wird alle Seiten seines Wesens zum Gehorchen bringen? Welche Überzeugung in seiner Seele wird ihn in eine Lage bringen, in der alles in ihm Wohnende ihm seine Macht überläßt? Wenn ein Mensch dieses Geheimnis fände, würde er Herr über sich selbst sein, nicht unmittelbar durch eigene Kraft, sondern durch die Kraft, vom Glauben verliehen.

Dies ist der Punkt, wo der Mensch *sich selbst gestalten* muß. Aber diese Aufgabe der Selbstgestaltung kann nicht auf gut Glück gelöst werden. Sie muß sich auf Vorstellungen stützen, die über gewöhnliche Anschauungen hinausgehen. An Dinge zu glauben, die wir sehen können, gestaltet uns nicht. Von allem, was wir äußerlich erfahren, können wir dieses oder jenes herausgreifen und als Wahrheit erachten. Aber solche Wahrheit ist äußerlich, und ihre Quelle liegt im sichtbaren Leben. Die Quelle des Glaubens liegt im unsichtbaren Leben. Die Jünger hatten keinen *Glauben*, weil sie von Christus nur als von einem außergewöhnlichen Menschen und Wundertäter beeindruckt waren. Und in gewissem Sinne konnten sie, solange Christus als sichtbares Wesen bei ihnen war, *Glauben* nicht haben und sich daher auch nicht *selbst gestalten*. In gewissem Sinn prüfte Christus sie, indem er hart mit ihnen umging. Christus verletzte die Menschen, denen er begegnete. Selbst seine Jünger, wie viele andere seiner Zuhörer, *wagten nicht, ihm Fragen zu stellen*. So heißt es im Matthäus-Evangelium, nachdem Jesus die Pharisäer (die gesagt hatten, der erwartete Christus sei der Sohn Davids) mit den Worten zurechtgewiesen hatte: „So nun David ihn einen Herrn nennt, wie ist er denn sein Sohn?", daß ihm niemand antworten konnte „und wagte auch

niemand von dem Tage hinfort, ihn zu fragen"[13]). Und bei Markus lesen wir, daß selbst seine Jünger, als Christus ihnen von seinem bevorstehenden Tode und seiner Auferstehung sprach, „das Wort nicht vernahmen und fürchteten, ihn zu fragen"[14]). Die Aufgabe war, die Jünger zum Glauben zu bringen, nicht *wegen,* sondern *trotz* allem, was vor sich ging – und die Kreuzigung, die unwürdigste Todesart, war an sich schon eine Prüfung, ganz abgesehen von dem, was sie sonst noch bedeutete. Denn als die Jünger lediglich mit dem, was sie gelehrt worden war, zurückgeblieben waren, mit einigen seltsamen Vorstellungen, Gleichnissen, Verkündigungen und wahrscheinlich vielem, das wiederzugeben niemals versucht worden ist, mußten sie alles das, was sie gesehen und gehört hatten – alles was sie durch die Kanäle der Sinne aufgenommen hatten –, in den *lebendigen Samen,* der da Glaube heißt, verwandeln. Sie mußten der äußeren Grundlage ihres Glaubens beraubt werden, damit dieser sich in ihnen auf neuer Grundlage festwurzeln konnte, entsprechend der Verheißung, die Christus ihnen gegeben hatte: „Aber der Tröster, der heilige Geist, welchen mein Vater senden wird in meinem Namen, derselbige wird euch alles lehren, und euch erinnern alles des, das ich euch gesagt habe"[15]).

Entweder behaupten die Menschen, daß es keinen Gott gäbe, weil schreckliche Dinge auf Erden geschähen, oder sie sagen: Wenn es etwas Höheres gibt, warum wird uns nicht genau gesagt, was es ist, was wir zu tun haben, und so weiter? Auf die erste Behauptung lautet die Antwort: es wird ja ausdrücklich gesagt, daß Gottes Wille auf Erden nicht geschieht. Die Antwort auf die zweite Frage ist, daß die Menschen sich nicht entwickeln – das heißt nicht zu einer neuen Geburt in sich selbst kommen können –, wenn sie lediglich äußerem Beispiel folgen oder sich auf irgendwelche, von den Sinnen hergeleitete Gedanken oder Vorstellungen verlassen. Wahrheit, die im Menschen eine Wandlung hervorzurufen fähig ist, kann und muß auf diesem Weg in ihn gesät werden. Doch wenn sie allein auf das

---
[13]) Matth. 22, 45—46.
[14]) Mark. 9, 32.
[15]) Joh. 14, 26.

Sinnenhafte trifft, so fällt sie „an den Weg" und wird zertreten. Der Mensch muß *über sich selbst hinaus* hören und empfangen – über alles hinaus, was er vom gewöhnlichen Leben, seinen Problemen und Beweisen gelernt hat, über alle gewöhnlichen Beobachtungen und über seine begrenzte Kraft des Verstehens hinaus, die er in Raum und Zeit erworben hat. Alles, was ihn erneuern, wiedergebären und wandeln kann, muß über *diese Ebene* hinausgehoben werden, denn es hat ja nur den einen Zweck, in ihm eine *andere Ebene* zu eröffnen. So trägt es Keimkraft in sich, und obwohl es von außen kommt, hat es eine höhere Bestimmung, da es einer höheren menschlichen Entwicklungsstufe angehört; es ist, kurz gesagt, das erste Glied in einer Reihe anknüpfender Vorstellungen und Gedanken, ein Ferment und Sauerteig, der zu einer Verbindung mit jener höheren Ebene und einer Wandlung im Verstehen der Bedeutung des irdischen Lebens führt. Wir müssen die Entwicklung des Menschen als innere Anknüpfung an eine in ihm vorhandene Möglichkeit betrachten — gerade wie der Eichbaum als *Möglichkeit* in der Eichel ruht und eine *höhere Entwicklungsebene* der Eichel darstellt – und müssen verstehen, daß diese Anknüpfung nur möglich werden kann durch wachsende Intensität der Einsicht und Überzeugung, bis der Mensch befähigt ist, sozusagen das Steuer herumzuwerfen und in neuer Richtung zu gehen – in jener *einen* und einzigen Richtung, von der Christus so anhaltend in Bildern und Gleichnissen spricht: dann können wir auch verstehen, daß passiver Glaube durch das, was die Sinne zeigen, nutzlos ist, und daß Glaube etwas Lebendiges und ständig im Menschen Wirkendes sein muß, wenn seine höchste Kunst, seine *Alchimie*, zur Auswirkung kommen soll, nämlich die Schaffung des *Neuen Menschen* im Menschen. Bei diesem Vorgang nun müssen die Gesetze einer anderen Ordnung, die höher ist als die eigene, den Menschen zu beeinflussen und zu verändern anfangen, geradeso wie eine Eichel, um die in ihr ruhende mögliche Umwandlung zu vollziehen, sich nach und nach den Gesetzen des Eichbaums unterwerfen und schließlich aufhören muß, eine Eichel zu sein.

Dritter Teil

Die Jünger sagten zu Christus: „Stärke uns den Glauben"[16]). Welche Antwort erhielten sie, und inwiefern erhellt diese die Bedeutung des Wortes *Glaube*, das in den Evangelien so oft als feststehender Begriff benutzt wird und doch so schwer zu verstehen ist, daß die Menschen es als „Für-wahr-halten" hinnehmen?

Die Gelegenheit, bei der die Jünger diese Frage tun, wird im siebzehnten Kapitel des Lukas-Evangeliums wiedergegeben. Christus spricht zuerst von der Schwierigkeit, die Lehre zu *leben*. Schwierigkeiten müssen notwendigerweise entstehen. Lediglich durch den Versuch, mit der praktischen Ausübung der Lehre zu beginnen, werden noch nicht alle Nöte beseitigt. Christus sagt seinen Jüngern: „Es ist unmöglich, daß nicht Ärgernisse kommen; weh aber dem, durch welchen sie kommen"[17]). Er spricht von Schwierigkeiten, die zwischen denen, die der Lehre folgen, auftreten werden. Und selbst hierbei konnten die Jünger wahrscheinlich nicht verstehen, daß es sich in der Lehre um eine innere Schulung handelt. Er fährt fort: „Es wäre ihm nützer, daß man einen Mühlstein an seinen Hals hängte, und würfe ihn ins Meer, denn daß er dieser Kleinen einen ärgert"[18]). Das bezieht sich nun nicht auf kleine Kinder, sondern auf Menschen, die gerade versuchen, die Lehre Christi zu verstehen. Sie sind klein im Verstehen (im Griechischen μικρός – mikroskopisch –, was nichts mit kleinen Kindern zu tun hat). Die Jünger mußten lernen, daß sie andere zu lehren haben würden. Solange sie annahmen, daß sie bei der Nachfolge Christi einem künftigen irdischen König folgten, muß das eine seltsame Vorstellung für sie gewesen sein. Es werden dann von Christus folgende Worte berichtet: „Hütet euch" – (wörtlich: seid aufmerksam auf euch!) – „So dein Bruder an dir sündigt, so ermahne ihn; und so es ihn reut, vergib ihm. Und wenn er siebenmal des Tages an dir sündigen würde und sieben-

---

[16]) Luk. 17, 5.
[17]) Luk. 17, 1.
[18]) Luk. 17, 2.

mal des Tages wiederkäme zu dir und spräche: Es reut mich! – so sollst du ihm vergeben"[19]).

Christus spricht davon, wie der Mensch sich nach der Lehre zu *verhalten* hat. Die Menschen betrachten das Wissen gesondert vom Verhalten. Aber nach der Lehre muß sich der Mensch in bestimmter Weise gegenüber anderen *verhalten*. Die Jünger mögen gemerkt haben, daß Glaube nötig ist, um sich in dieser Weise verhalten zu können und daß es ohne ihn nicht möglich ist. Ganz buchstäblich genommen: es ist nicht einfach, einem Menschen an einem Tage siebenmal zu vergeben, selbst wenn er bereut.

Dann kommen die Jünger mit ihrer Bitte: „Und die Apostel sprachen zu dem Herrn: Stärke uns den Glauben". (Wörtlich sagen sie: „Füge unserm Glauben hinzu".) Es wird nicht sofort erwähnt, wie dem Glauben etwas hinzugefügt oder wie er gestärkt werden kann. Christus antwortet, indem er sagt, *„Wenn ihr Glauben habt"* – womit er auch hier wieder andeutet, daß sie ihn nicht haben. „Wenn ihr Glauben habt als ein Senfkorn, und sagtet zu diesem Maulbeerbaum: Reiß dich aus und versetze dich ins Meer! so wird er euch gehorsam sein"[20]). Jedes Hindernis, jede natürliche Schwierigkeit, wird machtlos und muß sich dem Willen eines Menschen fügen, der Glauben besitzt – nicht seinem gewöhnlichen Willen, sondern einem höheren Willen, auf anderer Ebene erwachsen und aus einer durch wahren Glauben in ihm eröffneten Quelle stammend. Christus beschreibt dann, wie der Glaube gestärkt werden könne, aber er tut es in Worten, die nicht unmittelbar mit der Bitte der Jünger in Verbindung zu stehen scheinen und die nicht immer als Antwort angesehen werden. Er sagt:

„Welcher ist unter euch, der einen Knecht hat, der ihm pflügt oder das Vieh weidet, wenn er heimkommt vom Felde, daß er ihm sage: Gehe alsbald hin und setze dich zu Tische? Ist's nicht also, daß er zu ihm sagt: Richte zu, was ich zu Abend esse, schürze dich und diene mir, bis ich esse und trinke; danach sollst du auch

---

[19]) Luk. 17, 3—4.
[20]) Luk. 17, 6.

essen und trinken? Danket er auch dem Knechte, daß er getan hat, was ihm befohlen war? Ich meine es nicht. Also auch ihr; wenn ihr alles getan habt, was euch befohlen ist, so sprechet: Wir sind unnütze Knechte: wir haben getan, was wir zu tun schuldig waren"[21]).

Welcher Sinn liegt hinter diesem ganz alltäglichen Bild? Inwiefern enthält es die Antwort auf die Bitte der Jünger: „Stärke uns den Glauben!"?

Glaube kann nur bei einer bestimmten seelischen Haltung vorhanden sein und wachsen. Wie muß diese Haltung beschaffen sein? Der Mensch muß sich bewußt sein, *unter Autorität* zu stehen. Der Hauptmann war sich dessen bewußt und konnte daher etwas vom Wesen des Glaubens verstehen. Er wußte, wovon Glaube abhängig ist, und damit, in gewissem Sinn, was Glaube ist.

Glaube ist das überzeugte und gewisse Anerkenntnis einer *höheren Ebene*, der alles, was im Menschen liegt, unterworfen werden muß. Man kann nicht handeln, wie es einem gefällt. Im Leben jedoch glaubt jeder handeln zu können und zu dürfen, wie es ihm beliebt. Man muß sich dazu bringen, der höheren Ebene, die in einem liegt, zu gehorchen. Der Mensch, der glaubt, ist nicht mehr nur ein Mensch – nur der „Mensch des Lebens" –, sondern er ist jetzt zwei. Eine Spaltung hat in ihm eingesetzt, die ihn in zwei Teile teilt. Er ist sowohl ein „Mensch des Lebens", als auch ein Mensch, der eines „anderen Lebens" gewahr geworden ist: nicht eines anderen Lebens nach dem Tode, sondern eines anderen Lebens *jetzt*, das *jetzt* in ihm möglich ist. Es gibt eine äußere, eine Lebens-Seite, die dem Außen-Leben zugewandt ist, der sichtbaren Welt und ihren Werten: und eine innere Seite, die dieser höheren Ebene zugewandt ist, von deren Vorhandensein der Mensch zuletzt überzeugt wird und von der er weiß, daß sie *in ihm liegt*.

Wenn ein Mensch so in *zwei* Menschen gespalten ist, wandelt sich seine gesamte Haltung sich selbst und dem Leben gegenüber. Er wird der höheren und der niederen Ebene in sich selbst gewahr.

---
[21]) Luk. 17, 7—10.

Bisher geschah alles, wenn es auch noch so gut war, von der niederen Ebene aus und haftete da. Und wenn das der Fall ist, kann der Mensch nicht umhin, nach *Anerkennung* und Belohnung bei allem seinem Tun auszuschauen, und seine eigene Güte oder Größe oder Langmut sich selbst zuzuschreiben. Er kann nicht anders; er wird für alles Besondere, alles Zusätzliche, was er tut, für jede Hilfeleistung, für jede lobenswerte Tat, jede besondere Anstrengung Belohnung erwarten. Sein „Gutes" liegt in der Welt – das heißt diese ist das beherrschende Prinzip der Entwicklungsebene, auf der er steht. Er tut alles in einer *bestimmten Weise*. Alles ist gefärbt von seinem *Selbst*, von Gefühlen des *Verdienstes*, der *Güte*, von Gedanken an *Belohnung*. Das ist seine Ebene des *Seins*, auf der er lebt, die einzige Ebene, die er kennt. Weil er keinen *Glauben* hat, hat er keine Vorstellung von einer höheren Ebene. Er hat keine Vorstellung von einer *höheren Ebene in sich selbst*, mit der verbunden zu werden er trachten könnte. Sein Wesen, sein *Selbst*, seine *Eigenliebe* überwuchern alles. Infolgedessen wird er im geheimen die Menschen hassen, die nicht mit ihm übereinstimmen, ihn nicht loben oder über ihn lachen, – auch wenn er es äußerlich nicht zeigt, weil das ja seinem Ruf schaden könnte. Und er wird kein Heilmittel dagegen finden, weil er sich so hinnimmt, *wie er eben ist*, und sich daher nicht wandeln kann. Er strebt nur danach, *besser*, aber nicht anders zu werden. Er möchte *derselbe* Mensch bleiben, wenn auch ein besserer, – nicht ein anderer werden, ein *wiedergeborener* Mensch.

Die gesamte Lehre Christi handelt von der Erreichung der höheren Ebene, die *Wiedergeburt* genannt wird. Seine Lehre handelt von *Entwicklung* – von der Entwicklung, die möglich ist und *auf den Menschen wartet*.

Es handelt sich in dieser Lehre nicht darum, der *selbe* Mensch zu bleiben und nur ein wenig besser zu werden, sondern darum, ein Neuer Mensch zu werden, geboren aus „Wasser und Geist", das heißt aus dem Glauben und seiner Wahrheit, und aus diesem Geist heraus zu leben, das heißt ihn zu *wollen*. Denn wenn auch eine andere Ebene in jedem Menschen vorhanden ist, kann sie doch nur

erreicht werden, indem das dem Menschen von ihr aus zufließende *Wissen* gelernt und gelebt wird. Alle Reden und Gleichnisse der Evangelien sind *Wissen* über diese höhere Ebene, diesen höheren, möglichen *Entwicklungsgrad* des Menschen. Das ist ihre Erklärung. Dieses *Wissen* entspricht nicht dem durch das sichtbare Leben und die Sinne erworbenen, leicht nachprüfbaren Wissen. Es muß vom *gesamten Geist* erfaßt werden. Das ist *Glaube*.

Glaube ist nicht das Für-wahr-halten des *Außergewöhnlichen*, weil Wunder verrichtet werden, sondern eine Erkenntnis, eine Einsicht, eine Überzeugung, daß es eine Art Wahrheit gibt, die über der Wahrheit der Sinne steht: und zwar eine, die die Sinne nicht unmittelbar vermitteln können – das heißt zu der sie nicht den Ausgangspunkt bilden können. Ein Mensch muß *jenseits seiner selbst* beginnen, – und *Glaube* ist der Ausgangspunkt. Und hier zählt alles, was er gedacht und still in der Einsamkeit seines Gemüts verstanden hat. Alles das zählt, wovon er nicht sprechen kann, alles, was ganz *innerlich* in ihm liegt und damit jenseits seiner nach außen gewandten, von den Sinnen bestimmten Seite – die in Wirklichkeit die Maschine in ihm ist. Denn alle solche Gedanken gehören in einen Bereich – den Bereich des Glaubens –, wo das Wissen benutzt und die Verknüpfung mit der *höheren* und *innerlichen* Ebene hergestellt werden kann, welche zu erreichen des Menschen wahre Entwicklung und der Sinn seines gesamten Daseins ist. Diese eigensten Gedanken, Überlegungen, Phantasien, Einbildungen, Betrachtungen, alle scheinbar ziellos und in Kindheit und Einfalt zurückreichend, gehören zu des Menschen *tiefster und bezeichnendster Seite*, und zwar darum, weil sie den Ausgangspunkt für das Wissen vom *Glauben* bilden können. Denn auch wenn der Mensch wirklichem Wissen begegnet, wie die Jünger Christi, kann er sich das, was ihn auf dem Wege der äußeren, auf den Sinnen fußenden Seite seines Wesens gelehrt wird, nur wirklich *aneignen*, sofern er es erwägt, ergrübelt, sich veranschaulicht und endlich mit der *inneren, tieferen Seite seines Wesens* erfaßt. Christus erwartete nicht, daß seine Jünger *verstünden*, was er sagte. Er wußte, daß sie das noch nicht konnten. Die

Menschen glauben, sie könnten etwas schon verstehen, wenn es ihnen nur gesagt wird. Aber seit Beginn der Zeiten ist den Menschen vielerlei *gesagt* worden. Und viele wissen sehr wohl, daß sich nichts ändern kann, solange sie nur äußerlich über sich und ihr Wesen nachdenken. In der Weise nachzudenken, daß man *sich zu wandeln* beginnt im Sinn der neuen Gedanken, des neuen Wissens, der neuen Wahrheit und des neuen Verstehens, – das ist nicht so leicht getan. Dennoch reden die Menschen und bemängeln einander, als ob man sich ohne weiteres sofort ändern könnte. Nein, niemand kann sich ändern, weder durch seinen eigenen Vorstellungskreis noch durch neues Wissen, – es sei denn, daß diesem Versuch eine innere Zustimmung vorangeht, eine seltsame innerliche Bewußtwerdung im Herzen selbst, die den Zugang zu einem anderen Verstehen eröffnet. Kein Mensch kann durch äußere Dinge oder seine äußeren Gedanken verwandelt werden. Und keiner wird durch Zwang verändert. Nichts, was in der Welt durch neue Abmachungen, Anordnungen, soziale Systeme, Regulierungen und so weiter geschieht, kann den Menschen *in sich selbst* verwandeln. Nur er selbst kann sich ändern, wenn er zur Wahrheit erwacht und die Wahrheit im Lichte ihrer selbst und nicht bloß im Lichte seines eigenen Vorteils und Interesses sieht; denn er kann sich nur durch das, *was er innerlich gesehen hat,* wandeln und niemals durch das, was ihm lediglich gesagt worden ist.

*

Was also ist der Sinn der Gleichnisse vom Glauben? Der Mensch muß bereit sein, in seinem Handeln *über sich selbst hinauszugehen,* will er den Glauben stärken. Was er tut, ist nichts. Um dem Wissen, das vom Glauben stammt, zu gehorchen, muß er im Leben anders handeln als andere Menschen.

Wie handelt nun der gewöhnliche Mensch im Leben? Er berechnet, was ihm zukommt. Wenn er fühlt, daß er mehr als andere zu tun hat, beklagt er sich. Das ist im ganzen Leben so, und alle Menschen sind so. Jeder denkt, er wird ungerecht behandelt, oder er müßte eine höhere Entlohnung bekommen. *Das ist das menschliche*

Leben. Um sich anders zu verhalten, muß man ein anderes *Gefühl dem Leben und sich selbst gegenüber* gewinnen. Angesichts des neuen Verstehens muß alles, was man tut, müssen alle Anstrengungen, die man macht, einem als nichtig erscheinen. Keine Soll- und Haben-Rechnung kann dann aufgemacht werden. Das Gleichnis vom Schalksknecht jedoch handelt nicht nur vom Leben. Es handelt auch vom Leben innerhalb der Lehre, innerhalb der *Schule*, die Christus aufrichtete. In der Lehre dieser Schule galt alles, was ein Mensch zu tun hatte – nichts. Er durfte keine Verdienstlichkeit dafür fühlen. Er hatte bloß seine Pflicht getan. Verdienstlichkeit zu fühlen, würde den *Glauben* zerstören. Es würde bedeuten, daß der Mensch nur die gewöhnliche Ebene in sich mit ihren gewöhnlichen Wertungen spürte. Von einem solchen Standpunkt aus könnte niemand arbeiten, könnte niemand sich wandeln und anders werden. Denn wenn der Mensch immer in derselben Weise fühlt und die gleichen Gedanken und gleichen Beschränkungen in sich unterhält, wie sollte er sich wandeln? Er muß *über sich hinausgehen,* um anders zu werden. Und wenn er es tut, muß er es als *nichts* ansehen. Das Wissen, das dem Glauben zugehört, und die Überzeugung von etwas Höherem, über einem selbst Stehenden lassen ihn seine eigene Armut und Unwissenheit derart fühlen, daß er, was für Anstrengungen er auch macht, alles als *nichts* ansieht. Er erwartet keine Belohnung; er nimmt keine Verdienstlichkeit für sich in Anspruch. Er weiß, daß er ein ungenügender, ein unnützer Knecht ist.

Vierter Teil

In einigen Gleichnissen über den Glauben werden Handlungen beschrieben, deren Beziehung auf den Begriff Glaube nicht ohne weiteres klar ist. Als Beispiel diene das Gleichnis der Sünderin, wie es im Lukas-Evangelium berichtet wird:
„Und siehe, ein Weib war in der Stadt, die war eine Sünderin. Da die vernahm, daß er zu Tische saß in des Pharisäers Hause,

brachte sie ein Glas mit Salbe und trat hinten zu seinen Füßen und weinte und fing an, seine Füße zu netzen mit Tränen und mit den Haaren ihres Hauptes zu trocknen, und küßte seine Füße und salbte sie mit Salbe. Da aber das der Pharisäer sah, der ihn geladen hatte, sprach er bei sich selbst und sagte: Wenn dieser ein Prophet wäre, so wüßte er, wer und welch ein Weib das ist, die ihn anrührt; denn sie ist eine Sünderin. Jesus antwortete und sprach zu ihm: Simon, ich habe dir etwas zu sagen. Er aber sprach: Meister, sage an. Es hatte ein Gläubiger zwei Schuldner. Einer war ihm schuldig fünfhundert Groschen, der andere fünfzig. Da sie aber nicht hatten zu bezahlen, schenkte er's beiden. Sage an, welcher unter denen wird ihn am meisten lieben? Simon antwortete und sprach: Ich achte, dem er am meisten geschenkt hat. Er aber sprach zu ihm: Du hast recht gerichtet. Und er wandte sich zu dem Weibe und sprach zu Simon: Siehest du dies Weib? Ich bin gekommen in dein Haus; du hast mir nicht Wasser gegeben zu meinen Füßen; diese aber hat meine Füße mit Tränen genetzt und mit den Haaren ihres Hauptes getrocknet. Du hast mir keinen Kuß gegeben; diese aber, nachdem sie hereingekommen ist, hat sie nicht abgelassen, meine Füße zu küssen. Du hast mein Haupt nicht mit Öl gesalbt; sie aber hat meine Füße mit Öl gesalbt. Derhalben sage ich dir: Ihr sind viele Sünden vergeben, denn sie hat viel geliebt; welchem aber wenig vergeben wird, der liebt wenig. Und er sprach zu ihr: Dir sind deine Sünden vergeben. Da fingen an, die mit zu Tische saßen, und sprachen bei sich selbst: Wer ist dieser, der auch die Sünden vergibt? Er aber sprach zu dem Weibe: Dein Glaube hat dir geholfen; gehe hin mit Frieden!"[22])

In dem Gleichnis wird uns Simon als ein Mensch von der Art gezeigt, die wenig Liebe hat. Und die Folge wird aufgezeigt: weil er wenig liebt, kann ihm auch nur wenig vergeben werden. Die Sünderin wird ihm gegenübergestellt: weil sie viel liebt, kann ihr viel vergeben werden. Aber die Verbindung zum Begriff Glauben ist noch nicht deutlich.

---
[22]) Luk. 7, 37—50.

Simon war ein Pharisäer – das heißt er stellte die Art Mensch dar, die Religion als Mittel der Schaustellung, des Scheins, und damit gesteigerter Selbstschätzung ausübt. Solch ein Mensch tut alles aus Eigenliebe, nichts aus „Liebe zu Gott oder seinem Nächsten". Und alles, was aus Eigenliebe geschieht, kann nur im eigenen Selbst münden und damit das Gefühl der Verdienstlichkeit steigern.

Eigenliebe ist nicht Liebe. Der Pharisäer wird in den Evangelien stets als Muster aller jener dargestellt, deren Handlungen in Eigenliebe wurzeln, die die Aufmerksamkeit auf sich ziehen wollen, die um ihres Rufes willen handeln, und die daher ohne das Gefühl der Verdienstlichkeit nichts tun können, wie barmherzig sie auch immer scheinen. Und wenn ein Mensch alles aus dem Gefühl des eigenen Wertes tut, kann es nicht ausbleiben, daß er sich für besser hält als andere und Belohnung für das Getane erwartet. Die Frau wird als jemand gezeigt, der aus *Glauben* handelt, und ihr wird gesagt, daß ihr Glaube ihr geholfen habe und ihre Sünden vergeben seien. Sie handelte nicht aus Eigenliebe, sondern aus Liebe.

Aus Glauben handeln, heißt nicht aus Eigenliebe und ihren Wertsetzungen, nicht aus dem unvermeidlichen Gefühl der Überlegenheit, des Besserseins handeln. Das ist die allgemeine Bedeutung dieses Gleichnisses, wobei jede Einzelheit darin noch ihre eigene Bedeutung hat.

Aus Glauben *handeln,* heißt *über sich selbst hinaus* gehen – jenseits von Eigenliebe und ihren Vorteilen handeln. Genau ebenso ist es beim Denken aus Glauben. Vom Wissen und den Vorstellungen des Glaubens her denken, heißt von einer Ebene *jenseits* der gewöhnlichen Gedanken, *jenseits* aller gewöhnlichen Begriffe und Wege des Denkens denken. Aus Glauben denken, heißt auf neue Weise denken: aus Glauben handeln, heißt auf neue Weise handeln.

In allen Gleichnissen über den *Glauben* wird Nachdruck auf die Tatsache gelegt, daß die Annäherung an Christus – das heißt die Annäherung an die Lehre über Wiedergeburt und eigene Entwicklung – durch sichtbare Hilfen oder mittels gewöhnlicher, weltlicher Gedanken und Empfindungen nicht möglich ist. Eine Anstrengung,

eine Bemühung über das hinaus, was man gewöhnlich denkt oder tut, ist nötig. Die Art Wahrheit, die zu der Kategorie „Glauben" gehört, hat nichts zu tun mit der Art Wahrheit, die zu den Sinnen gehört, die durch die Sinne beweisbar ist. Als Nikodemus die Wunder erblickte und einfach wegen dieser Wunder glaubte, wurde ihm unmißverständlich gesagt, daß das nutzlos sei. Die sichtbaren Wunder standen ihm in der Tat im Wege. Sie konnten die Ebene des Geistes nicht berühren, die nur durch Glauben erweckt werden kann und die allein der *Glaube* erwecken kann. Ein Mensch kommt nicht zu der Stufe inneren Verständnisses, die zum *Glauben* gehört, durch Äußeres, Sichtbares. Vom Sichtbaren her leben, heißt auf einer Ebene des Lebens leben: vom Glauben her leben, heißt beginnen, auf einer anderen Ebene zu leben. Und diese andere Ebene, die zur Wiedergeburt des Menschen führt, wenn sie einmal erreicht ist, ist etwas durchaus Bestimmtes, ein wirklicher Zustand, eine tatsächliche Möglichkeit, zu der die Vorstellungen von Glauben und seiner Wahrheit und das dahingehende Wissen den Menschen emporheben können. Eine höhere Ebene im Menschen kann nur durch einen Wissens- und Vorstellungsbereich erschlossen werden, der durch *dauernde Anstrengung lebendig erhalten* werden muß und der mit dem, was das Leben bestätigt, nichts gemein hat. Der Mensch muß sich vom Schauspiel des Lebens abwenden, um die Bedeutung des Lebens zu erfassen. Glaube ist deshalb eine dauernde innere Bemühung, ein dauerndes Abdrängen des Geistes von den gewohnten Wegen des Denkens, der gewohnten Art, alles aufzufassen, den gewohnten Reaktionen. Aus Glauben handeln, heißt aus einem jenseitigen Rang von Begriffen und Beweggründen handeln – jenseits dessen, was die sinnlich erkennbare Welt im Geist des Menschen erbaut hat. Und in bezug auf Liebe heißt das eine Handlungsweise *wollen,* die jenseits natürlicher Erwägungen liegt und dem Bewußtsein des Unterschiedes zwischen dem, *was man ist,* und dem, was über einem liegt, was möglich ist, entspringt. Denn die Richtung der Liebe zielt auf *eine andere Entwicklungsstufe des Menschen* und damit auf eine andere innere Ebene, zu der das Leben einen nicht emporzuheben vermag.

So wird sich des Menschen *Haltung zum Leben* durch seinen Glauben schrittweise ändern. Er wird es nicht länger als alleinigen Selbstzweck ansehen. Und er wird nicht länger immerfort nur für *den Menschen, der er ist,* handeln, sondern für den „Neuen Menschen" über sich, für diese neue in ihm verborgene Möglichkeit.

In dem obigen Gleichnis, oder Zwischenfall, bedeutet es an sich gar nichts, daß Simon Christus zu sich zu Tisch einlud. Christus ist nicht auf solche Weise nahezukommen. Die Tatsache, daß Christus am Tisch Simons saß, „sichtbar" für ihn, war nicht ein Mittel zum Näherkommen. Christus war nur durch *Glauben* näherzukommen, nicht durch etwas Sichtbares. Etwas *Innerliches* war nötig. Die Menschen bilden sich ein, daß man in Berührung ist, sobald man physisch, sichtbar zusammenkommt, und ebenso denken sie, sie könnten alles verstehen, und wären es selbst die Worte Christi, indem sie einfach dem zuhören, was ihnen gesagt wird. Aber dem, was Christus darstellt, kann man sich nur innerlich, durch Glauben nähern.

Simon ist das Abbild eines kritischen Menschen, eines Menschen, der wohl ein wenig verstehen könnte, aber sich davor fürchtet und infolgedessen, aus einer Art von Nervosität heraus, barsch auftritt. Es ist offensichtlich, daß Simon es als eine Christus bezeigte Freundlichkeit ansah, ihn zum Essen eingeladen zu haben. Er nahm damit ein gewisses gesellschaftliches Risiko auf sich. Doch bemühte er sich nicht einmal, Christus höflich zu begrüßen oder die Gebräuche zu beachten. Und er bestand darauf, das hervorzuheben, was er bei Christus als Schwäche ansah, und es zu kritisieren. Dennoch antwortete er höflich auf die von Christus gestellten Fragen. Er verstand ein wenig, konnte sich aber nicht richtig verhalten und suchte, bei seinem Gaste Fehler zu finden. Dennoch aß Christus mit ihm. Das bedeutet, daß dieser *Typus Mensch* nicht unfähig ist, etwas zu verstehen, aber wenig Wert darauf legt. „Er liebte wenig." Viele scharf umrissene, immer wiederkehrende *Typen* von Männern und Frauen sind in den Evangelien hinsichtlich ihrer Einstellung zu höheren Lehren und ihrer Möglichkeit des Verstehens dargestellt.

Zum Beispiel werden drei Typen von Frauen beschrieben – Maria, Martha und Maria Magdalena (das heißt Maria, die aus Magdala kam). Maria Magdalena mag die Frau gewesen sein, die viel liebte und der daher vergeben wurde, und der gesagt wurde, ihr Glaube habe ihr geholfen. Welche Verbindung besteht zwischen Liebe und Glauben? Ein Wissen, das zum Bereich des Glaubens gehört, kann den Willen nicht beeinflussen, wenn es nicht mit Liebe erfaßt wird. Nicht nur eine *Wandlung des Geistes* verbindet den Menschen mit dem Höheren in ihm, sondern eine *Wandlung des Wollens,* das heißt eine Wandlung der Liebe, eine Wandlung in dem, was man liebt. Nur sich selbst lieben, führt zu nichts. Es gibt viele Arten der Liebe, wie es viele verschiedene Arten des Wissens gibt. Jede Art des Wissens erfordert ihre eigene Art der Liebe, wenn es Frucht tragen soll.

Die Lehre Christi stellt eine bestimmte Stufe des Wissens dar, die ihrerseits wieder eine bestimmte Art der Liebe erfordert. Eine Annäherung an Christi Lehre war nur durch *Glauben* möglich. Sie war auf keinem anderen Wege zu erreichen. Seine Lehre konnte nicht in derselben Weise wie gewöhnliche Lehren aufgefaßt werden. Die Lehre Christi auf derselben Ebene auffassen zu wollen wie die Art von Lehren, die man in Schulen oder Universitäten erhalten kann, würde sie unbrauchbar machen. Sie steht auf einer Stufe des Wissens, die nur dem *Glauben* zugänglich ist. Deshalb wird gezeigt, daß Christus dauernd nach *Zeichen des Glaubens* bei den Menschen Ausschau hielt – das heißt nach solchen Eigenschaften des Verstehens, die dem Glauben angehören; denn das war in erster Linie wichtig. Er suchte nach Eigenschaften im Menschen, die dem Glauben entsprachen, nicht dem Geist, der alles buchstäblich nimmt, und auch nicht der Eigenliebe, sondern einer Ebene, die die Lehre aufnehmen und ihre Bedeutung erfassen konnte. Sehr wenige Menschen fanden sich, die auch nur etwas von alledem verstehen konnten, was gelehrt wurde. Sie konnten weder „hören" noch „sehen", was gemeint war. Sie wollten alles in ihrer eigenen Weise verstehen, entsprechend ihren eigenen Interessen, und in der gleichen Art und Weise, wie sie alles andere in ihrem täglichen Leben verstanden. Sie hatten kein Gefühl

für den Unterschied. Und so zogen sie Christi Lehre über die Umwandlung des Menschen auf ihre eigene Gedankenebene herab, wie Nikodemus es tat.

Nun werden einige Menschen erwähnt, die, ohne von der Lehre zu wissen, die für sie erforderliche Liebeseigenschaft besaßen. Die Frau zu Jesu Füßen im Hause Simons hatte Liebe von dieser Art. Ihre Liebe hatte Unterscheidungskraft. Durch die Beschaffenheit ihrer Liebe konnte sie die Bedeutung Christi erkennen und dadurch konnte sie in Berührung mit ihm gelangen. Es wird gesagt, daß sie Christi Füße berührte. Damit begann ihre Annäherung; aber sie stammte von dem bereits vorhandenen *Glauben* und nicht von der physischen Nähe. Die Füße Christi berührten die Erde ihres eigenen Wesens und sie erkannte das Niedere und das Höhere in sich. So geschah ihre Annäherung an Christus aus *Glauben,* nicht aus dem Wissen, das den Glauben fordert, sondern aus Liebe, die nötig ist, damit das Wissen wachsen kann wie ein Samenkorn. Daß es sich bei der Beschaffenheit ihrer Liebe um etwas Seltenes handelte, wird nicht nur durch die Alabasterschale mit Salbe, sondern auch durch die Tatsache angedeutet, daß ihr vergeben wurde. Ihr wurde die Versicherung gegeben, daß ihre Vergangenheit ausgetilgt sei, und somit konnte sie neu beginnen. Denn niemand kann auf andere Weise neu beginnen.

Was ist diese Entwicklungsebene, zu der der Glaube führt? Was bedeutet diese Entwicklung des Menschen, deren er fähig ist und über die in den Evangelien immerfort gesprochen wird? Um etwas von ihrer Bedeutung zu verstehen, müssen wir uns den Gleichnissen über das *Himmelreich* zuwenden.

XI

DAS HIMMELREICH

Erster Teil

Wenn auch der Mensch die Lebensebene, die dem *Himmelreich* zugehört, nicht verstehen kann, so kann er doch diejenige verstehen, auf der er steht. Jeder hat einen Eindruck von der Art des Lebens auf der Erde. Er kann durch seine äußeren Sinne erfassen, was Menschen auf dieser Lebensebene machen: und er kann, wenn er in sich hineinschaut, mit seinen inneren Sinnen erfassen, was er tut. Er wird dann beobachten, wie das Leben und wie er selbst auf dieser Ebene beschaffen sind. Und weder das Leben noch er selbst kann *auf dieser Ebene* anders sein. Denn, innerlich verstanden, besteht die Welt aus einer Reihe von Entwicklungsebenen, und alles Seiende ist gerade so, wie es entsprechend seiner Stellung in dieser Reihe sein muß. In den Evangelien wird die Ebene, die über dem Menschen liegt, Himmelreich oder Gottesreich genannt. In anderen heiligen Schriften hat sie andere Namen. In den Evangelien wird gesagt, daß das Himmelreich *im Menschen selbst* liegt. Es liegt auf einer höheren Ebene im Menschen. Um es zu gewinnen, muß der Mensch eine höhere Ebene in sich selbst erreichen. Wenn jeder das könnte, würde die Lebensebene dieser Erde sich wandeln. Die ganze Erde würde in ihrer Entwicklung einen Schritt vorwärts tun. Aber dieser Schritt kann nur durch einzelne Menschen vollzogen werden. Man kann eine höhere Ebene in sich selbst erreichen und doch mitten im Leben dieser Erde bleiben. Jeder Mensch hat einen inneren, nur ihm eigentümlichen Zugang zu dieser höheren Ebene. Sie besteht als Möglichkeit in ihm, denn der Mensch ist mit der Fähigkeit zu weiterer persönlicher Entwicklung, oder, wie es in den Evangelien heißt, zur Wiedergeburt, begabt. Er braucht nicht darauf zu warten, bis er mit eigenen Augen

ein sichtbares Königreich, Himmelreich genannt, um sich sieht. Christus sagt, man solle nicht erwarten, daß das Himmelreich in einer äußerlich sichtbaren Weise kommen werde: „Da er aber gefragt ward von den Pharisäern: Wann kommt das Reich Gottes? antwortete er ihnen und sprach: Das Reich Gottes kommt nicht mit äußerlichen Gebärden; man wird auch nicht sagen: Siehe, hier! oder: da ist es! Denn sehet, das Reich Gottes ist inwendig in euch"[1]). Das Himmelreich ist ein innerer *Zustand* und liegt nicht im äußeren Raum. Es ist ein innerer Entwicklungszustand, den der Mensch erreichen kann. Fragen nach Raum und Zeit, nach *Wann* und *Wo* gibt es in diesem Zusammenhang nicht; denn es ist dem Menschen übergeordnet, es liegt als eine höhere Möglichkeit in ihm selbst. Wir müssen uns jedoch darüber klar sein, daß zwischen den beiden Ebenen, die so oft „Erde" und „Himmel" genannt werden, viele Zwischenstufen bestehen. Es gibt Stufen der „Erde", deren höchste unter der niedrigsten Stufe des „Himmels" steht. Zum Beispiel war Johannes der Täufer, der die Rolle des Verkünders Christi spielte, kein gewöhnlicher Mensch. Er hatte Lehren empfangen. Er sammelte Jünger um sich, die, wie wir hören, Fastenübungen abhielten. Aber er hatte nicht die *niedrigste* Ebene des Himmelreichs erreicht. Christus sagt ausdrücklich von ihm, es sei der Kleinste im Himmelreich größer als er: „Denn ich sage euch, daß unter denen, die von Weibern geboren sind, ist kein größerer Prophet als Johannes der Täufer; der aber der kleinste ist im Reich Gottes, der ist größer als er"[2]).

Johannes der Täufer hatte eine sehr schwierige Rolle im Christus-Drama zu spielen. Er mußte das Kommen Christi predigen. Er kannte Christus nicht, als dieser zu ihm kam, um sich dem formalen Ritus der Taufe zu unterziehen. Und als Johannes zögerte, ihn zu taufen, und sprach: „Ich bedarf wohl, daß ich von dir getauft werde, und du kommst zu mir?" sprach Christus zu ihm: „Laß es jetzt also sein! also gebührt es uns, alle Gerechtigkeit zu erfüllen"[3]). Er erinnert Johannes daran, daß er seine Rolle spielen müsse. Dann tauft

---
[1]) Luk. 17, 20—21.
[2]) Luk. 7, 28.
[3]) Matth. 3, 14—15.

ihn Johannes und sagt von Christus: „Er muß wachsen, ich aber muß abnehmen. Der von obenher kommt, ist über alle. Wer von der Erde ist, der ist von der Erde und redet von der Erde. Der vom Himmel kommt, der ist über uns alle"[4]. Später wurde Johannes auf Verlangen der Tochter des Herodes enthauptet, die von ihrer Mutter dazu angestiftet worden war, weil Johannes deren Heirat mit Herodes, dem Bruder ihres Gatten, aus rechtlichen Gründen verurteilt hatte. Es ist offensichtlich, daß Johannes der Täufer wußte, was geschehen würde. Alles dieses ist nur zu verstehen, wenn man es als eine mögliche Entwicklungsstufe auffaßt, die von Johannes erreicht werden konnte, sofern er freiwillig die schwierige Rolle übernahm, die, wenigstens in körperlicher Hinsicht, ebenso schmerzvoll war wie die von Christus selbst.

Es ist also klar, daß Johannes dem Täufer eine ganz genau umschriebene Rolle zugedacht war. Er wußte, daß Christus kommen würde, und er erkannte ihn an einem bestimmten, für andere unsichtbaren Zeichen. Er erwähnt sogar, daß er von jemand gesandt wurde, um die ihm bestimmte Rolle zu spielen. Er sagt: „Ich kannte ihn nicht (er spricht von Christus, da er ihn zuerst sieht); aber *der mich sandte,* zu taufen mit Wasser, der sprach zu mir: Auf welchen du sehen wirst den Geist herabfahren und auf ihm bleiben, der ist's, der mit dem heiligen Geist tauft"[5]. Wer sandte Johannes? Wir erfahren es nicht. Christus spricht von Johannes dem Täufer als von einem Menschen „vom Weibe geboren", das heißt, er hatte die Wiedergeburt, die Christus lehrte, nicht durchgemacht. So war er noch „von der Erde". Er gehörte zu der Ebene, die „Erde" genannt wird, zu deren höchster Stufe, aber nicht zu der niedrigsten Stufe des „Himmelreichs". Er taufte mit Wasser – das heißt „Wahrheit" – und daher lehrte er *Buße,* nämlich: *Wandel des Geistes* (in der eigentlichen Bedeutung des griechischen Wortes) durch den Empfang von Wissen oder Wahrheit. Dies ist dargestellt durch „Wasser". Taufe bedeutet Reinigung. Durch „Wahrheit" über eine höhere Ebene wird

---
[4] Joh. 3, 30—31.
[5] Joh. 1, 33.

der Geist von den falschen Vorstellungen gereinigt, die der sinnlichen Welt und der Eigenliebe angehören. Johannes der Täufer lehrte ein Wissen, eine Wahrheit, die, wenn sie angenommen wurde, geeignet war, den Geist zu reinigen und den Menschen zu einem Wandel im Denken zu führen, das heißt zu „Buße" oder „Wandel des Geistes". Er sagt ausdrücklich: „Ich bin nicht Christus. Ich bin vor ihm hergesandt"[6]). Und er sagt von sich selbst, daß er nicht wiedergeboren sei, sich vielmehr noch auf der Erd-Ebene befände, während Christus über dieser Ebene stehe. Von Christus sagt er: „Der von obenher kommt, ist über alle", und von sich selbst sagt er: „Wer von der Erde ist, der ist von der Erde und redet von der Erde." Und er fügt, wieder im Hinblick auf Christus, hinzu: „Der vom Himmel kommt, ist über alle." Hier werden die beiden Ebenen, „Erde" und „Himmel", klar unterschieden. Aber es wird weiteres deutlich. Es gibt Stufen sowohl auf der Entwicklungsebene der „Erde" als auch auf der des „Himmels". Denn als Christus von der Erd-Ebene spricht, sagt er über Johannes den Täufer: „Unter allen, die von Weibern geboren sind, ist nicht aufkommen, der größer sei, denn Johannes der Täufer"[7]). Das heißt: Kleinheit und Größe gehören sowohl der Entwicklungsebene der Erde wie der der höheren Ebene, des Himmels, an. Aber noch mehr wird durch diese Worte Christi erkennbar. Das Größte auf der Ebene der Erde kann nicht *unmittelbar* in das Kleinste auf der Ebene des Himmels übergehen. Von der höchsten Stufe auf der niederen Ebene auf die niedrigste Stufe der höheren Ebene überzutreten, erfordert Wiedergeburt oder vollständige Wandlung des Menschen. Christus lehrte Buße *und Wiedergeburt* und das Himmelreich. Johannes der Täufer lehrte Buße und die Vorstellung vom Himmelreich; aber er sagt nichts über Wiedergeburt. Er war nicht „von oben" geboren. Die Einflüsse, die dieser höheren Ebene, Himmelreich genannt, zugehören, erreichten ihn nicht. Er war nicht „aus Geist geboren". Sein innerer Zustand wird, in der uralten Sprache der

---
[6]) Joh. 1, 20.
[7]) Matth. 11, 11.

Gleichnisse, die zur Beschreibung seelischer Zustände physische Dinge heranzieht, auch durch seine Nahrung, Kleidung und Umgebung dargestellt. Er aß *wilden* Honig. Er war in *Felle* gekleidet und mit einem *ledernen Gürtel* gegürtet. Die Kleidung eines Menschen zeigt seine Einstellung – was er seelisch trägt, mit welcher Wahrheit sein Geist gekleidet ist. Der Gürtel bezeichnet, was ihn seelisch zusammenhält. Die Nahrung stellt dar, von welchem Gedankengut er sich nährt. Johannes nährt sich von wildem Honig und Heuschrecken. Heuschrecken *verschlingen*. Sie verschlingen alles wachsende Leben. Hier ist etwas höchst Interessantes gemeint. Johannes der Täufer gibt zu, daß er der „Erde" zugehört. Er kann nur von der Erd-Ebene aus verstehen. Das heißt, daß er jede neue Lehre, die er empfängt, von der „Erd-Ebene" oder der natürlichen Ebene seines Geistes aus betrachtet. Das *Neue* sucht er in den Begriffen des *Alten* zu verstehen.

Christus sagt in einem Gleichnis *in unmittelbarem Bezug* auf Johannes und seine Jünger:

„Niemand flickt einen Lappen von einem neuen Kleid auf ein altes Kleid; sonst zerreißt er das neue und der Lappen vom neuen reimt sich nicht auf das alte. Und niemand faßt Most in alte Schläuche; sonst zerreißt der Most die Schläuche und wird verschüttet, und die Schläuche kommen um. Sondern den Most soll man in neue Schläuche fassen, so werden sie beide erhalten. Und niemand ist, der vom alten trinkt und wolle bald neuen; denn er spricht: Der alte ist milder"[8]).

Will der Mensch eine neue Lehre recht empfangen, so darf er das nicht mit all den Vorurteilen rassischer oder persönlicher Art, all den Gesichtspunkten und sinnlichen Vorstellungen, die das Leben in ihm erzeugt hat, tun wollen. Er kann die neue Lehre nicht in alte Flaschen füllen. Die höhere Ebene kann von der niederen – der Erd-Ebene – nicht verstanden werden. Auch kann die neue Lehre der alten nicht einfach *hinzugefügt* werden. Sie kann nicht auf die alte „gesät werden". „Niemand flickt einen Lappen von einem neuen Kleid auf

---
[8]) Luk. 5, 36—39.

ein altes Kleid; sonst zerreißt er das neue." Wenn man etwas von dem Neuen annimmt und dem Alten hinzufügt, wird man damit das Neue verderben. Das neue Kleid bedeutet die neue Lehre, welche der Mensch sozusagen anziehen und tragen muß. Das Neue muß in seiner Gesamtheit angenommen, nicht den alten Meinungen angehängt werden. Und weiter – das Neue wird nicht nur zerrissen werden, sondern, wie Christus sagt: „Der Lappen vom neuen reimt sich nicht auf das alte." All dies wird in bezug auf Johannes den Täufer und seine Ebene des Verstehens gesagt, nachdem die Pharisäer die Jünger Christi im Vergleich zu den Jüngern Johannes' des Täufers abfällig beurteilt hatten. Sie sagten, daß des Johannes Jünger demütig beteten und fasteten, während die Jünger Christi aßen und tranken.

Zweiter Teil

Ehe wir uns die vielen Gleichnisse anschauen, mit denen Christus jene höhere Entwicklungsebene, „das Himmelreich", erläutert, wollen wir den Satz „Das Himmelreich ist inwendig in euch"[9]) und insbesondere das Wort *inwendig* zu verstehen suchen. Das „Himmelreich" ist die höchste Entwicklungsstufe, die der Mensch erreichen kann. Um einen neuen Zustand in sich selbst zu erreichen, muß der Mensch sich innerlich wandeln, muß er ein Neuer Mensch werden. Ein Zustand ist etwas Innerliches, und so ist das Himmelreich etwas Innerliches. Es ist ein Zustand, der vom Menschen durch innere Wandlung innerlich erreicht werden kann. Könnte er auch ohne innere Wandlung erreicht werden? Eine Änderung des inneren Zustands kann tatsächlich auch künstlich hervorgerufen werden; aber das bedeutet keine innere Entwicklung. Was der Mensch in sich selbst beobachten muß, in welcher Weise er denken muß, was er zu schätzen lernen und wonach er streben muß und so weiter, das ist es, was immer wieder von Christus als Mittel zu innerer Entwick-

---
[9]) Matth. 17, 21.

lung gelehrt wird – hinauf zu jener höheren Ebene, die „Himmelreich" heißt. Diese *höhere* Ebene liegt *inwendig* im Menschen. Ob wir höher oder innerlicher sagen, ist gleich, vorausgesetzt, daß wir verstehen, daß ein höherer Zustand, genau so wie ein Zustand größerer Innerlichkeit, im Menschen liegt. Der Mensch kann besser werden, als er ist. Verglichen mit dem jetzigen ist dieser bessere Zustand sowohl *innerlicher* wie *höher*. Das Himmelreich, der höchste menschliche Zustand, liegt also inwendig im Menschen – das heißt auf der *Innenseite* des Menschen, der er ist; oder es liegt auf höherer Ebene, das heißt *über* dem Menschen, der er ist. Der Gedanke ist derselbe. Der Mensch des Verstandes, der Mensch der Sinne, der am Buchstaben haftende Mensch, der Mensch der *Erde* ist ein seelisch nach außen gewandter Mensch. Da liegt das Himmelreich nicht. Wie wir gesehen haben, spricht Johannes der Täufer von sich selbst als der *Erde* zugehörig, während er Christus als „von oben" gekommen bezeichnet. Johannes sagt seinen Jüngern, daß Christus zunehmen werde, während er selbst abnehmen müsse, und fährt fort: „Der von *obenher* kommt, ist über alle. Wer von der Erde ist, der ist von der Erde und redet von der Erde. Der vom Himmel kommt, der ist über alle"[10]). Und an anderer Stelle erklärt Christus dem Nikodemus, daß ein Mensch „von oben" geboren werden muß. Er sagt: „Wahrlich, wahrlich, ich sage dir: Es sei denn, daß jemand von oben geboren werde, so kann er das Reich Gottes nicht sehen"[11]). „Von oben" kann ebensogut mit „innerlich" wiedergegeben werden. Der Mensch muß innerlich – innerlicher, als er ist – neu geboren werden. Das Himmelreich ist innerlich – *inwendig* in ihm – und es ist ebenso wohl *über* ihm. „Darüber" und „darin" sind psychologisch dasselbe – das heißt in den Evangelien ist das *Innerlichere* das *Höhere*. Anders ausgedrückt: um eine höhere Ebene in sich zu erreichen, muß der Mensch sich nach *innen* – das heißt in sich selbst wenden; höher ist gleich „nach innen gewandt" und niedriger gleich „nach außen" gewandt. Man verstehe also, daß eine niedere Ebene nach

---
[10]) Joh. 3, 31.
[11]) Joh. 3, 3.

außen gewandt ist und im äußeren Menschen liegt, und eine höhere Ebene nach innen gewandt ist und im inneren Menschen liegt.

Mit Hilfe des Gedankens, daß das Himmelreich *inwendig* im Menschen liegt, können wir jetzt zu verstehen suchen, warum Christus die Pharisäer so erbarmungslos angriff, und daraus die Bedeutung des Begriffes Pharisäer hinsichtlich der Möglichkeit innerer Entwicklung erkennen. Um sich zu entwickeln, muß der Mensch *innerlich* bewegt sein. Er muß sich zunächst sozusagen hinter sich stellen und beobachten, was er tut. Jede Bewegung in innerlicher Richtung ist Bewegung auf eine höhere Ebene hin. Wir können etwas von der Bedeutung und Natur dieser nach innen auf das inwendige Himmelreich gerichteten Bewegung verstehen, wenn wir uns klar machen, was ihr im Wege steht. Was kann es sein, das den Menschen hindert, in sich hineinzugehen? Vieles kann ihn daran hindern; aber hauptsächlich eins: der *Pharisäer* in ihm, der sich nicht nach innen wenden kann, ohne zu sterben, da er in der äußeren Seite des Menschen verwurzelt ist und den Beifall liebt. Die Pharisäer konnten nichts von ihrer Religion verstehen, es sei denn die äußere Seite. Ihr Gottesdienst erschöpfte sich in Äußerlichkeit und buchstäblicher Erfüllung der Vorschriften; er kam nicht aus dem Herzen. Das Gute ist innerlicher als die Wahrheit, weil es der Wahrheit übergeordnet ist. Und deshalb muß die Wahrheit, wenn sie richtig *verstanden* wird, den Menschen nach innen führen. Aber die Wahrheit, die nur als äußere Tugend geübt wird, kann das nicht. Christus sagt oftmals, die Pharisäer hätten keine Selbsterkenntnis, keine Einsicht – das heißt kein inneres Verstehen. Er tadelte sie, weil sie alles in äußerlicher Weise, um des äußeren Scheins willen taten und die Seelen mit größter Beflissenheit verdarben. Christus braucht sehr scharfe Worte über diese äußerlichen Gottesdienste, die die Menschen daran hindern, das Himmelreich zu betreten, weil sie sie im Äußerlichen, in der nach außen gewandten Seite ihres Wesens, festhalten, und er wendet sich ebenso gegen den Bekehrungseifer, der die Seelen der Menschen verdirbt und der Möglichkeit künftiger innerer Entwicklung beraubt. Er sagt:

„Weh euch, Schriftgelehrte und Pharisäer, ihr Heuchler, die ihr das Himmelreich zuschließet vor den Menschen. Ihr kommt nicht hinein, und die hinein wollen, laßt ihr nicht hineingehen. Weh euch, Schriftgelehrte und Pharisäer, ihr Heuchler, die ihr Land und Wasser umziehet, daß ihr einen Judengenossen machet; und wenn er's geworden ist, macht ihr aus ihm ein Kind der Hölle, zwiespältig mehr, denn ihr seid!"[12])

Christus sagt hier vorbehaltlos, daß die Pharisäer das Himmelreich nicht erlangen können und andere hindern, es zu erlangen. Wieso verschließen sie das Himmelreich den Menschen? Da das Himmelreich inwendig im Menschen liegt und man sich ihm nur durch tieferes Verständnis und durch Entwicklung des inneren Wesens nähern kann, verschließt der Pharisäer, der in einem wohnt, das Himmelreich, denn er legt nur auf äußere Gebräuche und wörtliche Befolgung der Gesetze Wert: das heißt auf die äußere Seite. Solange die Menschen sich an den Buchstaben des Gesetzes hielten, spielte für die Pharisäer, als Priesterklasse, alles andere keine Rolle. Sie glaubten zum Beispiel, daß ein Schwur nur dann bindende Kraft hätte, wenn er beim Gold des Tempels geschworen sei und nicht beim Tempel selbst. Darum sagt Christus von ihnen: „Weh euch, verblendete Leiter, die ihr sagt: ,Wer da schwört bei dem Tempel, das ist nichts; wer aber schwört bei dem Gold am Tempel, der ist's schuldig.' Ihr Narren und Blinden! Was ist größer: das Gold oder der Tempel, der das Gold heiligt?"[13]) Die Pharisäer faßten alles gerade verkehrt herum auf. Sie dachten, die Menschen wären für den Sabbat geschaffen und nicht der Sabbat für die Menschen. Die geistige Bedeutung des Tempels hätte für sie weit größer sein müssen als der buchstäbliche Wert des Goldes, das an ihm zu sehen war. Und gerade weil sie den Nachdruck auf die äußere Seite der Dinge legten und nicht auf die innere, verschlossen sie, als Priesterstand, den Menschen das Himmelreich; sie gelangten selbst nicht hinein und gönnten andern nicht den Eintritt. Der psychologische Grund ist klar. Ein Mensch, dessen Schwer-

---

[12]) Matth. 23, 13—15.
[13]) Matth. 23, 16—17.

gewicht bei der äußeren Bedeutung und bei den buchstäblichen Sinneseindrücken liegt, kann den Weg nach innen, zu tieferer und immer feinerer Bedeutung und somit zu neuen geistigen Erfahrungen, nicht finden. Er legt sich auf der äußerlichsten Seite seines Wesens fest, und das heißt auf der niedersten, den Sinnen verhaftetsten, und kann dort nur auf eine ganz bestimmte Weise fühlen und verstehen. Aber das Himmelreich ist *inwendig* im Menschen. Es liegt in Richtung seiner Nachdenklichkeit, seines neuen Verstehens, seiner neuen Gedanken. Es liegt nicht auf der äußerlichsten, niedrigsten Ebene im Menschen, sondern weit tiefer innen und damit auch höher. Christus also griff die Pharisäer an, weil ihr Verstehen dem seinen polar entgegengesetzt war. Christus stellt in den Evangelien den am weitest entwickelten, den höchsten Menschen dar. Der Pharisäer stellt den Menschen dar, der sich nicht entwickeln kann, weil er auf dem falschen Weg ist und alles verdreht. Der Pharisäer lebt in Äußerlichkeiten, in Verdienstlichkeit, in der Liebe zum äußeren Schein. Alles das bedeutet, psychologisch gesehen, daß es der *Pharisäer im Menschen* ist, der sich selbst vom Eintritt ins Himmelreich abscheidet und auch alle andern Seiten im Menschen am Eintritt hindert. Alles, was man lediglich tut, damit die Menschen es sehen, zeigt den Pharisäer im eigenen Wesen; denn er gehört der äußerlichen Seite des Menschen an. Die „Pharisäer", die Christus meint, stellen nicht nur den äußerlichsten, haarspalterischen Glauben dar, sondern etwas viel Schlimmeres. Christus spricht viel über ihre Eitelkeit, ihren Selbstbetrug und ihre Selbstrechtfertigung, aber am schärfsten über ihre Sünde der *Heuchelei*, wegen der sie, wie er sagt, verdammt sein würden. Sie tun alles äußerlich, um des Anscheins willen, und glauben innerlich nichts. Dadurch haben sie keinen Zugang zu dem, *was inwendig in ihnen* ist: und so verdammen sie sich selbst. So schaffen sie sich ihre eigene Strafe. Von ihnen spricht er, wenn er von der Sünde gegen den Heiligen Geist spricht. Müssen wir nun folgern, daß dies alles auch auf Johannes den Täufer zutraf, von dem gesagt wird, daß er nicht einmal die niedrigste Stufe des Himmelreichs erreicht habe? Offensichtlich wäre das unmöglich. Johannes stand auf der

äußeren, buchstäblichen Seite der religiösen Wahrheit, aber er war im Gegensatz zu den Pharisäern ein echter und ernsthafter Mensch. Er ist der Überbringer guter Botschaften. Er stellt die Entwicklungsstufe eines Menschen dar, der sich auf das inwendige Himmelreich zu bewegt, aber noch außen steht, es noch von der Ebene der Erde aus ansieht. Er stellt eine bestimmte Stufe des Verstehens dar – wo das „Alte" und das „Neue" noch in Konflikt miteinander geraten. Wir können begreifen, daß es eine Phase geben muß, in der das alte Verstehen das neue Verstehen verfälschen, ja zerstören kann. Wie schon erwähnt, gibt Christus die Gleichnisse über den Most in alten Schläuchen und über den neuen Flicken auf altem Gewand unmittelbar, nachdem die Pharisäer die Jünger Christi tadelnd den Jüngern Johannes' des Täufers gegenübergestellt hatten, weil diese die Fasten hielten, während jene es nicht taten. Daß das Verstehen Johannes' des Täufers noch an den äußeren Dingen und dem buchstäblichen Sinn haftete, zeigt sich in der Beschreibung seiner Gewandung. Christus vergleicht ihn mit Elias oder Elijah. Ein Grund dafür liegt darin, daß Johannes und Elijah auf der gleichen Stufe im Verstehen der Wahrheit des Gotteswortes standen. Von Elijah heißt es, er sei in Felle gekleidet gewesen; Johannes trug Kamelhaar und einen ledernen Gürtel. Im 2. Buch der Könige wird der Prophet Elijah mit den Worten beschrieben: „Er hatte eine rauhe Haut an und einen ledernen Gürtel um seine Lenden"[14]). Und von Johannes dem Täufer heißt es im Matthäus-Evangelium: „Er aber, Johannes, hatte ein Kleid von Kamelhaaren und einen ledernen Gürtel um seine Lenden"[15]). In der uralten Gleichnissprache stellt die Bekleidung eines Menschen das dar, was er geistig trägt. Des Menschen Geist ist mit dem bekleidet, was er als Wahrheit ansieht, sei es nun bloße Meinung oder tiefe Überzeugung. Wahrheit ist ein Kleid des Geistes, und die Art seines Kleides entspricht dem, was er als Wahrheit ansieht. Wahrheit jedoch kann äußerlich oder innerlich verstanden werden. Die von Christus gelehrte Wahrheit, die das „Wort Gottes" heißt

---

[14]) 2. Könige 1, 8.
[15]) Matth. 3, 4.

und von innerer Entwicklung handelt, kann in einem äußeren, buchstäblichen Sinn oder in einem tieferen, inneren Sinn verstanden werden. Wird sie äußerlich verstanden, so wird das durch ein Gewand dargestellt, *das aus äußeren Dingen gemacht ist*. Haar und Leder sind äußere Dinge. Sie gehören zur Haut, zu dem, was am weitesten außen liegt. Daß die Kleidung von Elijah und Johannes dem Täufer so ähnlich beschrieben werden, bedeutet in der verborgenen Sprache der Gleichnisse, daß beide in ihrem Verstehen der Wahrheit auf ähnlicher Stufe standen. Sie besaßen äußeres Verstehen, nicht inneres. Was es zusammenhielt, der Gürtel, war aus Leder. Das heißt, es wurde zusammengehalten wiederum durch etwas Äußeres, nichts Inneres. Als Beispiel kann man die Überzeugungen eines Menschen nehmen, die vom Verhalten eines anderen abhängen und somit durch äußere Mittel aufrechterhalten werden; oder die Einstellung vieler Leute, die die Lehre Christi nicht glauben würden, wenn sich die geschichtlichen Einzelheiten in wesentlichem Umfange als unzutreffend herausstellten. Ihr Glaube wird durch etwas Äußeres aufrechterhalten. Sie sehen in der ihnen gelehrten Wahrheit noch nicht das *Gute*. Johannes der Täufer verstand die Lehrweise Christi nicht. Christus lehrte vom Guten her, und Johannes blieb ihm gegenüber ungewiß. Als Johannes im Gefängnis war, sandte er zu Christus, um zu fragen, ob er wirklich der Christus wäre: „Bist du, der da kommen soll, oder sollen wir eines andern warten?"[16]) Wenn wir nun vergleichen, was über das Gewand Christi und das des Johannes gesagt wird, können wir erkennen, daß das Kleid der Wahrheit, das Christus trug, von dem des Johannes völlig verschieden war. Als die Soldaten, die Christus gekreuzigt hatten, seine Kleider teilten, heißt es: „Der Rock aber war ungenäht, von oben an gewirket durch und durch"[17]). Man beachte: er war *vom oberen Ende*, das heißt *vom Höheren her*, gewirkt. Wir haben gesehen, daß *höher* und *innerlicher* dasselbe bedeuten. Johannes lebte in äußerer Wahrheit, Christus in innerer Wahrheit. Und wenn ein Mensch sich allein an die Wahrheit

---

[16]) Matth. 10, 42.
[17]) Joh. 19, 23.

hält, wenn er alle Dinge allein von der Wahrheit, von Lehrsätzen, Regeln und buchstäblicher Bedeutung her beurteilt, ist er hart und oft ohne Erbarmen. Handelten alle Menschen in erster Linie vom Guten her, dann würde nicht eine Glaubensgemeinde die andere verfolgen, weil sie eine andere Ansicht von Wahrheit hat. Das *Gute* ist es, das alle Wahrheit zu einem lebendigen Ganzen zusammenschließt. Das *Gute* ist es, das all die verschiedenen Elemente der Wahrheit, die zum Guten geführt haben, zusammenwebt, sie ihrer Härte entkleidet und in harmonische Beziehung zueinander setzt. Johannes lebt in der Strenge doktrinärer Wahrheit, einer Wahrheit, die noch nicht ganz zu dem geführt hatte, was die einzige Vollendung aller Wahrheit ist – nämlich eine neue Bewußtwerdung des Guten, eine neue *Ebene* des Guten. Deshalb sagte Christus von ihm, daß er nicht in weiche Stoffe gekleidet sei, die denen, die dem Himmelreich zugehören, zukommen. Seine Kleidung war hart: Kamelhaar und Leder. So sagte Christus weiter im Hinblick auf Johannes: „Oder was seid ihr hinausgegangen zu sehen? Wolltet ihr einen Menschen in weichen Kleidern sehen? Siehe, die da weiche Kleider tragen, sind in der Könige Häusern"[18]).

Johannes der Täufer stellt die Seite der Wahrheit, das heißt des Gesetzes dar, die ohne *Gnade* ist. Christus ist die Verschmelzung der Wahrheit mit dem Guten. Das Gute steht über der Wahrheit, und alle Wahrheit muß zum Guten führen. Aber, wie wir an anderer Stelle gesehen haben, die Wahrheit muß zuerst kommen und das Gute zu zweit, bis sich die Wahrheit mit dem ihr innewohnenden Guten vereinigt. Dann rückt das Gute an die erste Stelle und die Wahrheit an die zweite. So steht im Evangelium des Johannes (der nicht Johannes der Täufer war) im ersten Kapitel: „Johannes (der Täufer) zeugte von ihm, rufet und spricht: Dieser war es, von dem ich gesagt habe: Nach mir wird kommen, der vor mir gewesen ist, denn er war eher denn ich"[19]). Das Gute steht vor der Wahrheit – dem Gesetz. Da Gott gut ist, steht das Gute *vor* aller Wahrheit – vor

---
[18]) Matth. 11, 8.
[19]) Joh. 1, 15.

allem Gesetz. Und deshalb fügt Johannes, der Evangelist, hinzu: „Denn das Gesetz ist durch Moses gegeben; die Gnade und Wahrheit ist durch Jesum Christum geworden"[20]). Gnade, Barmherzigkeit oder kurz *das Gute* hat sich mit der Wahrheit in Jesu Christus vereinigt. Deshalb sagt der Johannes weiter, daß Christus in der *Fülle* war, das heißt in der Erfüllung der Wahrheit, die das Gute ist – und daher voll von *Gnade* und Wahrheit. Und diese frühen Worte des Johannes liefern den Schlüssel für dieses Evangelium, welches anders als die drei ersten geschrieben ist und andere Gefühle auslöst. Denn es ist von der Gnade aus geschrieben, vom Guten her, mit feinstem Gefühl für das, was Christus in der Welt darstellte, und nicht von der Wahrheit ohne Gnade, vom buchstäblichen Sinn, von den äußeren Tatsachen her. Infolgedessen erzeugt das ganze vierte Evangelium einen anderen Eindruck von Christi Lehre und berührt eine andere Seite des Verstehens.

Dritter Teil

Wenn man den Gedanken des Himmelreichs zu begreifen beginnt, dämmert einem ein neuer, erregender Sinn des Lebens. Das erste Gleichnis, das Christus erzählt, ist das vom Sämann. Es handelt vom Himmelreich. Christus nennt es das Gleichnis der Gleichnisse, und wer es nicht versteht, kann auch die anderen Gleichnisse nicht verstehen. Bei allen Gleichnissen in den Evangelien handelt es sich um das Himmelreich, und unter ihnen steht das vom Sämann an erster Stelle. Es ist der Ausgangspunkt der Lehre Christi über das Geheimnis des Gottesreichs. Im 13. Kapitel des Matthäus-Evangeliums beginnt Christus in Gleichnissen zum Volke zu reden. Warum? Weil er vom Gottesreich zu sprechen beginnt. „Euch ist's gegeben, daß ihr das Geheimnis des Himmelreichs versteht; diesen aber ist's nicht gegeben. Denn wer hat, dem wird gegeben, daß er die Fülle habe; wer aber nicht hat, von dem wird auch genommen, was er hat.

---
[20]) Joh. 1, 17.

Darum rede ich zu ihnen durch Gleichnisse. Denn mit sehenden Augen sehen sie nicht, und mit hörenden Ohren hören sie nicht; denn sie verstehen es nicht"[21]).

Welches nun ist das erste Geheimnis über das Himmelreich, das er enthüllt? Im Gleichnis vom Sämann zeigt sich, daß das erste Geheimnis darin liegt, daß *der Mensch auf die Erde gesät ist als Werkstoff für das Himmelreich*. Es das Gleichnis vom Sämann und dem Samen zu nennen, ist irreführend, solange man nicht versteht, daß der Mensch der Samen ist. Tatsächlich wird der Samen gar nicht erwähnt. Im Griechischen heißt es: „Siehe, es ging ein Sämann aus zu säen, und indem er säte, fielen etliche an den Weg"[22]). In der Übersetzung heißt es „etliches", so daß die Stelle nun so lautet: „Siehe, es ging ein Sämann aus zu säen, und indem er säte, fiel *etliches* an den Weg." Was ist in Wirklichkeit gemeinte? Was säte der Sämann? Er säte *Menschen*. Das ist der erste erregende Gedanke, der in diesem Gleichnis verborgen liegt. Die Menschen werden auf die Erde gesät als Werkstoff für das Himmelreich – einige an den Weg, einige auf felsigen Grund, einige zwischen die Dornen und einige auf guten Boden. Nur die der letzten Gruppe sind fähig, jene innere Entwicklung durchzumachen, die sie auf die Ebene des Himmelreichs hebt. Es ist klar, daß *Menschen* gemeint sind, denn in der seinen Jüngern besonders gegebenen Erklärung des Gleichnisses sagt Christus: „Wenn jemand das Wort von dem Reich hört und nicht versteht, so kommt der Arge und reißt hinweg, was da gesät ist in sein Herz; und das ist *der*, welcher an den Weg gesät ist"[23]). Und er fährt fort von dem auf das Steinige Gesäten zu sprechen, und sagt: „*Er hat nicht Wurzel in sich, sondern er ist wetterwendisch.*" Und von dem unter die Dornen Gesäten sagt er: „*Er bringt nicht Frucht*", und von dem in das gute Land Gesäten: „*Etliches* trägt hundertfältig, *etliches* aber sechzigfältig" und so weiter. Im Lichte des Himmelreiches also ist die Menschheit ein *Experiment in innerer Entwicklung*.

Nachdem Christus das Gleichnis vom Sämann erzählt und seine

---

[21]) Matth. 13, 11—13.
[22]) Matth. 13, 3—4.
[23]) Matth. 13, 19.

Erklärung hinzugefügt hat, spricht er über das Himmelreich von einem anderen Gesichtspunkt aus. Zuerst hat er die Idee des Himmelreichs an dem Bild des auf die Erde gesäten Menschen entwickelt. Jetzt spricht er von der Lehre, die *in die Menschen* gesät wird und die zur Ursache ihres Erwachens und ihrer Entwicklung werden kann.

„Er legte ihnen ein anderes Gleichnis vor und sprach: Das Himmelreich ist gleich einem Menschen, der guten Samen auf seinen Acker säte. Da aber die Leute schliefen, kam sein Feind und säte Unkraut zwischen den Weizen und ging davon. Da nun das Kraut wuchs und Frucht brachte, da fand sich auch das Unkraut. Da traten die Knechte zu dem Hausvater und sprachen: Herr, hast du nicht guten Samen auf deinen Acker gesät? Woher hat er denn das Unkraut? Er sprach zu ihnen: Das hat der Feind getan. Da sprachen die Knechte: Willst du denn, daß wir hingehen und es ausjäten? Er sprach: Nein! auf daß ihr nicht zugleich den Weizen mit ausraufet, so ihr das Unkraut ausjätet. Lasset beides miteinander wachsen bis zur Ernte; und um der Ernte Zeit will ich zu den Schnittern sagen: Sammelt zuvor das Unkraut und bindet es in Bündlein, daß man es verbrenne, aber den Weizen sammelt mir in meine Scheuer"[24]).

Dies Gleichnis handelt vom Wort des Himmelreichs – das heißt von der Lehre, die auf Erden verbreitet und von jenem Teil der Menschheit, der jeweilig zur Entwicklung befähigt ist, empfangen, verstanden und befolgt werden muß. Die gute Saat ist das Wort vom Himmelreich. Das Feld, auf das sie gesät wird, ist die Menschheit auf Erden. Aber etwas tritt unvermeidlich jedesmal ein, wenn eine solche Lehre auf die Erde gesät wird: sie wird mit Irrtum, mit Dingen, die zum „Straucheln" bringen, vermengt. Im Griechischen bezieht sich das Wort, das mit *Unkraut* übersetzt ist, auf eine Pflanze, die zu Beginn ihres Wachstums wie Weizen aussieht – das heißt, die zuerst nicht vom Weizen unterschieden werden kann. Warum tritt diese Vermengung des Wahren mit dem Falschen ein?

---

[24]) Matth. 13, 24—30.

Das wird durch den Ausdruck: *"Da aber die Leute schliefen"* erklärt, der im Original noch prägnanter lautet – wörtlich: *Im Schlafe der Menschen.* "Das Himmelreich ist gleich einem Menschen, der guten Samen auf seinen Acker säte: aber im Schlafe der Menschen kam sein Feind und säte Unkraut zwischen den Weizen." Das kann natürlich nicht bedeuten, daß in einer bestimmten Nacht, als die Leute schliefen, der Teufel kam und Unkraut säte. Irrtum schleicht sich unvermeidlich ein und durchsetzt die ursprüngliche Lehre, und zwar so unentwirrbar, daß er nicht mehr von der Wahrheit getrennt werden kann. Der Grund liegt darin, *daß die Menschen schlafen.* Sie können der vollen Bedeutung der Lehre gegenüber nicht wach bleiben. In den Evangelien wird viel über schlafen und sich wach halten gesagt. Oftmals wird von den Jüngern gesagt, *daß sie schliefen,* und dabei ist nicht Schlaf im wörtlichen Sinne, körperlicher Schlaf, gemeint. Und es gibt viele Stellen, die darauf hinweisen, daß es notwendig ist, *wach* zu bleiben, um das Wort vom Gottesreich zu verstehen. Christus sagt oftmals: "Wachet", was im Griechischen: "Seid wach" heißt. Christus sagt: "Was ich aber euch sage, das sage ich allen; wachet!" Vorher sagt er: "So wachet nun, denn ihr wißt nicht, wann der Herr des Hauses kommt..., auf daß er nicht schnell komme und finde euch schlafen"[25]). Es handelt sich um einen Zustand innerer Bewußtheit oder Wahrheit im Hause des eigenen Wesens, zu einem bestimmten kritischen Zeitpunkt. Wenn ein Mensch sich von der Welt der Sinne überwältigen läßt – vom Leben, wie es ihm entgegentritt, von allen Ereignissen, Aufgaben und Reibungen des täglichen Daseins, verblaßt die Lehre über des Menschen innere Entwicklung und höhere Ebene in seinem Geist; sie erscheint weit entrückt und unwirklich. Das Äußere überschwemmt das Innere. Er *schläft* dann im Sinne der Evangelien, und was er verstanden hatte, als er innerlich wach war, verliert er aus seinem Blickfeld oder verwechselt es mit anderen Gedanken. So ist verständlich, daß jede Lehre über höhere Entwicklung in Gefahr schwebt, immer wieder verfälscht zu werden. Das Gleichnis vom Unkraut zeigt uns, daß

---
[25]) Mark. 13, 35—36.

die Verfälschung des richtigen Verstehens durch falsches Verstehen jedesmal bereits in dem Augenblick beginnt, in dem die Lehre über das Himmelreich irgendeinem Teil der Menschheit gegeben wird. Wie er ist, *kann der Mensch sich nicht genügend wach erhalten,* um die Lehre zu empfangen und in ihrer ursprünglichen Reinheit weiterzugeben. Er vermengt sie mit seinen eigenen persönlichen Vorurteilen; er verändert etwas, was ihm im Widerspruch zu etwas anderem zu stehen scheint, oder er läßt etwas aus, dessen Sinn er nicht versteht. Auf diese und andere Weise wachsen Fehler und Irrtümer zusammen mit dem heran, was echt und wahr ist. Der Weizen im Gleichnis ist die wahre, echte Form der Lehre, und das Unkraut stellt die Irrtümer dar, die unvermeidlich mit ihr vermengt werden, weil die Menschen gegenüber einer Art Wahrheit, die von höherer Bedeutungsebene stammt, nicht dauernd wach bleiben können. Deshalb heißt es, daß der Feind während des Schlafes der Menschen kam und Unkraut zwischen den Weizen säte. Eine Lehre also, die gewußt und befolgt werden muß, damit der Mensch zu innerem Wachstum und innerer Entwicklung gelangen und dadurch eine Ebene von Bedeutung und Verstehen – das Himmelreich – erreichen kann: Eine solche Lehre kann auf Erden nicht in ursprünglicher Reinheit bestehen bleiben, weil die Menschen schlafen. Daher wird sie unvermeidlicherweise verfälscht.

Fassen wir zusammen: Der Mensch ist auf die Erde gesät als Werkstoff für Entwicklung, als Werkstoff für das Himmelreich. Aber gewisse Schwierigkeiten entstehen. Nicht alle werden auf günstige Plätze gesät. Außerdem ist der Mensch darauf angewiesen, daß ihm ein Wissen übermittelt wird. Und auch dieses Wissen – wie die Entwicklungsstufe, das Himmelreich, erreicht werden kann – muß gesät werden, aber nicht auf die Erde selbst, sondern auf die Erde des menschlichen Geistes. Doch neue Schwierigkeiten tauchen auf. In die Lehre über innere Entwicklung und über das, was der Mensch glauben und denken und tun muß, um eine höhere Ebene seines eigenen Wesens und Verstehens zu erreichen, schleichen sich Irrtümer ein. Die Irrtümer können von der Wahrheit nicht gesondert werden, ohne

Gefahr, daß diese geschädigt wird. Daher kann die Lage nicht *auf der Erde,* sondern nur *am Ende der Welt* in Ordnung gebracht werden. (Doch davon wollen wir später reden.)

Vierter Teil

Wir haben aus dem Gleichnis vom Sämann ersehen, daß der Mensch als Werkstoff für das Himmelreich auf die Erde gesät wird. Und aus dem zweiten großen Gleichnis, vom Weizen und Unkraut, sahen wir, daß die Lehre vom Reich in den Menschen gesät wird. Zuerst wird der Mensch auf die Erde gesät; dann wird die Lehre über innere Entwicklung auf den Menschen auf der Erde gesät. In bezug auf diese zweite Aussaat ist der Mensch selbst „Erde". Versuchen wir, diesen Gedanken so klar wie möglich zu erfassen. Der Himmel sät den Menschen auf die Erde. Der Mensch ist dann auf der Erde; aber nicht alle Menschen sind hinsichtlich des Himmelreichs in gleicher Lage. Der Mensch auf dieser Erde ist nun seinerseits *Erde* – psychologische Erde –, wenn er zu denen gehört, welche die auf die Erde gesäte Lehre empfangen *können,* und davon handelt das zweite große Gleichnis vom Weizen und Unkraut.

Den beiden großen einleitenden Gleichnissen, dem vom Sämann, der Menschen sät, und dem von der Aussaat der Lehre, folgen zwei kurze: Das Gleichnis von dem Mann und dem Senfkorn und das von der Frau und dem Sauerteig. Sie folgen unmittelbar auf das Gleichnis vom Weizen und Unkraut. Im Evangelium Matthäus lauten sie wie folgt:

„Ein anderes Gleichnis legte er ihnen vor und sprach: Das Himmelreich ist gleich einem Senfkorn, das ein Mensch nahm und säete auf seinen Acker; welches das kleinste ist unter allem Samen; wenn es aber erwächst, so ist es das größte unter dem Kohl, und wird ein Baum, daß die Vögel unter dem Himmel kommen, und wohnen in seinen Zweigen."

„Ein ander Gleichnis redete er zu ihnen: Das Himmelreich ist

einem Sauerteig gleich, den ein Weib nahm, und verbarg ihn unter drei Scheffel Mehl, bis daß es ganz durchsäuert ward"[26]).

Was bedeuten diese Gleichnisse? Sie beziehen sich auf die *Aufnahme* des Wortes vom Himmelreich. Zuerst kam das Gleichnis von der Aussaat des Menschen auf die Erde; darauf das Gleichnis über die Aussaat der Lehre auf die „Erde" Mensch. So können wir jetzt Gleichnisse erwarten, die davon handeln, wie der Mensch als „Erde" die Lehre selbst empfängt oder aufnimmt.

Zunächst ist beachtenswert, daß der Gedanke des *Nehmens* in beiden erscheint. Was wird genommen? – die auf den Menschen gesäte Lehre. Offensichtlich geht es hier darum, wie der Mensch die in ihn gesäte Lehre ergreifen kann. Zu nehmen ist die erste Notwendigkeit. Der Mensch *nimmt* die Saat – das heißt, er muß selbst, aktiv, die Lehre vom Himmelreich ergreifen. Darüber hinaus besagt *nehmen*, daß er seine Hand ausstreckt, um zu greifen, und *Hand* bedeutet in der uralten Gleichnissprache Macht, wie denn auch im physischen und buchstäblichen Sinn der Mensch durch seine Hand fähig ist, zu nehmen, was er will. *Nehmen* bedeutet also, daß der Mensch für sich selbst denkt und wählt: und so *von sich aus* die Lehre vom Himmelreich ergreift. Im ersten Gleichnis heißt es, daß der Mensch nicht nur nimmt, sondern auch *sät*, und zwar nimmt er und sät „das kleinste unter allen Samen". Wohin? Er nimmt und sät es *auf sein Feld*, das heißt, auf das, *was sein eigen ist*. Wir haben eine äußere Seite, die nicht unser eigen ist, und eine innere Seite, die uns selbst zugehört. Im Lukas-Evangelium heißt es: in *seinen eigenen Garten*. Und wenn er all das getan hat, wenn er den Samen selbst genommen und in seinen eigenen Garten gesät hat, wächst der Samen zu einem Baum. In welcher Richtung wächst er? Er wächst von der Ebene seines irdischen Geistes hinauf zu einer Ebene höherer geistiger Ordnung, die das Himmelreich genannt wird. Dann fängt er an zu verstehen, was es bedeutet, von höherer Ebene aus zu denken. Gedanken fließen ihm zu, nicht erdlicher Natur, sondern von einer Zartheit und Fülle und Feinheit der Bedeutung, die weit über der rohen Natur der dem

---

[26] Matth. 13, 31–33.

erdgebundenen Geist angehörenden Gedanken steht. Das ist echtes Wachstum des Verstehens und zeigt daher den Geist in seiner echten Entwicklung durch die Ausbreitung von Bedeutung, gleich wie bei einem Baum. Der Geist entwickelt sich durch das Gewahrwerden feinerer Bedeutungen und feinerer Unterschiede. *Die Vögel des Himmels* kommen und nisten in den Zweigen des sich entwickelnden Geistes. Vögel bedeuten in der Gleichnissprache Gedanken. Hier zeigen sie die tieferen Bedeutungen und Gedanken an, die zur Ebene des Himmelreichs gehören. Der Vorgang ist einem Menschen mit schlechten Augen vergleichbar, der alles trübe sieht, neue und feiner erkennende Augen bekommt.

*

Wenn wir nun versuchen, den Sinn des zweiten Gleichnisses herauszufinden, fällt es zunächst auf, daß die Bilder gewechselt haben. Statt Mensch, Samen und Erde haben wir Weib, Sauerteig und Mehl. Aber auch hier heißt es, daß etwas genommen wird. Das Weib *nimmt* den Sauerteig und *verbirgt* ihn. Sie nimmt nicht, um zu *säen*. Warum verbirgt sie ihn? Christus spricht an anderer Stelle von dem *Sauerteig der Pharisäer*. Er warnt seine Jünger vor diesem Sauerteig und sagt: „Sehet zu und hütet euch vor dem Sauerteig der Pharisäer und Sadduzäer!"[27]) Sie können ihn nicht verstehen und nehmen an, er spräche von Sauerteig im buchstäblichen Sinn. Er rügt sie darob, und „da verstanden sie, daß er nicht gesagt hatte, daß sie sich hüten sollten vor dem Sauerteig des Brotes, sondern vor der *Lehre der Pharisäer und Sadduzäer*"[28]). Warum war dieser Sauerteig verderblich? *Verbargen* die Pharisäer irgend etwas? Im Gegenteil, ihre Religion war ganz Schaustellung und Überheblichkeit. Sie sollte „von den Menschen gesehen" werden. Sie war auf äußere Verdienstlichkeit, Tugend, guten Ruf aus. Christus nannte dies Hurerei – die Vermengung des Wahren mit dem Falschen. Das Weib jedoch verbarg die Lehre vom Reich in ihrem Herzen und ließ sie im Stillen wirken.

---

[27]) Matth. 16, 6.
[28]) Matth. 16, 12.

Sie brauchte keine Zuhörerschaft; sie erkannte das *Gute* der Lehre, und ist dadurch in ihrem ganzen Wesen ergriffen. Die innere Bedeutung der Zahl drei ist das *Ganze*. Deshalb heißt es in dem Gleichnis, daß das Weib den Sauerteig unter *drei* Scheffel Mehl verbarg, bis daß das *Ganze* durchsäuert war. Drei und das Ganze sind gleichbedeutend. Wenn ein Mensch aus seinem *Willen* handelt, ist sein ganzes Wesen beteiligt. Das Weib verbarg den Sauerteig; denn, indem sie ihn *nahm*, hatte sie gezeigt, daß sie ihn für sehr wertvoll hielt. Von dem, was einem am wertvollsten ist, spricht man nicht. Aber er wirkte sich in ihr nicht auf geistiges Wachstum aus, sondern auf ihre gefühlsmäßigen Wertungen, auf ihre Empfindungen, also im Verborgenen. Das Himmelreich wirkte auf sie, indem sie seine Bedeutung begriff und es so hoch schätzte, daß sie es verbarg. Sie empfing es in ihrem Herzen als etwas Gutes, und die Regungen des Herzens sind verborgen. Es wirkte auf ihren *Willen*, nicht auf ihren Verstand, wie es in dem anderen Gleichnis auf den Verstand des Mannes wirkte. Das Gute in der Lehre war es, was sie annahm, nicht das *Wahre*, was der Mann annahm. Die beiden Arten, die Lehre vom Himmelreich zu ergreifen, sind in den Gleichnissen von Senfkorn und Sauerteig dargestellt – durch den Mann, der sie als Wahrheit im Geiste ergreift, und durch das Weib, das sie als das Gute mit ihrem Herzen ergreift. Nicht nur sehen wir hier Mann und Weib als solche, sondern auch die beiden Wege zur Annahme der Lehre vom Himmelreich: der eine geht hauptsächlich durch das Denken und der andere hauptsächlich durch das Gefühl. Hierdurch erhalten die beiden kleinen Gleichnisse über das *Nehmen*, auf die beiden großen folgend, ihre Bedeutung. Und es wird klar, daß die vier Gleichnisse zusammen sozusagen ein vollständiges Bild von der Idee des Himmelreichs in bezug auf den irdischen Menschen entwerfen.

Wir können uns jetzt der von Christus gegebenen Erläuterung des Gleichnisses vom Weizen und Unkraut zuwenden, das dem Gleichnis vom Sauerteig folgt. Christus weist nicht auf den *Schlaf des Menschen* hin, durch den die Irrtümer oder das Unkraut gesät werden, denn er hat das schon in der Erklärung getan, die er seinen

Jüngern darüber gibt, weshalb er das Volk in *Gleichnissen* und nicht mit offenen Worten belehrt. Hier ist das Gleichnis vom Weizen und Unkraut noch einmal:

„Er legte ihnen ein anderes Gleichnis vor und sprach: Das Himmelreich ist gleich einem Menschen, der guten Samen auf seinen Acker säte. Da aber die Leute schliefen, kam sein Feind und säte Unkraut zwischen den Weizen und ging davon. Da nun das Kraut wuchs und Frucht brachte, da fand sich auch das Unkraut. Da traten die Knechte zu dem Hausvater und sprachen: Herr, hast du nicht guten Samen auf deinen Acker gesät? Woher hat er denn das Unkraut? Er sprach zu ihnen: Das hat der Feind getan. Da sprachen die Knechte: Willst du denn, daß wir hingehen und es ausjäten? Er sprach: Nein! auf daß ihr nicht zugleich den Weizen mit ausraufet, so ihr das Unkraut ausjätet. Lasset beides miteinander wachsen bis zu der Ernte; und um der Ernte Zeit will ich zu den Schnittern sagen: Sammelt zuvor das Unkraut und bindet es in Bündlein, daß man es verbrenne; aber den Weizen sammelt mir in meine Scheuer"[29].

Und hier ist die Erklärung des Gleichnisses:

„Des Menschen Sohn ist's, der da guten Samen sät. Der Acker ist die Welt. Der gute Same sind die Kinder des Reichs. Das Unkraut sind die Kinder der Bosheit. Der Feind, der sie sät, ist der Teufel. Die Ernte ist das Ende der Welt. Die Schnitter sind die Engel. Gleichwie man nun das Unkraut ausjätet und mit Feuer verbrennet, so wird's auch am Ende dieser Welt gehen: des Menschen Sohn wird seine Engel senden; und sie werden sammeln aus seinem Reich alle Ärgernisse und die da unrecht tun, und werden sie in den Feuerofen werfen; da wird sein Heulen und Zähneklappen. Dann werden die Gerechten leuchten, wie die Sonne, in ihres Vaters Reich"[30].

Hier also ist erklärt, was Unkraut bedeutet. Es ist zunächst aller Irrtum, alles was hinsichtlich der Lehre vom Reich oder einer

---
[29] Matth. 13, 24—30.
[30] Matth. 13, 37—43.

höheren Ebene der menschlichen Entwicklung „Ärgernisse", das heißt Hindernisse, darstellt; und zweitens bezeichnet es alle die Menschen, die in der Lehre stehen, aber falsch handeln. Das Unkraut ist die Saat des Teufels, weil es sowohl die falschen Lehren selbst als auch die falschen Ergebnisse, die – infolge des Schlafes der Menschen – aus ihnen hervorgehen, darstellt. Ebenso ist es mit der Saat des Himmelreichs – dem Weizen –, der sowohl die wahre Lehre selbst wie auch die Wirkung auf jene darstellt, die auf guten Boden gesät sind. Die Worte, die mit „Ende der Welt" übersetzt sind, bedeuten „Vollendung des Zeitalters". Zerstörung der stofflichen Erde ist nicht gemeint. Wir haben bereits gesehen, daß Menschen in verschiedener Weise auf die Erde gesät sind; daß sie den Werkstoff für das Reich bilden; ferner, daß die rechten Lehren über das Reich und den Weg zu ihm – die ihrerseits wieder in den Geist des Menschen gesät sind – mit falschen, vom *Schlaf des Menschen* herrührenden Ansichten durchsetzt sind. Diese Durchsetzung ist unentwirrbar, so daß eine Aussonderung nicht erfolgen kann bis zum „Ende der Welt" – das heißt bis zur „Vollendung des Zeitalters". Was ist ein *Zeitalter*? Ein Zeitalter ist jeweils eine Zeitperiode, die durch eine besondere Lehre über innere Entwicklung oder die Ebene des Himmelreichs gekennzeichnet ist. Kommt sie zu ihrem Ende, dann wird eine neue Form der gleichen Lehre gesät, die den vorherrschenden Bedingungen angepaßt ist. Eine neue Saat geht auf, aber auch sie ist wieder mit Unkraut vermischt. Erneut wird geschnitten und die Aussonderung vorgenommen, und der Ablauf wiederholt sich. Jede neue Form der Lehre über das Reich, von ihrem Anfang bis zu ihrem Ende, umfaßt ein *Zeitalter*. Jedesmal ist die Wirkung der Lehre eine Auslese-Wirkung. Alle die, die in dem gegebenen Zeitalter die Lehre über innere Entwicklung empfangen haben und ihr gefolgt sind, dreißig-, sechzig- oder hundertfach – sie bilden die Ernte; und sie erwerben „ewiges" Leben auf der Ebene des Himmelreichs. In diesem Zusammenhang müssen wir uns an die Worte Christi erinnern: „In meines Vaters Hause sind viele Wohnungen"[31]).

---
[31]) Joh. 14, 2.

Fünfter Teil

Der Gedanke der Auslese

In der Lehre über das Himmelreich und sein Verhältnis zur Menschheit auf Erden, die wir im 13. Kapitel des Matthäus-Evangeliums finden, folgen den vier großen, bereits betrachteten einleitenden Gleichnissen drei weitere. Sie beziehen sich auf den Gedanken der Auslese. Eins von ihnen lautet folgendermaßen:

„Abermals ist gleich das Himmelreich einem Netze, das ins Meer geworfen ist, womit man allerlei Gattung fängt. Wenn es aber voll ist, so ziehen sie es heraus an das Ufer, sitzen und lesen die guten in ein Gefäß zusammen; aber die faulen werfen sie weg. Also wird es auch am Ende der Welt gehen: die Engel werden ausgehen und die Bösen von den Gerechten scheiden und werden sie in den Feuerofen werfen; da wird Heulen und Zähneklappern sein"[32]).

Bei der Betrachtung des Gleichnisses mögen Gedanken von Unbilligkeit und Ungerechtigkeit auftauchen. Alles über die höhere Ebene des Reiches Gesagte, vom ersten Gleichnis an, erscheint *ungerecht*. Es ist ganz klar, daß das Himmelreich in jedem einzelnen Zeitalter nicht von jedermann erreicht werden kann. Es geht ferner aus anderen Gleichnissen, wie dem von der Hochzeit, zu der die Eingeladenen nicht kommen, klar hervor, daß von jenen, die es erreichen könnten, nur wenige den Versuch machen. Aber betrachten wir zunächst das Gleichnis vom Fischnetz und der Trennung des darin gefangenen Guten vom Schlechten. Hier ist der Gedanke der Auslese ganz offensichtlich. Die Guten werden in Gefäße gesammelt und die Schlechten fortgeworfen. Derselbe Gedanke der Trennung des Guten vom Schlechten erscheint im Gleichnis vom Weizen und Unkraut. Ist nun die Idee der *Auslese* wirklich ungerecht? Oder ist sie nicht vielmehr *Gerechtigkeit*? Im gewöhnlichen Leben jedenfalls spielt Auslese eine große Rolle. Werden die Menschen nicht für ihre

[32]) Matth. 13, 47—50.

besonderen Aufgaben ausgewählt? Die Menschen erkennen die Auswahl durch Prüfungen und so weiter an, und betrachten es nicht als ungerecht, wenn einige bestehen und andere durchfallen. Sie akzeptieren selbst den theoretischen Gedanken der *natürlichen Auslese* durch das Überleben des Tauglichsten, und halten ihn nicht für ungerecht. Ein Lebewesen vernichtet das andere: Unkräuter kämpfen gegen Nutzpflanzen. Niemand erwartet, daß alle Samenkörner, die in die Erde gesät werden, aufgehen. Man hält es nicht für ungerecht, wenn manche es nicht tun. Wo immer Leben ist, da ist auch Kampf. Die Menschen haben sehr verschiedene Fähigkeiten, in jeder Form menschlicher Gesellschaft ist Auslese am Werke. Manche eignen sich für dies und manche für jenes. In jedem Zweig menschlicher Tätigkeit wird es Gute und Schlechte geben, und eine Auswahl der Besten muß getroffen werden. Die ganze menschliche Erziehung ist auf das Prinzip der Auswahl der Besten gegründet. Man erwartet zum Beispiel nicht, daß eine Ingenieurschule die schlechtesten Schüler auswählt und sie als fähige Ingenieure in die Welt hinaussendet. Ein solches Vorgehen wäre nicht nur sinnlos, sondern ausgesprochen *ungerecht*. Denn es ist ungerecht, wenn jemand an einem Platz steht, auf den er nicht gehört. Man kann, kurz gesagt, den Gedanken der Gerechtigkeit nicht von dem der Auslese trennen, wenn man einmal genau darüber nachdenkt.

Auch die beiden andern Gleichnisse handeln von der Auslese, jedoch von *innerer Auslese*. Und hier wird der Gedanke von Kauf und Verkauf eingeführt. Auf dieser persönlichen Ebene bedeutet kaufen zunächst *nehmen*, und verkaufen bedeutet *abtun, loswerden*.

„Abermals ist gleich das Himmelreich einem verborgenen Schatz im Acker, welchen ein Mensch fand und verbarg ihn und ging hin vor Freuden über denselben und verkaufte alles, was er hatte, und kaufte den Acker."

„Abermals ist gleich das Himmelreich einem Kaufmann, der gute Perlen suchte. Und da er eine köstliche Perle fand, ging er hin und verkaufte alles, was er hatte, und kaufte sie"[33]).

---
[33]) Matth. 13, 44—46.

Beide Gleichnisse handeln vom *einzelnen Menschen*. Sie handeln davon, was der einzelne Mensch innerlich, in sich selbst, tun muß, um das Himmelreich zu erlangen. Er muß ein guter Kaufmann werden und wissen, was er kaufen und zu verkaufen hat. Und was ist es im besonderen, was der Mensch loswerden – verkaufen – muß, ehe er kaufen kann? Im Lukas-Evangelium wird erzählt, daß Christus dem reichen Obersten (das griechische Wort bedeutet hier Prinz, nicht Befehlshaber) auf die Frage, was er tun müsse, um das ewige Leben – das heißt das Himmelreich oder die Ebene des voll-entwickelten Menschen – zu erlangen, antwortete: „Verkaufe alles, was du hast"[34]). Und an anderer Stelle im gleichen Evangelium sagt Christus ganz allgemein: „Verkaufet, was ihr habt"[35]). Was muß verkauft werden? Was muß man von sich abtun und loswerden? An der zweiten, oben erwähnten Stelle nennt Christus seinen Schülern etwas, was sie loswerden müssen, und das ist die Sorge. Er sagt ihnen, daß sie nichts tun können, wenn sie Sorge haben, was im Griechischen wörtlich heißt „geteilten Sinnes sein". Er sagt: „Welcher ist unter euch, ob er schon darum sorget, der da könnte eine Elle seiner Länge zusetzen? So ihr denn das Geringste nicht vermöget, warum sorget ihr für das andere? ... Doch trachtet nach dem Reich Gottes, so wird euch das alles zufallen"[36]) – das, wonach ihr trachtet –. Hier also hören wir von etwas, was der Mensch *verkaufen* muß, um die Perle oder den Schatz zu kaufen. Er muß gewisse Seiten in sich selbst verkaufen, das heißt, er muß sie abtun, und durch ihren Verkauf kann er genug gewinnen, um das, *was er am höchsten schätzt,* zu kaufen. Der Gedanke, der in diesen beiden Gleichnissen ausgedrückt ist, kann nicht deutlich werden, wenn wir nicht einsehen, daß der Mensch, um sich zu der Ebene des Himmelreichs zu entwickeln, zunächst einmal bestimmte Eigenschaften in sich selbst loswerden muß. Er muß sie verkaufen, und das heißt hier, sie endgültig abtun und loswerden. Nur auf diese Weise kann er sich die Mittel beschaffen, um zu *kaufen,* das heißt etwas als sein eigen zu

---
[34]) Luk. 18, 22.
[35]) Luk. 12, 33.
[36]) Luk. 12, 25. 26. 31.

nehmen. Also: viele falsche Vorstellungen, viele falsche Wege des Denkens und Fühlens, viele unnötige Sorgen und so weiter abtun und loswerden, indem man sie verkauft, das versetzt einen in die Lage, das kaufen zu können, was man wirklich wertschätzt. Man kann nicht etwas Neues kaufen, wenn man nicht zuvor verkauft und damit das „Geld" zum Kaufen beschafft. In den Gleichnissen wird gezeigt, daß sowohl der Kaufmann wie der Mann, der den Schatz fand, alles verkaufte, was er hatte, um das kaufen zu können, was er wirklich wertschätzte.

Sechster Teil

Das letzte der sieben einführenden Gleichnisse über den Sinn des Himmelreichs, die im 13. Kapitel des Matthäus-Evangeliums gegeben werden, ist das von dem ins Meer geworfenen Netz, das mit Fischen aller Gattungen heraufgezogen wird, worauf dann die guten von den faulen getrennt werden. Dann fragt Christus seine Jünger, ob sie alles verstanden hätten, was sie in diesen sieben Gleichnissen über das Himmelreich und sein Verhältnis zum irdischen Menschen gelehrt worden sei. Zu unserm Erstaunen antworten die Jünger, sie hätten alles verstanden. In der biblischen Erzählung wird das folgendermaßen ausgedrückt: nachdem Christus seine Erläuterung zu dem Gleichnis vom Netz, das ins Meer geworfen wurde, beendet hat, sagt er zu seinen Jüngern: „Habt ihr *das alles* verstanden?" Und sie sagten zu ihm: „Ja, Herr!"[37]) Eine erstaunliche Antwort! Wie wäre es denkbar, daß sie *das alles* verstanden hätten?

Welcher Mensch wäre fähig, *alle* Geheimnisse des Himmelreichs zu verstehen, wenn es so schwer ist, auch nur einen einzigen Schimmer von ihrem Sinn zu erhaschen? Auch muß man bedenken, daß es für die Jünger ganz besonders schwierig war, das Reich in einem anderen, denn im wörtlichen Sinn, als das sehnlich erwartete Reich auf Erden, zu begreifen. Sie schauten nach einem großen König aus,

---
[37]) Matth. 13, 51.

der die ganze Erde beherrschen, ihr Volk zur vorherrschenden Macht erheben und alle anderen Völker vernichten oder ihm untertan machen würde. Das war der jüdische Traum des verheißenen Messias! Wie sollten sie verstehen, daß das Himmelreich aus Wahrheit und innerer Rechtschaffenheit besteht? Wie sollten sie verstehen, daß es nur durch inneren Wandel, durch innere geistige Entwicklung erreicht werden kann, und daß der Mensch sich selbst zum Eintritt in dasselbe, in diesem oder im nächsten Leben, befähigen muß – und zwar durch Entwicklung des gesamten *psychischen* Menschen, das heißt durch Entwicklung seines Geistes, seiner Liebe, seines Willens und seines Verstehens? Aus solchen inneren Wandlungen wird der *Mensch des Himmelreichs* geboren. Das ist es, was Christus lehrte. Darum sagte er, ein Mensch müsse innerlich wiedergeboren werden, ehe er das Reich sehen könne. Die Jünger jedoch glaubten, er spräche von einem irdischen Reich und sie seien, kraft ihrer Volkszugehörigkeit, bereits „Männer des Reiches". Sie dachten, Christus würde ein großer und schrecklicher König auf Erden werden, und erwarteten, daß er das bald offenbar machen würde. Wie konnten sie unter diesen Umständen den Sinn der ersten sieben Gleichnisse über die Geheimnisse des Himmelreichs verstehen? Wie konnte durch ein solches Reich ihr irdischer Ehrgeiz befriedigt werden? Und doch, als sie von Christus gefragt wurden, ob sie „das alles" verstanden hätten, antworteten sie „Ja". Man darf nicht annehmen, daß Christus ihnen geglaubt hätte. Man beachte, wie Christus nach ihrer bejahenden Antwort fortfährt. Er sagt:

„Darum ein jeglicher Schriftgelehrter, zum Himmelreich gelehrt, ist gleich einem Hausvater, der aus seinem Schatz Neues und Altes hervorträgt"[38]).

Mit diesen Worten sagt Christus ihnen, daß sie nicht verstehen. Wegen ihrer Antwort „Ja" sagt Christus: *„Darum ein jeglicher Schriftgelehrter..."* und so weiter. Zum erstenmal wird ihnen etwas über das Himmelreich in seiner wirklichen geistigen Bedeutung gesagt, und sie glauben, es zu verstehen, gerade so wie jeder denkt,

---

[38]) Matth. 13, 52.

er könne alles verstehen, was ihm gesagt wird. Alles, was sie gerade über das Reich gehört hatten, war ihnen neu. Es hatte nichts mit ihren irdischen Bestrebungen zu tun. Die gesamte Lehre über das Reich, wie sie ihnen in diesen sieben Gleichnissen von Christus gegeben worden war, war für sie völlig neu. Es stand auf einer anderen Bedeutungsebene. Es handelte nicht von einem wörtlichen, äußeren, irdischen Königreich, nicht von einem Reich dieser Welt. Das Himmelreich lag *inwendig* in ihnen. Es lag *über* ihnen, nicht buchstäblich im Himmel, sondern über ihrer gegenwärtigen Entwicklungsebene, über der Ebene der Art Mensch, zu der sie gehörten; es lag über ihnen, als ein Schritt in ihrer eigenen, persönlichen, möglichen Entwicklung. Aber wie sollten sie das verstehen? Wie sollte es ihnen sofort beim ersten Hören klar sein, daß das Mysterium des Reiches in innerer Selbstentwicklung liegt? Dennoch antworten sie „Ja" – das heißt „Wir verstehen". Deshalb sagt Christus: „*Darum*" – das heißt wegen der Antwort, die sie gegeben haben und weil sie nicht verstehen – „darum ein jeglicher Schriftgelehrter, zum Himmelreich gelehrt, ist gleich einem Hausvater, der aus seinem Schatz (oder Vorrat) Neues und Altes hervorträgt". Man beachte, daß die „zum Himmelreich gelehrten" – das heißt Menschen, die Lehren über seine Bedeutung empfangen haben – hier *Hausväter* genannt werden – wie tatsächlich alle, die von den Mysterien des Reichs unterrichtet worden sind, *Hausväter* genannt werden: das heißt, sie sind psychologisch gesehen, *Hausväter*. Nun wohl – aber was tun sie? Als Hausväter vermengen sie das *Neue* mit dem *Alten*. Sie verstehen die völlig neue Lehre nicht, sondern mischen sie mit alten Ansichten, Haltungen und Gedanken, die in ihrem Geist aufgespeichert sind. Das als „Schatz" übersetzte Wort bedeutet buchstäblich „Vorrat". Sie bringen das Neue und das Alte zusammen aus ihren Vorräten heraus. Hier ist ein Zusammenhang mit dem Gleichnis vom *neuen* Wein in alten Flaschen und vom neuen Flicken auf altem Kleide zu sehen, in denen Christus so deutlich zeigt, daß das *Neue* nicht mit dem *Alten* vermengt werden darf.

„Niemand flickt einen Lappen von einem neuen Kleid auf ein

altes Kleid; sonst zerreißt das neue, und der Lappen vom neuen reimt sich nicht auf das alte. Und niemand faßt Most in alte Schläuche; sonst zerreißt der Most die Schläuche und wird verschüttet, und die Schläuche kommen um. Sondern den Most soll man in neue Schläuche fassen"[39]).

Wenn der Mensch das Neue mit dem Alten vermengt, verliert das *Neue* in ihm seine Kraft. Die alten Anschauungen, die alten Wertungen, die alten Einschätzungen und Standpunkte, die auf dem täglichen Leben, auf Überlieferung, auf äußerer Erscheinung, auf dem von den Sinnen geformten Geist aufgebaut sind, zerstören die *neue* Lehre. Sie entkräften das *Neue*, so daß das Neue dem alten Standpunkt gegenüber keine Macht mehr hat. Aus diesem Grunde ist am Ende des 13. Kapitels des Matthäus-Evangeliums der bemerkenswerte Bericht angefügt, wie Christus (der das Neue verkörpert) keine Macht über die besaß, die aus seiner eigenen Heimt stammten und ihn im Licht ihrer alten Gedankenverbindungen sahen. Dieser Bericht ist nur in Verbindung mit den Worten zu verstehen, die Christus soeben an seine Jünger gerichtet hat. Deshalb steht er gerade an dieser Stelle der Erzählung. Die Menschen, unter denen er geboren war, sahen Christus mit ihren alten Gedankenverbindungen, in alter Weise, als den Sohn eines Tischlers. Nach den Worten Christi über den Hausvater, der das Neue mit dem Alten vermengt, heißt es deshalb wie folgt:

„Und es begab sich, da Jesus diese Gleichnisse vollendet hatte, ging er von dannen und kam in seine Vaterstadt und lehrte sie in ihrer Schule, also auch, daß sie sich entsetzten und sprachen: Woher kommt diesem solche Weisheit und Taten? Ist er nicht eines Zimmermanns Sohn? Heißt nicht seine Mutter Maria? und seine Brüder Jakob und Josef und Simon und Judas? Und seine Schwestern, sind sie nicht alle bei uns? Woher kommt ihm denn das alles? Und sie ärgerten sich an ihm. Jesus aber sprach zu ihnen: Ein Prophet gilt nirgend weniger denn in seinem Vaterland und

---
[39] Luk. 5, 36—38.

in seinem Hause. Und er tat daselbst nicht viel Zeichen um ihres Unglaubens willen"[40]).

Hier zeigt sich, daß die Kraft des Neuen machtlos wurde, als Christus und alles, was er darstellt, das heißt das „Neue", auf das „Alte" traf. Und nun können wir verstehen, daß diese Stelle eine Erläuterung für das ist, was Christus soeben seinen Jüngern gesagt hat; an Hand seiner eigenen Erfahrung zeigt er ihnen, daß *das Alte das Neue nicht aufnehmen kann*, war er doch selbst unfähig, seine Kraft unter den alten Verhältnissen, in seiner Familie, darzutun.

Wir haben jetzt das gesamte 13. Kapitel des Matthäus-Evangeliums einheitlich gedeutet und haben gesehen, daß sich alles, was darin gesagt wird, sinnvoll in einen gemeinsamen Rahmen einfügt. Und schließlich haben wir gesehen, daß das „Ja" der Jünger, im Glauben, sie hätten alles verstanden, nur anzeigt, daß sie falsch verstanden hatten, und daß, wenn der Samen des Himmelreichs auf die Menschen gesät ist, er von Anfang an verändert und verfälscht wird, weil die alten Anschauungen und alten Gedankengänge mit dem Neuen vermengt werden – und somit Unkraut zwischen den Weizen gerät.

---

[40]) Matth. 13, 53—58.

XII

JUDAS ISCHARIOT

Eine der seltsamsten Begebenheiten in den Evangelien ist der Verrat Christi durch Judas Ischariot. So wie sie erzählt wird, ist die Geschichte nahezu unerklärlich. Christus lehrte öffentlich. Jeder der maßgeblichen Personen, Jude oder Römer, der ihn festnehmen wollte, konnte leicht herausfinden, wo er war. Je näher man sich mit dieser Begebenheit und den mit ihr verbundenen Umständen befaßt, um so klarer wird, daß hier etwas dargestellt wird – daß eine tiefere Bedeutung dahinter liegt. Mit anderen Worten, Christus wurde von Judas in einem ganz anderen Sinn, als dem buchstäblichen, verraten. Es ist klar, daß Judas eine völlige Unterbewertung und Verkennung und schließlich den Verrat an der Lehre Christi verkörperte. Christus sagt zu seinen Jüngern: „Habe ich nicht euch zwölf erwählt? und – euer einer ist ein Teufel!" Er spricht von Judas Ischariot. Aber man bedenke, daß Christus Judas *erwählt* hatte! „Habe ich nicht euch zwölf erwählt? und – euer einer ist ein Teufel"[1]. Judas versagte Christus gegenüber ebenso wie Simon Petrus, aber es versteht sich, daß das Versagen von Simon Petrus etwas völlig anderes ausdrückt als das Versagen von Judas Ischariot. Beide jedoch *verkörpern* etwas. Petrus verleugnete Christus *dreimal* – das heißt schließlich *völlig;* und Christus zeigt auf ihn als die Verkörperung der Kirche. Judas jedoch stellt nicht die Kirche dar, die in die Welt hinaustrat, Jahrhundert um Jahrhundert gegen die Gewalt und Grausamkeit der Menschen auf Erden kämpfte und kulturelles Leben ermöglichte. Der innere Sinn einer Lehre über das Himmelreich muß sich nach und nach in äußeren Formen und Gebräuchen, im Streit um Worte und so weiter verlieren, das heißt *Christus*, der innerste und reinste Sinn der Lehre selbst, muß schließlich verleugnet werden im Lauf

---
[1] Joh. 6, 70.

der Zeit. Aber jeder Lehre über höhere menschliche Entwicklung folgt eine neue. Die Lehre kommt wieder. Christus spricht von seiner Wiederkunft und fragt: „Doch wenn des Menschen Sohn kommen wird, meinst du, daß er auch werde Glaube finden auf Erden?"[2]) Die *drei* Verleugnungen Christi durch Petrus und das hier vorausgesagte endgültige Versagen des Glaubens auf der Erde bei der Erfüllung des Zeitalters, stehen in Verbindung. Ein Ding wird jedoch nicht nach seinem zeitlichen Endzustand beurteilt. Maßgebend ist das ganze „Zeitalter", das heißt das gesamte Leben eines Dinges – der ganze Tag, nicht die letzte Stunde der Dunkelheit –, nicht die letzten Augenblicke. Die Kirche wurde errichtet; sie wuchs und sie setzte sich durch gegen das Böse. Es heißt nicht, daß Petrus Christus verworfen habe, sondern daß er ihn verleugnete, einmal und wiederum und endlich zum drittenmal (und damit vollständig), in der Nacht, am Ende des Tages, oder besser: unmittelbar vor Anbruch eines neuen „Tages", wenn der Hahn kräht. Judas Ischariot wird als jemand gezeigt, der Christus vollständig verwirft. Er verleugnete ihn nicht, sondern verwarf ihn. Nach der Darstellung scheint es, als ob er Christus als gewöhnlichen, aber unschuldigen Menschen angesehen habe. Es heißt, daß er in seiner „Reue" von Christus als von einem Unschuldigen gesprochen habe. So steht es im Matthäus-Evangelium, das von Judas' Reue spricht. Die Stelle lautet folgendermaßen:

„Da das sah Judas, der ihn verraten hatte, daß er (Christus) verdammt war zum Tode, gereute es ihn, und brachte wieder die dreißig Silberlinge den Hohenpriestern und den Ältesten und sprach: Ich habe Übel getan, daß ich unschuldig Blut verraten habe. Sie sprachen: Was geht uns das an? Da siehe du zu! Und er warf die Silberlinge in den Tempel, hob sich davon, ging hin und erhängte sich selbst"[3]).

Hier wird von Judas gesagt: „Es gereute ihn", aber das griechische Wort hat nichts mit μετάνοια, jener Sinnesänderung, „Buße" oder

---

[2]) Luk. 18, 8.
[3]) Matth. 27, 3—5.

„Reue" zu tun, die Christus lehrte. Es bedeutet lediglich „sich um etwas Sorgen machen". Dachte Judas wirklich, daß er nur darin gesündigt habe, daß er „unschuldig Blut" verraten habe, oder wußte er, wer Christus war? Und wenn er es wußte, wie konnte er so handeln, wie er es tat? Hatte er einen besonderen Grund? Mußte einer der Jünger die Ablehnung Christi seitens der Juden *darstellen* und diese schwierige Rolle übernehmen, genau wie Johannes der Täufer die schwierige Rolle des Verkünders zu spielen hatte? Wir haben bereits gesehen, daß Johannes der Täufer *gesandt* worden war und Instruktionen empfangen hatte. Er sagt: „Aber der mich sandte, *der sprach zu mir:* Auf welchen du sehen wirst den Geist herabfahren und auf ihm bleiben, der ist's, der mit dem Heiligen Geist tauft"[4]. Gibt es irgendwelche Anzeichen dafür, daß auch Judas im Auftrag stand – daß auch er Instruktionen erhalten hatte? In der Tat gibt es zwei Stellen, die andeuten, daß Judas unter Anweisungen von Christus handelte. Im Matthäus-Evangelium (Kapitel 26) ist verzeichnet, daß, nachdem Judas ihn als Zeichen für die Gefangennahme geküßt hatte, Jesus zu ihm sagte: „Mein Freund, tue das, wofür du gekommen bist"[5]. Ebenso sind Jesu Worte an Judas beim letzten Abendmahl im Johannes-Evangelium (Kapitel 13) bedeutungsvoll, da sie einen Befehl darstellen. Die Jünger hatten Christus gefragt, wer von ihnen ihn verraten würde.

„Jesus antwortete: Der ist's, dem ich den Bissen eintauche und gebe. Und er tauchte den Bissen ein und gab ihn Judas, Simons Sohn, dem Ischariot. Und nach dem Bissen fuhr der Satan in ihn. Da sprach Jesus zu ihm: Was du tust, das tue bald!... Da er nun den Bissen genommen hatte, ging er alsbald hinaus. Und es war Nacht"[6].

Was für ein Bissen war das und was enthielt er, so daß ausdrücklich gesagt werden konnte: „Und nach dem Bissen fuhr der Satan in ihn"? Vielleicht enthielt er irgendwelche Stoffe, die es Judas ermöglichten, das auszuführen, was ihm anbefohlen war und was er sonst

---

[4] Joh. 1, 33.
[5] Matth. 26, 50.
[6] Joh. 13, 27. 30.

nicht hätte tun können. Denn Jesus sagt deutlich, daß er nun handeln müsse. Er sagt: *„Was du tust, das tue bald."* Und die Bedeutung des Bissens wird noch einmal hervorgehoben, wenn es heißt: „Da er nun den Bissen genommen hatte, ging er alsbald hinaus. Und es war Nacht." Nicht, daß der Bissen ein Zeichen an Judas gewesen sei; es zeigt sich vielmehr, daß Judas, nachdem er den Bissen genommen hatte, die Kraft besaß, Böses zu tun. Ein Wandel vollzog sich in ihm. Und später in dem Gespräch mit Pilatus sagt Jesus, Pilatus würde keine Macht über ihn gehabt haben, es sei denn durch Judas: „Du hättest keine Macht über mich, wenn sie dir nicht wäre von obenherab gegeben; darum, der mich dir überantwortet hat, der hat größere Sünde"[7]). War Judas gezwungen, so zu handeln, wie er es tat, oder handelte er unbewußt aus der Art Mensch heraus, der er war: oder handelte er bewußt und nahm freiwillig eine Rolle auf sich, die gespielt werden mußte? Über eines besteht Gewißheit: Judas erfüllte die Schrift. Wenigstens in dieser Hinsicht spielte er eine Rolle. In den Evangelien wird oft gesagt, daß etwas geschah, damit die Schrift erfüllet würde, und Christus selbst sagt zu seinen Jüngern: „Denn es muß alles erfüllet werden, was von mir geschrieben ist im Gesetz Mose's, in den Propheten und in den Psalmen"[8]). In allen Evangelien tritt klar zutage, daß Christus freiwillig handelte und daß er seine Jünger, Judas sowohl wie die anderen, für die Rollen auswählte, die sie in dem großen, vorausgesehenen und in jeder Einzelheit festgelegten Drama zu spielen hatten. Die erste Gestalt in dem Drama war Johannes der Täufer, der seine Rolle bereits beendigt hatte. Christus sagte seinen Jüngern, daß er gekreuzigt werden würde. Im Johannes-Evangelium heißt es, daß Christus die Ankunft einiger Griechen, die ihn sehen wollten, als Zeichen annahm, daß seine Zeit gekommen sei, und sprach: „Die Zeit ist gekommen, daß des Menschen Sohn verklärt werde"[9]). Er nimmt seine Jünger beiseite und bereitet sie darauf vor, daß er den Tod erleiden werde. Er versucht nicht, dies Schicksal zu vermeiden,

---

[7]) Joh. 19, 11.
[8]) Luk. 24, 44.
[9]) Joh. 12, 23.

sagt vielmehr: *„Doch darum bin ich in diese Stunde gekommen"*[10]). Es wird betont, daß die Schrift in allen Einzelheiten erfüllt werden muß. Als die Soldaten kommen, um Jesus zu greifen, rügt er Petrus, der sie daran zu hindern versucht, und sagt: „Oder meinst du, daß ich nicht könnte meinen Vater bitten, daß er mir zuschickte mehr denn zwölf Legionen Engel? Wie würde aber die Schrift erfüllet? Es muß also gehen . . . Aber das ist alles geschehen, daß erfüllet würden die Schriften der Propheten"[11]).

In diesem bewußt in Szene gesetzten Drama, das zu dem vorgesehenen Ende führte, hatte Judas Ischariot den schwierigsten Teil von allen zu spielen. Nachdem er die dreißig Silberlinge in den Tempel geworfen hatte und fortgegangen war, um sich zu erhängen, heißt es im Matthäus-Evangelium:

„Aber die Hohenpriester nahmen die Silberlinge und sprachen: Es taugt nicht, daß wir sie in den Gotteskasten legen; denn es ist Blutgeld. Sie hielten aber einen Rat und kauften den Töpfersacker darum zum Begräbnis der Pilger. Daher ist dieser Acker genannt der Blutacker bis auf den heutigen Tag. Da ist erfüllet, was gesagt ist durch den Propheten Jeremia, da er spricht: Sie haben genommen dreißig Silberlinge, damit bezahlet war der Verkaufte, welchen sie kauften von den Kindern Israel, und haben sie gegeben um den Töpfersacker, wie mir der Herr befohlen hat"[12]).

Es ist demnach klar, daß Judas in Erfüllung der Schrift handelte. Das heißt, er handelte, wie ihm zu handeln bestimmt war. Wußte er aber, was er tat, oder wußte er es nicht?

Der Teil der Alten Schrift, den es zu erfüllen galt, befindet sich nicht bei Jeremias, sondern bei Sacharja. Der Prophet beschreibt, wie der Herr ihm befohlen habe, eine bestimmte Herde zu füttern – das heißt in diesem Fall, einen Teil des jüdischen Volkes zu lehren. Er nimmt dazu zwei Stangen oder Stäbe – das heißt, er lehrt sie durch zwei Quellen der Kraft (denn Stab bedeutet Kraft), von denen er die eine Huld oder Gnade und die andere Eintracht oder Bindung

---
[10]) Joh. 12, 27.
[11]) Matth. 26, 53—54, 56.
[12]) Matth. 27, 6—10.

(oder Vereinigung) nennt. Sie sind das *Gute* und die *Wahrheit* der Lehre. Er sagt:

„Und ich nahm zu mir zwei Stäbe: einen hieß ich Huld, den andern hieß ich Eintracht; und hütete die Schafe. Und ich vertilgte drei Hirten in einem Monat. Und ich mochte sie nicht mehr; so wollten sie mich auch nicht. Und ich sprach: Ich will euch nicht hüten: was da stirbt, das sterbe; was verschmachtet, das verschmachte; und die übrigen fresse ein jegliches des andern Fleisch!"[13]).

All dies bedeutet, daß seine Lehre nicht angenommen wurde. „Sterben" bedeutet hier innerlichen Tod, der eintritt, wenn man das Gute aus den Augen verliert.

„Und ich nahm meinen Stab Huld und zerbrach ihn, daß ich aufhöbe meinen Bund, den ich mit allen Völkern gemacht hatte. Und er ward aufgehoben des Tages. Und die elenden Schafe, die auf mich achteten, merkten dabei, daß es des Herrn Wort wäre. Und ich sprach zu ihnen: Gefällt's euch, so bringet her, wieviel ich gelte; wo nicht, so laßt's anstehen. Und sie wogen dar, wieviel ich galt: dreißig Silberlinge. (Das heißt, daß sie seine Lehre gering bewerteten!) Und der Herr sprach zu mir: Wirf's hin, daß es dem Töpfer gegeben werde! Ei, eine treffliche Summe, der ich wert geachtet bin von ihnen! Und ich nahm die dreißig Silberlinge und warf sie ins Haus des Herrn, daß es dem Töpfer gegeben würde. Und ich zerbrach meinen andern Stab, Eintracht, daß ich aufhöbe die Bruderschaft zwischen Juda und Israel"[14]).

Der offensichtliche Zusammenhang zwischen dieser Stelle und der Tragödie des Judas liegt in der gleichen Bewertung des Propheten und Christi mit dreißig Silberlingen. Daß die Lehre gemeint ist, tritt klar in den angeführten Versen hervor. Der Satz: „Und der Herr sprach zu mir: Wirf's hin (die dreißig Silberlinge), daß es dem Töpfer gegeben werde! Ei, eine treffliche Summe, der ich wert geachtet bin von ihnen!" ist sarkastisch gemeint – „der fabelhafte Preis,

---

[13]) Sacharja 11, 7—9.
[14]) Sacharja 11, 10—14.

zu dem ich bewertet worden bin!" Alles dieses mußte Judas darstellen – nämlich das ganze Versagen der Lehre in ihrer inneren Bedeutung. Er mußte mit wirklichem Geld jene Bewertung Christi und seiner Lehre darstellen, welche in den Versen des Sacharja von denen vorgenommen worden war, die eine ähnliche Lehre von dem Propheten empfangen hatten.

Wenn Judas Ischariot ein böser Mensch war, warum sagen die Jünger nichts gegen ihn? Er war von Christus erwählt worden und war etwa drei Jahre bei ihm – das heißt, während der *ganzen* Zeit, da Christus lehrte. Dies ist nicht historisch aufzufassen, denn *drei* bedeutet immer das Ganze. Keiner der drei ersten Evangelisten sagt etwas gegen Judas. Als Christus seinen Jüngern beim letzten Abendmahl sagt, daß einer von ihnen ihn verraten würde, wird nicht berichtet, daß der Verdacht auf Judas gefallen sei. Im Markus-Evangelium heißt es, daß die Jünger, einer nach dem andern, Christus fragten: „Bin ich es?"[15] Bei Johannes heißt es: „Da sahen sich die Jünger untereinander an, und ward ihnen bange, von welchem er redete"[16]. Selbst als Judas in die Nacht hinausgegangen war, nachdem er den Bissen genommen und Christi Weisung gehört hatte, wird besonders betont: „Das aber wußte niemand am Tische, wozu er (Christus) es ihm sagte"[17]. Auch hier findet sich nichts von einer kritischen Bemerkung durch den Evangelisten.

---

[15] Mark. 14, 19.
[16] Joh. 13, 22.
[17] Joh. 13, 28.

ANHANG

Der Mann ohne Hochzeitskleid erreicht das Himmelreich. Ja, er geht *hinauf* und durfte es nicht. Wie gelang es ihm? Durch kluge Täuschung. Das Gleichnis steht im Matthäus-Evangelium:

„Das Himmelreich ist gleich einem Könige, der seinem Sohn Hochzeit machte. Und sandte seine Knechte aus, daß sie die Gäste zur Hochzeit riefen; und sie wollten nicht kommen. Abermals sandte er andere Knechte aus und sprach: Saget den Gästen: Siehe, meine Mahlzeit habe ich bereitet, meine Ochsen und mein Mastvieh ist geschlachtet und alles bereit; kommt zur Hochzeit! Aber sie verachteten das und gingen hin, einer auf seinen Acker, der andere zu seiner Hantierung; etliche aber griffen seine Knechte, höhnten und töteten sie. Da das der König hörte, ward er zornig und schickte seine Heere aus und brachte diese Mörder um und zündete ihre Stadt an. Da sprach er zu seinen Knechten: Die Hochzeit ist zwar bereit, aber die Gäste waren's nicht wert. Darum gehet hin auf die Scheidewege und ladet zur Hochzeit, wen ihr findet. Und die Knechte gingen aus auf die Straßen und brachten zusammen, wen sie fanden, Böse und Gute; und die Tische wurden alle voll. Da ging der König hinein, die Gäste zu besehen, und sah allda einen Menschen, der hatte kein hochzeitlich Kleid an; und sprach zu ihm: Freund, wie bist du hereingekommen und hast doch kein hochzeitlich Kleid an? Er aber verstummte. Da sprach der König zu seinen Dienern: Bindet ihm Hände und Füße und werfet ihn in die Finsternis hinaus! Da wird sein Heulen und Zähneklappen. Denn viele sind berufen, aber wenige sind auserwählt"[1].

Wer waren die Gäste? Man beachte, daß sie von den Scheidewegen geholt wurden. Einer von ihnen ist ohne Hochzeitskleid. Der Mensch kann ein gewisses Verstehen erreichen: bis zu einem gewissen Grade

---
[1] Matth. 22, 2—14.

versteht er. Folgt er aber dem, was er versteht? Er kommt an den Scheideweg. Er hat mit dem Verstand aufgenommen, was ihn gelehrt worden ist, denn um an den „Scheideweg" zu gelangen, muß er etwas von der Lehre in sich aufgenommen haben. Es mag sein, daß er gepredigt hat, daß er Tausende durch seine Redekunst beeinflußt hat. Glaubte er innerlich, was er äußerlich lehrte? Dieser Mensch ohne Hochzeitskleid strebt nicht nach dem Glauben, den er lehrt. Kein Zweifel, er erscheint gut, freundlich, geduldig, barmherzig; er braucht die richtigen Worte; er täuscht einen jeden, er kann jede Tugend nachahmen. Aber innerlich glaubt er nichts. Es ist alles äußere Vorspiegelung. Doch unter dem Licht derer, die auf einer weit höheren Stufe des Bewußtseins stehen als er, kann diese Täuschung nicht bestehen. Sein innerer Mangel an Glauben tritt zutage. Innerlich ist er nackt. Ein Hochzeitskleid zeigt den Wunsch nach Vereinigung an. Vermählt werden heißt, sich mit etwas, das über einem steht, vereinen – nicht mit sich selbst. Dies kann nur durch den inwendigen Menschen geschehen. Dieser Mann ist ganz und gar auf Eigensucht, Schaustellung und Geltung gestellt. Alles, was er tut, ist selbstbezogen. Er liebt niemanden, außer sich selbst; er hat also keine innere Seite. Das Höchste für ihn ist er selbst. Aber er schauspielert gut. Er ist ein Schauspieler – ὑποκριτής – ein Heuchler. Äußerlich scheint er zu glauben, was er sagt. Innerlich glaubt er nichts. Daher hat er, innerlich gesehen, kein Hochzeitskleid. Ihn verlangt nicht danach, sein Wissen mit dem, was er lehrt, zu vermählen. Da er zu denen kommt, deren Einsicht den äußeren Schein zu durchdringen vermag, zeigt es sich, daß er kein Hochzeitskleid trägt. Er hat nicht den Wunsch, mit dem, was er lehrt, eins zu werden. Warum nicht? Weil er keine Güte in sich trägt. Selbst wenn das, was er lehrt, Wahrheit ist, will er sich doch nicht mit ihr vermählen.

Vom Neuen Menschen